as sessões

cheryl t. cohen greene
com **lorna garano**

as sessões
minha vida como terapeuta do sexo

Tradução
Lourdes Sette

1ª edição

BestSeller
Rio de Janeiro | 2013

CIP-BRASIL. CATALOGAÇÃO NA FONTE
SINDICATO NACIONAL DOS EDITORES DE LIVROS, RJ.

Cohen Green, Cheryl T., 1944-
C628s   As sessões: minha vida como terapeuta do sexo / Cheryl T. Cohen
Greene e Lorna Garano; tradução Lourdes Sette. – Rio de Janeiro: Best-
Seller, 2013.

Tradução de: An intimate life
ISBN 978-85-7684-671-0

1. Biografia 2. Relações interpessoais 3. Relação homem-mulher
4. Sexo 5. Comportamento sexual. I. Garano, Lorna. II. Título.

12-8875.   CDD: 306.7
                                                     CDU: 392.6

Texto revisado segundo o novo Acordo Ortográfico da Língua Portuguesa.

Título original norte-americano
AN INTIMATE LIFE

Editoração eletrônica: Abreu's System

Direitos exclusivos de publicação em língua portuguesa para o Brasil
adquiridos pela
EDITORA BEST SELLER LTDA.
Rua Argentina, 171, parte, São Cristóvão
Rio de Janeiro, RJ – 20921-380
que se reserva a propriedade literária desta tradução

Impresso no Brasil

ISBN 978-85-7684-671-0

Seja um leitor preferencial Record.
Cadastre-se e receba informações sobre nossos lançamentos e nossas promoções.

Atendimento e venda direta ao leitor
mdireto@record.com.br ou (21) 2585-2002

Ao meu marido, Bob,
cujo amor e apoio tornaram este livro possível.
Te amo!

Sumário

Prefácio

•••

A terapia com terapeuta do sexo* envolve três pessoas: o cliente, o terapeuta do sexo e o terapeuta "da fala", que os entrelaça. Sou este último elemento envolvido. Sou eu quem faz a recomendação inicial de incorporação da terapia com terapeuta do sexo para alguns clientes.

Enquanto o processo está em andamento, o terapeuta do sexo e eu nos reunimos após cada encontro entre ele e o cliente para que possamos planejar a próxima sessão. Em seguida, o cliente discute sua experiência com o terapeuta do sexo durante uma sessão de terapia "da fala" comigo. Cheryl e eu já avaliamos as jornadas sexuais de mais de cem pessoas que desejavam ter uma vida melhor.

Aprendi muito nesses trinta anos de colaboração com Cheryl no tratamento de clientes. Eis as três lições mais importantes: a terapia sexual, como a vida, nunca é linear. Assim, manter um tanque reserva de

---

* O termo original usado é "surrogate partner", cuja tradução literal é "parceiro substituto". Como não há uma tradução oficial, a editora optou pelo termo "terapeuta do sexo". (*N. do E.*)

energia por perto é sempre uma boa ideia. Um terapeuta do sexo franco pode sentir uma grande atração sexual por uma pessoa, sem que ela seja de fato atraente. E, por último, a era da Aids não impede um excelente terapeuta do sexo de fazer seu trabalho.

Cheryl é única. Sempre gosto de ficar ao lado dela nas conferências sobre sexualidade, para poder ouvir suas peculiares opiniões sobre a pesquisa e o que o estudo em questão representa para o trabalho dela. Ela consegue ter uma visão dotada de extremo realismo sexual, mas também envolta por uma camada de otimismo e uma compaixão quase ilimitada.

Ela *tem* de ser compassiva. É preciso ter verdadeira empatia ao se conversar honestamente com outra pessoa nua sobre como tocar e ser tocado. E essa mesma empatia é necessária na hora de explicar a grande importância de adotar uma boa higiene sexual ao lidar com futuros parceiros. Se não for sincero, um terapeuta do sexo não pode utilizar modelos de comunicação sexual eficientes na vida real. Colocar-se nua, face a face, olho no olho, por todos esses anos, proporcionou a Cheryl uma carreira incomum, porém muito compensadora.

Os terapeutas do sexo são como professores para seus clientes, além de "normalizadores". Muitos clientes iniciam a terapia sexual com um caso quase terminal de singularidade, para o qual parece não haver ajuda ou esperança. Muitos deles, aos quais indiquei Cheryl, vieram me procurar com uma espécie de "paralisia" mental. Eles ficavam remoendo as questões sem conseguir mudar — e se sentiam de mãos atadas com seus problemas sexuais. E, embora a terapia com terapeuta do sexo esteja centrada no cliente, também está muito relacionada com orientá-lo para que abandone as concepções que, desde o início, o prenderam naquele determinado ponto.

Sexo não é um tabu apenas para os clientes. Lembro-me de comparecer a uma conferência sobre sexualidade na qual Cheryl faria uma palestra. Foi em 1985. A Aids já era uma realidade na esfera do contato sexual. A plateia, formada por terapeutas sexuais, pesquisadores e educadores, esperava ansiosamente no auditório a apresentação de Cheryl sobre a atuação dos terapeutas do sexo em uma época em que graves doenças sexualmente transmissíveis haviam entrado em cena. Como um terapeuta do sexo poderia usar um preservativo com um homem com disfunção erétil?

Como acontece na maioria das conferências em hotéis, havia uma mesa no fundo da sala com um café da manhã continental. Quando chegou o momento de falar sobre preservativos, Cheryl pediu que alguém da plateia pegasse uma banana na mesa. Ouvimos risinhos abafados por toda a sala. Quando uma pessoa se voluntariou para pegar a banana, Cheryl pediu que ela a comesse — mais risinhos.

Em seguida, Cheryl pediu que lhe fosse entregue a casca da banana. Lá, diante de uma sala de convenções repleta de pessoas, Cheryl abriu o pacote do preservativo e, segurando a casca em uma das mãos, colocou o preservativo sobre ela com a outra, em menos de três segundos. A semelhança entre a casca da banana e um pênis flácido foi inequívoca. Fim de papo.

Muitos clientes duvidam da própria atração sexual. Lembro-me de perguntar a Cheryl como estava lidando com um caso específico que fora por mim encaminhado para ela. Nós duas sabíamos que uma parte do crescimento sexual envolveria ele acreditar ser capaz de excitar uma mulher. Perguntei-lhe como estava trabalhando essa parte. Cheryl respondeu instantaneamente, com seu inconfundível sotaque de Boston:

— Ah, ele tem orelhas bem grandes e um pescoço lindo. Acho isso muito sensual.

E é por isso que a incrível história de Mark, no capítulo de abertura, soa tão verdadeira. Se havia alguém com razão para questionar seu poder de atração, esse alguém era Mark.

Poderíamos pensar que, após realizar esse trabalho por tantos anos, Cheryl ficaria um pouco enfadada com seus clientes ou *blasé* sobre ensinar alguns conceitos básicos repetidas vezes. Mas ela não fica. Todas as vezes que trocamos ideias sobre uma sessão recente de um cliente em comum, Cheryl explica com detalhes exatamente o que disse a ele — como se fosse a primeira vez que eu tivesse ouvido ou que ela tivesse dito aquilo. Não há como fingir tal frescor, mas essa é a razão que faz uma mulher quase septuagenária trabalhar com tanta alegria e determinação.

Temos compartilhado o púlpito em conferências, testemunhado mudanças marcantes na vida de cada uma de nós e nos apresentado em diversos meios de comunicação na esperança de instruir mais pessoas — apenas para descobrir que a magia da edição de imagens, por vezes, descaracteriza nossa intenção educacional. Tenho a honra de escrever o prefácio de um livro que parece suspense — apesar de eu conhecer todas as reviravoltas da trama, muitos dos personagens e como tudo termina. Espero que você, assim como eu, considere um privilégio conhecer os pensamentos dela.

— *Louanne Cole Weston, Ph.D.*

Introdução

● ●

Tive mais de novecentos parceiros sexuais. Não fiz sexo com todos eles, mas fiz com a maioria. Às vezes, revelo isso em palestras e, como você pode imaginar, a reação é forte. Costumo perguntar à plateia que palavras vêm à mente deles quando ouvem esse número. Eis algumas das mais comuns: "prostituta", "puta", "vagabunda". Bem, não sou nada disso — embora algumas pessoas discordem, é claro. Sou uma terapeuta do sexo. Hoje em dia, quando as pessoas ouvem esse título, pensam que o que faço está relacionado a ser barriga de aluguel. Quando lhes explico que utilizo métodos ativos para ajudar pessoas a superarem suas dificuldades sexuais, elas ficam apenas ligeiramente menos confusas. "Isso não é prostituição?", pensam elas — às vezes, em voz alta.

Embora a prostituição seja uma das profissões mais antigas do mundo, a de terapeuta do sexo é uma das mais recentes. Os clientes são sempre encaminhados para mim por colegas terapeutas da fala. Eles podem sofrer de disfunção erétil, ejaculação precoce, angústia em relação à sua sexualidade, terem pouca ou nenhuma experiência sexual, dificuldades de comunicação, uma imagem corporal ruim ou várias combinações desses problemas. Quase todos os homens (e, às vezes, mulheres) que atendo buscam relações mais íntimas e amorosas dentro e fora do quarto. O trabalho de um terapeuta do sexo é dar-lhes as ferramentas necessárias para construírem relacionamentos saudáveis e amorosos.

Como terapeuta do sexo, utilizo uma série de exercícios para ajudar meus clientes a resolver problemas e atingir seus objetivos. Grande parte do tempo também é gasto ensinando-lhes anatomia e sexualidade. Trabalho juntamente com o terapeuta deles, consultando-o após cada sessão para discutir o progresso do cliente em questão. Um cliente costuma ter entre seis e oito sessões comigo. Um dos maiores mal-entendidos sobre o trabalho dos terapeutas do sexo diz respeito às relações sexuais durante essas sessões. É verdade que faço sexo com a maioria dos clientes, mas isso ocorre apenas após termos passado por alguns exercícios planejados para desenvolver a consciência corporal, abordar questões sobre a imagem que o cliente tem do próprio corpo, atingir o relaxamento e aprimorar as habilidades comunicativas. Em geral, fazemos sexo nas últimas sessões. Vale a pena ressaltar que sou uma terapeuta do sexo, não uma "substituta para o sexo". Meu objetivo maior é modelar um relacionamento íntimo saudável para um cliente, e isso envolve muito mais do que relações sexuais.

Tive clientes de todos os tipos e classes econômicas. O mais jovem deles tinha 18 anos, e o mais velho, 89. Eles são presidentes de empresas, motoristas de caminhão, advogados e carpinteiros. Alguns são lindos, outros têm uma aparência normal. Trabalhei com um septuagenário virgem, um universitário que sofria de ejaculação precoce e homens de todas as idades que não sabem como se comunicar na esfera sexual.

Comecei a fazer esse trabalho em 1973, e minha jornada perpassa a revolução sexual de nossa sociedade e também a minha. Cresci nas décadas de 1940 e 1950, um período em que a educação sexual era — no mínimo — deficiente. À medida que me eduquei, descobri que muito do que haviam me ensinado sobre sexo estava distorcido ou errado. As lições vieram das brincadeiras com amigos, da Igreja e dos meios de comunicação. Meus pais quase não conseguiam falar sobre sexo, muito menos me instruir sobre o assunto. Infelizmente, muitos pais ainda hoje não conseguem prover uma educação sexual confiável e acrítica, assim como os meus, há cinquenta anos. Costumo imaginar como nossos filhos seriam muito mais inteligentes, saudáveis e felizes se seus pais tivessem as informações e a capacidade para terem conversas honestas e apropriadas para a idade deles.

Apesar do que eu e muitos outros esperávamos nos excitantes dias da revolução sexual, muitos ainda permanecem mistificados com relação ao sexo e ao nosso corpo. O ataque à educação sexual baseada em fatos, realizada por aqueles que desejam voltar no tempo, e a enxurrada de informações incorretas que obtemos da mídia durante todo o tempo nos confundem mais do que nunca. Contamos piadas sobre sexo, denunciamos o sexo, execramos publicamente pessoas por fazerem sexo inapropriado e, embora eu não seja a primeira a apontar isso, usamos o sexo para vender todo tipo de produto, de chicletes a automóveis esportivos. No entanto, temos muita dificuldade em conversar pública e honestamente, de forma madura e acrítica, sobre o assunto.

Há muito tempo desejo contar minha história, e a motivação para tal evoluiu e se expandiu ao longo dos anos. O que não mudou foi minha crença no poder das histórias para nos inspirar e desafiar. Minha vida é, de muitas maneiras, paradigmática. Cresci em uma época dominada por dogmas rígidos com relação à sexualidade feminina. Eles tinham origem tanto em fontes religiosas quanto seculares. Quando faço uma retrospectiva de minha vida, me admiro por toda a vergonha e culpa que esses dogmas conferiram a um dos impulsos humanos mais naturais e saudáveis e também pelo impacto que tiveram em mim quando jovem. Porém, sou uma *baby boomer*. Minha juventude abrange duas eras. Eu tinha vinte e poucos anos na década de 1960. Os ventos sociais de mudança daquela época me encorajaram a questionar e repensar quase tudo que eu aprendera. Quando tudo ficou um pouco mais claro, muitas das crenças com relação à sexualidade que me foram inculcadas na infância não sobreviveram. Esse processo culminou em minha carreira como terapeuta do sexo.

Além de minha história, relato as de alguns clientes que tive, porque acredito que elas têm muito a nos ensinar sobre sexualidade e sobre as questões que podem complicá-la. Suas experiências promovem uma rara visão sobre o que realmente orienta e cura os problemas sexuais.

Se ainda não está claro, suponho que devo confessar que tenho uma missão com este livro. Espero que ele encoraje, pelo menos um pouco, uma discussão aberta e honesta sobre a sexualidade. Espero, também, que ele inspire os leitores — de qualquer idade — a reivindicar e honrar sua sexualidade. Todos têm direito ao sexo com amor e capaz de satisfazer, e em minha experiência isso, muitas vezes, depende de uma boa comunicação, do autorrespeito e de uma vontade de explorar o assunto. Meu objetivo é inspirar uma reflexão franca e destemida que possa nos proporcionar essas três coisas.

Nota sobre nomes e outros detalhes de identificação

Ao longo de todo o livro compartilho histórias de minha prática. Nomes, características físicas e maneirismos foram alterados para assegurar a privacidade de meus clientes. Muitas das histórias aqui apresentadas ocorreram há muitos anos e, por isso, precisei reconstruir diálogos e detalhes sensoriais já em parte esquecidos. Além disso, para proteger a privacidade deles, atribuí pseudônimos a muitos de meus amigos, membros de minha família e conhecidos.

1.

Respiração pesada: Mark

●●●

Mark O'Brien abriu ligeiramente a boca e deu um soluço silencioso. Agarrei o tubo que surgia, como um tentáculo de plástico, do respirador portátil que sua ajudante prendera à cabeceira. Quando me levantei para levar o tubo à boca de Mark, meu peito roçou em sua bochecha e ambos sorrimos. Mark apertou os lábios ao redor do bocal chato do tubo e o barulho tranquilizador do ar encheu seus pulmões. Ele fechou os olhos. Deleitou-se com o oxigênio, algo que a maioria de nós não valoriza. A máquina piscou e fez barulhos altos. Ele abriu os lábios e os olhos. Removi delicadamente o tubo, colocando-o sobre o travesseiro, fora do arco de suor que cercava sua cabeça.

— Como você se sente? — perguntei.

— Bem, Cheryl. Não foi tão apavorante quanto pensei que seria, ou é, e estou feliz por ter feito.

Depois, deu um sorriso doce e maroto.

Era 1986, e eu trabalhava como terapeuta do sexo havia 13 anos. Trabalhara com clientes com necessidades especiais antes, mas nenhum tão debilitado quanto Mark. Aos 36 anos, Mark vivera a maior parte de sua vida em um pulmão artificial após ter contraído poliomielite aos 6 anos. Ele conseguia respirar por conta própria apenas por curtos períodos de tempo, e era somente com a ajuda do respirador que conseguia me encontrar durante algumas horas na espaçosa casa de Berkeley, que eu pegara emprestada para nossa primeira sessão.

O pulmão artificial era, basicamente, um respirador. Parecia um cano largo com alavancas e registros, dentro do qual se acomodava toda a extensão do corpo de Mark, à exceção da cabeça, única parte exposta. Ele funcionava criando um vácuo parcial por alguns poucos segundos: isso levantava o peito dele para que seus pulmões pudessem se encher de oxigênio. Por dormir em um pulmão artificial, ele não possuía uma cama. Felizmente, ele tinha uma amiga que o ajudava e estava disposta a compartilhar a cama dela conosco.

Exceto pela boca, pelos olhos e por alguns dedos das mãos e dos pés, a poliomielite deixara Mark paralisado, além de ter contorcido tanto seu corpo que o quadril do lado esquerdo se torceu para o lado direito, comprimindo suas pernas de uma forma que as fazia parecer quase coladas. O pescoço e a cabeça estavam congelados para a direita, tornando seu olhar permanentemente lateral. Ele passou a vida inteira deitado de costas, exceto quando era escorado por algum ajudante para ser lavado ou vestido; ou por um médico, para ser examinado.

Como todos os meus clientes, Mark foi encaminhado por sua terapeuta. Como a maioria deles, ele estava ansioso na primeira sessão.

— Este é um grande dia para ele — disse Vera, uma das ajudantes de Mark, quando cheguei naquela manhã à cabana de um só quarto. A amiga e dona da cabana também tinha necessidades especiais e, portanto, o imóvel estava equipado com uma rampa instalada na porta da frente e com maçanetas e puxadores mais baixos nas portas e nos armários da cozinha.

Vera me levou pela sala de estar rodeada por estantes baixas repletas de livros e por um corredor em cujas paredes estavam penduradas fotografias de paisagens em preto e branco. Ela bateu na porta do quarto que ficava no fim do corredor.

— Mark, Cheryl está aqui. Estamos entrando — informou ela antes de abrir lentamente a porta.

Vera fez um gesto para que eu entrasse primeiro. Mark estava deitado em uma ampla cama com dossel, coberto até o queixo com uma manta de lã que tinha desenhos geométricos azuis. Sondra, a terapeuta de Mark, me dissera que ele era frágil, com apenas 1,40 metro de altura e cerca de 30 quilos, e por um momento, fiquei perturbada ao perceber como essas medidas eram realmente pequenas. O cobertor que o cobria mal fazia um calombo.

— Oi, Mark — cumprimentei —, muito prazer mesmo em conhecê-lo.

— Prazer em conhecê-la, Cheryl — disse ele com voz borbulhenta. Seus olhos azul-claros olhavam para baixo.

— Só vou lhe mostrar como usar o respirador e, depois, vou deixar vocês sozinhos — falou Vera. Ela apontou para um pequeno interruptor que eu precisava apertar para liberar o fluxo de oxigênio e colocou o tubo de respiração na boca de Mark. — Entendeu?

Confirmei com um movimento de cabeça. Mark deu pequenos tragos para absorver ar e abriu os lábios.

— Ele avisa quando acaba. — Ela retirou o tubo da boca de Mark e disse: — Volto mais tarde.

Pela maneira como disse meu nome, Che-ryl, eu sabia que Mark e eu tínhamos algo em comum. Éramos ambos da Nova Inglaterra. Disse-lhe que era de Salém, nos arredores de Boston, e que nascera em uma grande comunidade franco-canadense de lá. Meu nome de solteira era Theriault (pronunciado "Terry-O")... ou "Deriiiaut", se você fosse uma das freiras católicas irlandesas da minha escola fundamental.

— Você é católica? — perguntou.

— Já fui — respondi com um sorriso.

— Eu ainda sou — retrucou ele. — Preciso acreditar em Deus para ter alguém com quem gritar.

Ri, e os olhos de Mark reluziram.

Retirei meu casaco, do qual realmente não precisava naquela tarde quente de março, arrastei uma cadeira que estava no canto da sala e sentei ao lado da cama.

— Vamos falar um pouco sobre como vamos trabalhar juntos — comecei, como se tivesse uma ideia bem-formada.

Assim como os terapeutas, os terapeutas do sexo têm um protocolo e um repertório de exercícios para ajudar os clientes a realizarem mudanças efetivas em si e em suas vidas. Eles, obviamente, teriam de ser adaptados às condições de Mark, e eu não estava totalmente segura de que sabia o que isso significaria.

— Trabalharemos no seu ritmo. O que eu gostaria de fazer hoje é conhecê-lo melhor, e, se estiver disposto, podemos começar com um exercício de consciência corporal — expliquei.

Pedi a Mark que me contasse um pouco sobre sua família e infância. Ele nascera no bairro de Dorchester, em Boston, e mudara com a família para Sacramento, Califórnia, quando tinha 16 anos. Era o mais velho de quatro filhos. Tinha algumas lembranças de sua vida antes da poliomielite. Lembrava-se de acordar com ânimo todos os dias para correr na rua e brincar. Adorava estar ao ar livre e brincar com as crianças da vizinhança.

Quando a doença veio, em 1955, Mark tinha 6 anos, e tornou-se o foco de atenção da família, sobretudo da mãe. A dedicação dela foi decisiva. Ela cuidou dele com paciência e ternura durante toda a juventude de Mark.

Alguns anos após adoecer, a irmã de Mark, Karen, morreu de pneumonia, e desde então um sentimento imerecido de culpa o dominava. Ele acreditava que os pais, sobretudo a mãe, estavam tão preocupados com ele que não perceberam que Karen precisava de ajuda até ser tarde demais. Embora não houvesse razão alguma para acreditar que isso fosse verdade, Mark ainda se consumia com a culpa. Ele se sentia culpado por outros fatos também.

Às vezes, Mark acordava com a virilha melada de sêmen. Ele se lembrava de ver de relance um olhar de nojo passar pelo rosto da mãe ao limpá-lo certa manhã quando tinha 12 anos. Mark ficava excitado ao colocar a perna esquerda sobre a direita, pressionando o pênis entre as coxas, e algumas vezes ele pedia a seus ajudantes para o posicionarem dessa forma. Ele descobriu isso acidentalmente, quando um ajudante o deixara nessa posição por alguns momentos enquanto o banhava.

Embora Mark não pudesse ser considerado um católico tradicional, ele ainda sentia vergonha de sua sexualidade, fato que atribuía à criação religiosa. Esse sentimento podia ser irracional, assim como a culpa que sentia pela morte da irmã, mas, para ele, parecia tão real quanto o pulmão artificial no qual passava a maior parte dos dias.

Seus pais nunca conversavam sobre sexo, e ele não recebeu educação sexual alguma dos inúmeros médicos e terapeutas que trataram dele ao longo da vida. Da mesma forma que acontece com muitas pessoas deficientes, a sexualidade de Mark passara despercebida. A maioria das pessoas parecia supor que sua deficiência anulara a necessidade de ser tocado e de ter intimidade.

Apesar de todos os desafios físicos, Mark se formou em letras pela University of California, Berkeley, se tornou jornalista e teve vários poemas publicados. Ele digitava seus trabalhos usando uma vareta bocal e um processador de texto. Mark iniciara o mestrado em jornalismo antes de os efeitos da síndrome pós-poliomielite — doença que ataca os músculos e causa fadiga debilitante — o forçarem a desistir. Ele vivia perto do campus e ia e voltava da faculdade em uma cadeira de rodas reclinável que parecia uma maca motorizada. Ficava deitado ou sentado em uma posição ligeiramente inclinada. Sua coluna era curvada demais para que ele pudesse sentar-se em uma cadeira de rodas comum.

Mark sempre se sentira solitário e isolado. Na maioria dos dias, ele não conseguia imaginar um desfecho para a solidão que se estendia diante dele como uma estrada abandonada e sem-fim. Sua experiência sexual resumia-se a alguns toques furtivos de enfermeiras e de uma excitação repentina quando seus ajudantes o banhavam. Essas experiências eram sempre seguidas de constrangimento.

— Às vezes, permito-me acreditar que existe alguém em algum lugar no mundo para mim, mas, na realidade, acho isso impossível. Sinto-me como se estivesse do lado de fora de um restaurante observando as pessoas se deliciando com comidas maravilhosas que nunca conseguirei provar — disse ele.

Eu trabalhara como terapeuta do sexo e fora uma estudante da sexualidade humana por tempo suficiente para entender que a atração envolve muitos fatores e que não é necessário ter um corpo socialmente aprovado para desfrutar de um relacionamento amoroso e uma vida sexual excitante. Eu conhecia outras pessoas com necessidades especiais que tinham ambos. Será que, ainda assim, ele estava certo sobre não ser capaz de encontrar uma parceira? Comecei a pensar melhor no assunto. Muito embora tivesse acabado de conhecer Mark, já sentia uma verdadeira afeição por ele. Ele era inteligente, esperto e corajoso, mas será que alguém com deficiências físicas tão profundas poderia esperar, de forma realista, encontrar alguém? Eu o namoraria ou ficaria assustada demais? Por treinamento e temperamento, estou inclinada a apoiar, motivar e enxergar possibilidades e potencial até mesmo em situações muito difíceis. Gostaria de afirmar que havia sim alguém para ele, mas também estava preocupada em criar uma falsa esperança.

— Mark, não posso prever o futuro, mas parte do meu trabalho como terapeuta do sexo é prepará-lo para ter um relacionamento amoroso e feliz se você encontrar a mulher certa. Que tal conversarmos mais sobre o que você deseja com esse processo e que tal aprendermos mais sobre as capacidades do seu corpo?

Acho que falei isso tanto para ser honesta com ele quanto para me lembrar do que eu podia, ou não, fazer na condição de terapeuta do sexo.

— Vamos supor que, amanhã, você comece um relacionamento com uma pessoa que considere simplesmente perfeita. O que você sentiria?

— Bem, provavelmente uma porção de coisas. Ansiedade, excitação, alívio.

— O que causaria ansiedade?

Mark parou de falar e me pediu o tubo de oxigênio. Levantei para pegá-lo, o chão de sequoia da cabana velha rangendo enquanto eu andava até o respirador. Após alguns segundos, ele relaxou os lábios e retirei o tubo do respirador.

— Bem, seria óbvio que... que sou virgem, e ela gostaria de alguém com mais experiência.

— Tudo bem, então para você é importante ter experiência. Isso é natural. Muitas pessoas se preocupam com o fato de não ter experiência suficiente para satisfazer um parceiro.

— Não quero passar a vida inteira sem fazer sexo.

— Você não precisa passar por isso. Podemos fazer juntos.

Para alguém como Mark, era um alívio ouvir que aquilo que desejava era viável e que seus temores não eram tão diferentes daqueles que muitos de nós enfrentamos. Até mesmo clientes que não sofrem com as dificuldades físicas de Mark costumam ficar aliviados ao ouvirem que não estão sozinhos em suas inseguranças e preocupações. Ele estava tão acostumado a ser um excluído, a ser alguém que precisava de consideração e tratamento especial, que minhas palavras provavelmente soaram como um elogio.

Mark e eu conversamos por quase uma hora e, se ele estivesse disposto, chegara a hora de começar a parte física da sessão.

— O que acha de fazermos uma exploração física agora?

— Tudo bem, quer dizer, sim, eu gostaria de fazer isso.

Era o momento de ficarmos nus, ou seja, eu tiraria a roupa dele e veria seu corpo pela primeira vez. De repente, fiquei apavorada. Ele era muito frágil. E se eu o machucasse? E se não conseguisse manipular seu corpo? "Vá devagar, devagar, bem devagar", eu dizia a mim mesma.

— Mark, se em qualquer momento eu fizer algo que você não goste, é só me avisar. Isso é importante não apenas para nosso trabalho, mas para você aprender a expressar o que gosta e o que não gosta a uma futura parceira. Se algo faz com que você não se sinta bem ou se sinta desconfortável, é só me dizer para parar, está bem?

— Ok — disse ele com um olhar preocupado.

— Lembre-se, tudo isso tem de acontecer no seu ritmo. Então, se você quiser que eu vá mais devagar ou pare a qualquer momento, só precisa me dizer.

Vagarosamente, levantei o cobertor que o cobria. Seu corpo frágil estava vestido com uma camisa social vermelha com mangas compridas e calças pretas de moletom. "Lenta e cuidadosamente, lenta e cuidadosamente", eu repetia para mim mesma como um mantra.

— Vamos começar pela camisa.

Desabotoei o primeiro botão e, depois, continuei desabotoando toda a fileira de botões. Quando terminei, desabotoei o botão do punho esquerdo. Depois, dobrei a camisa sobre seu braço o máximo que consegui. A gola repousou sobre seu ombro. Por passar tão pouco tempo ao ar livre, Mark tinha a pele pálida. Em contraste com a camisa vermelha, ela parecia cor de sal. Esfreguei minhas mãos rapidamente para aquecê-las e depois enfiei uma sob a camisa. Cuidadosamente, aproximei meu corpo do delicado braço de Mark enquanto passava a manga pelo ombro dele, bem devagar. Enquanto continuava a retirá-la, coloquei seu braço de volta à cama. A manga já tinha sido quase toda retirada quando Mark gritou bem alto. Ah, meu Deus, será que eu o machucara?

— O que foi? — perguntei com a voz mais calma possível naquelas circunstâncias.

— Minha unha, você prendeu minha unha na camisa — respondeu ele.

— Tudo bem, tudo bem... deixa eu ver.

Retirei seus dedos da camisa que estava agora embolada ao redor da mão dele.

"Tenho que me lembrar de pedir a Vera para cortar as unhas dele", pensei.

— Mark, preciso saber quando algo não é bom para você, mas gritar não é nada sensual. Sei que é necessário ter muito cuidado com seu corpo, então nunca deixe de me avisar quando se sentir desconfortável ou estiver preocupado se algo vai machucá-lo, mas tente fazer isso com uma voz mais calma. Lembre-se de que parte do que estamos fazendo aqui é modelar a maneira como você se comunicará com uma parceira, e isso pode realmente deixar a pessoa apavorada e acabar com o clima.

Tinha esperança de que ele não tivesse notado meus braços arrepiados.

— Você precisa de mais oxigênio antes de continuarmos?

Para minha surpresa, ele disse que não. Depois de retirar a camisa do lado esquerdo, passei para o direito.

Chegou, então, a hora de tirar as calças. O osso do quadril esquerdo de Mark ficava ressaltado, e parte da nádega esquerda ficou exposta. Pesando cerca de 30 quilos, ele era bastante leve para eu esticar o elástico das calças e da cueca até abaixo da virilha e dos joelhos enquanto ele permanecia deitado. Quando cheguei aos pés, dei um pequeno puxão e elas saíram completamente. Foi então que vi todo o seu frágil corpo exposto.

— E, então, Mark? Está sentindo frio?

— Não — respondeu ele com voz baixa.

Era minha vez de me despir. Tirei a blusa, os jeans, o sutiã, a calcinha e as meias e coloquei tudo sobre uma cadeira enquanto Mark me observava.

— Nunca estive com uma mu-mulher nu-nua antes.

Muito embora seu corpo fosse esquelético, Mark tinha um rosto rechonchudo e estava enrubescido.

— É por isso que estou aqui — tranquilizei-o.

Deitei na cama com ele.

— A maioria dos clientes fica muito nervosa nesse momento — comentei. — Uma parte importante para conseguir atingir a satisfação sexual tem a ver com ser capaz de relaxar, então vou mostrar um exercício que o ajudará com isso.

Mark e eu estávamos no momento em que eu costumo ensinar meus clientes a fazer uma respiração profunda e diafragmática, na qual você inspira profunda e longamente, expandindo o abdômen, e depois, imediata, mas de modo vagaroso, expira, enquanto o esvazia e, ao mesmo tempo, tenta se concentrar apenas na respiração. Em geral, também oriento meus clientes a fazer um exame de todo o seu corpo, encorajando-os a libertar qualquer tensão que possam detectar. Como Mark não conseguia respirar profundamente, pedi que se concentrasse em cada respiração, mesmo se ela fosse superficial.

— Feche os olhos e tente limpar a mente de tudo, menos de sua respiração — disse a ele.

Durante alguns minutos, ficamos deitados, um ao lado do outro, com os olhos fechados e a mente focada em nossa respiração. Virei de lado e me aconcheguei nele, e o calor de seu corpo começou a aquecer meus seios e minhas coxas. Com 1,70 metro de altura, me senti quase uma amazona ao lado de Mark.

— Você está indo bem — falei. Delicadamente, coloquei meu braço sobre a cintura dele, contraindo ligeiramente meus músculos, para que todo o meu peso não ficasse em cima dele.

Nas primeiras sessões, costumo fazer um exercício chamado Toque Sensual. Pense nele como uma leitura crítica detalhada do corpo de um cliente. Exploro-o dos pés à cabeça com as mãos e observo todos os pormenores de seu físico. Examino o tom da pele, a temperatura, sardas, cicatrizes e outros atributos que tornam cada corpo único. O Toque Sensual cria para os clientes a oportunidade de começar a aprender sobre quais partes de seu corpo são mais sensíveis ao toque. Eles costumam ficar surpresos ao descobrirem que determinadas áreas, além da genital, podem ficar excitadas ou gerarem mais prazer ao serem tocadas. Mais de um cliente, por exemplo, já me disse que a parte de trás dos joelhos é uma área muito sensível.

Expliquei o Toque Sensual para Mark. Embora estivesse paralisado, ele ainda tinha sensações por todo o corpo. Dessa forma, ele sentiria minhas mãos passando para cima e para baixo. Costumo explorar tanto a parte frontal quanto a posterior do corpo dos clientes, mas, com Mark, estava limitada à parte da frente e ao lado esquerdo das costas, por causa da posição em que ele precisava ficar. Encorajei-o a tentar reconhecer quatro reações comuns: sensação neutra, de satisfação, sensual e sexual.

— A sensação sensual é prazerosa, mas não necessariamente constitui excitação sexual. A sexual é excitante. Existem apenas duas regras: faça o melhor que puder para permanecer no momento e dentro do próprio corpo e me avise se eu fizer algo que não goste. Quando sentir que sua atenção se desviou, retorne para o seu corpo, para o local onde minhas mãos estão.

Passei os dedos pelos cabelos de Mark e lhe disse como eles eram macios e causavam uma sensação boa ao toque.

Lentamente, levantei e fui até os pés da cama. Peguei os pés dele. Eram estreitos e ligeiramente pegajosos, e as unhas estavam um pouco grandes demais. Novamente, pensei que tinha de pedir à Vera para cortá-las. Massageei de leve os joanetes com meus polegares, e ele remexeu os dedos.

— Faz cócegas?

— Não, é gostoso — respondeu Mark.

Continuei pelo peito do pé até atingir os calcanhares e as canelas, os quais tinham apenas alguns pelos marrom-claros e macios salpicados. Lentamente, deslizei as mãos sobre as minhas coxas e me aproximei pouco a pouco da virilha dele. O pênis de Mark já estava rígido, seus testículos estavam cheios e tinham uma cor vermelho-amarronzada. Delicadamente, peguei o pênis e passei a ponta do dedo levemente ao redor dele. Quando o larguei e comecei a passar a mão em seu abdômen, ele soltou um pequeno gemido e gozou. Ele apertou os olhos e disse "droga" em voz baixa. Em seguida, acrescentou:

— Desculpe.

— Não se preocupe. Está tudo bem — respondi.

Estava claro que Mark precisava de ajuda para adiar a ejaculação, e isso me dava a oportunidade perfeita para explicar o ciclo de resposta sexual humana e a escala de excitação.

— O ciclo de resposta sexual humana apresenta quatro estágios. O primeiro é a Excitação, que começa com a primeira pontada de estímulo. É o momento que desencadeia os sinais físicos, como a ereção. O Platô vem em seguida. Esse é um estágio intenso e que pode ser prolongado. Nesse ponto você fica plenamente excitado. Pode perceber um pouco de pré-ejaculação e, em geral, sentirá alguns músculos ficarem tensos e o batimento cardíaco acelerar. O terceiro estágio é o Orgasmo. O último é a Resolução, quando o corpo retorna ao estado de pré-excitação.

Expliquei a Mark que tentaríamos prolongar o Platô, mas para manter-se nesse estágio por mais tempo ele também teria de entender a escala de excitação.

— A escala de excitação consegue mensurar quando você se encontra no estágio Platô. Ela varia de um a dez. Um é o comecinho da excitação e dez é o orgasmo. Pode ser difícil reconhecer essa graduação no início, mas, com a prática, isso fica mais fácil. A escala é uma boa ferramenta para prolongar a excitação.

Tirei alguns lenços de papel de minha bolsa e, delicadamente, limpei o sêmen do pênis e da área ao redor dele. Estava na hora de terminar o Toque Sensual.

Segui abdômen acima até o peito e cheguei ao pescoço. Passei as pontas dos dedos sobre o pomo de adão e sobre o lado esquerdo de seu maxilar. Circulei o olho e, depois, passei pelo nariz e pelo queixo. Cuidadosamente, retornei aos pés.

Quando terminei de explorar a parte frontal do corpo de Mark, fui até a cabeceira da cama e comecei a descer pela parte exposta do lado esquerdo das costas dele. Deslizei os dedos sobre a omoplata e sobre o braço. Voltei para as costas e mais uma vez passei a mão levemente por elas e ao redor da nádega esquerda.

Em seguida, voltei para a cama.

— Você pode me dizer quais partes de seu corpo considera mais sensuais? — perguntei.

— Adorei quando você tocou minhas canelas e meu rosto, mas, sendo completamente sincero, para mim, a maior parte do corpo me parece dar estimulação sexual.

Não fiquei surpresa ao ouvir isso. Quando alguém foi privado de toque e sua sexualidade não foi reconhecida, o corpo pode se tornar extremamente sensível e qualquer toque, em qualquer lugar, pode causar excitação. Pensei que, à medida que o toque se tornasse menos estranho para Mark, seu corpo responderia de maneiras mais complexas e sutis.

Mark perguntou se podia beijar meus seios. Deitei de lado e suavemente coloquei o seio esquerdo na boca dele.

— Agora, o outro — falei, com um tom de voz aparentemente sério.

Inclinei meu corpo sobre o de Mark para que ele pudesse beijar meu seio direito.

Em seguida, ele fez o movimento de tragar que eu já percebera que sinalizava sua necessidade de ar. Apoiei-me nos cotovelos e coloquei o tubo do respirador dentro da boca dele. Ele aspirou algumas vezes, sorrindo enquanto absorvia o ar.

Três semanas depois, em nossa sessão seguinte, logo reparei que o cabelo de Mark estava um pouco mais comprido.

— Não cortei o cabelo por causa do que você falou da última vez — disse ele.

Lembrei-me de ter comentado sobre como o cabelo de Mark era sedoso. Passei a mão sobre a cabeça dele e comentei:

— Seu cabelo está tão maravilhoso quanto antes.

A vista da janela do quarto dava para um jardim de narcisos, que começavam a abrir por ser início da primavera. Fiquei um pouco triste quando fechei as cortinas e bloqueei aquela visão.

Mark parecia mais calmo dessa vez e, francamente, eu também. Os objetivos e as questões eram, agora, claros para mim (ou, pelo menos, mais claros do que na primeira sessão). Eu tentaria ajudá-lo a perder a virgindade e também a prepará-lo para uma vida sexual feliz se ele encontrasse uma parceira. Eu ainda não estava convencida de que ele conseguiria ter, no futuro, um relacionamento de longo prazo, mas podia ajudá-lo a se sentir mais confiante se isso acontecesse.

Conversamos um pouco sobre nossa última sessão. Mark disse que era um pouco como ir à faculdade, no sentido de que ele podia pensar em uma centena de razões para não conseguir fazer algo, mas havia feito de qualquer forma, e estava feliz por isso. Ele também me disse que estava trabalhando em uma autobiografia e planejava escrever sobre nosso tempo juntos. Depois, anunciou que desejava tentar algo novo naquela sessão.

— Quero fazer algo que dê prazer a você.

— Bem, não me oponho.

Não é raro que os clientes desejem me dar prazer. É um impulso natural. A maioria das pessoas não deseja ser simplesmente um recipiente passivo. Elas desejam tanto dar prazer quanto receber. Como regra geral, a menos que seja algo a respeito do qual não me sinta confortável ou que eu considere uma interferência nos objetivos do trabalho, permito que os clientes me toquem quando pedem. Se um cliente tiver dificuldades de comunicação sobre o que uma parceira deseja, essa pode ser a oportunidade perfeita para modelar uma conversa sobre as preferências dela.

Mesmo antes de despir Mark, eu conseguia ver que ele estava plenamente ereto. Quando retirei suas calças, elas agarraram em seu pênis enrijecido e tive de esticar o elástico da cintura para elas passarem pela virilha. Despi-me e, quando estava prestes a deitar na cama, ele gritou:

— Meu Deus, meu Deus, meu Deus. — E gozou.

As bochechas dele ficaram tão vermelhas que pareciam dois tomates.

— Está tudo bem, Mark. De verdade.

Deitei-me e passei os braços ao redor do corpo dele por alguns minutos. Sentia seus batimentos cardíacos acelerados.

— Você se lembra do exercício de respiração que fizemos na última sessão?

Fechamos os olhos por alguns minutos e nos concentramos em nossa respiração. Senti seu pulso desacelerar um pouco.

Passei a mão pelo braço de Mark.

— Você disse algo sobre me dar prazer — falei.

Mark deu um meio-sorriso, parecendo superar seu constrangimento.

— Gosto de seus mamilos. Você gosta quando eles são chupados?

A verdade era que eu adorava isso, mas por um segundo pensei em afirmar o contrário. O que me apavorava era a possibilidade de Mark parar de respirar enquanto chupasse meu seio. Já podia ver até a manchete do jornal no dia seguinte: "Sufocado por um seio." Olhei para o respirador e para o tubo, que ficava a centímetros de seus lábios. Eu podia fazer isso. E eu faria.

— Adoro — respondi.

Coloquei as pernas ao redor do corpo magro de Mark e apoiei cada uma de minhas mãos dos lados da cabeça dele. Eu teria de fazer um movimento do tipo flexão para abaixar um de meus seios até a boca dele. Coloquei todo o meu peso sobre minha mão esquerda e depois levantei meu lado direito para me certificar de que conseguiria me equilibrar em uma só mão caso tivesse que agarrar rapidamente o tubo do respirador.

— Sei de coisas piores com que posso me engasgar — disse Mark.

Vagarosamente dobrei os braços e inclinei o quadril para a esquerda, para poder aproximar meu mamilo direito da boca de Mark. Ele apertou seus lábios úmidos ao redor do bico e sugou-o.

— Isso é muito bom.

Após alguns segundos, retirei o seio de sua boca e perguntei se ele precisava de ar.

— Não, preciso de peito.

Dessa vez coloquei o seio esquerdo nos lábios dele, e Mark agarrou-o com uma concentração maior do que quando aspirava oxigênio.

Quando retirei meu seio da boca de Mark, ele me pediu para esfregar a área atrás de seus testículos. Coloquei a mão no lugar indicado e pedi que ele me dissesse exatamente onde queria que eu o tocasse. Quando coloquei o dedo em seu períneo, a faixa entre o escroto e o ânus, ele disse:

— Aí.

Comecei a esfregar ligeiramente e Mark disse:

— Com mais força.

Coloquei um pouco mais de pressão e ele gemeu de prazer.

Enterrei minha cabeça no espaço entre o maxilar esquerdo e o ombro de Mark por alguns segundos. Em seguida, ele me perguntou se poderíamos fazer sexo.

Pedi que ele conferisse sua respiração por alguns segundos. Peguei um preservativo em minha bolsa e rapidamente coloquei nele. Sentei em cima de Mark e, abaixando o quadril, esfreguei seu pênis com meu monte púbico. Antes que pudesse colocar o pênis dentro de mim, ele gozou novamente.

— Tudo bem, tudo bem — falei rapidamente, antes que ele pudesse esboçar qualquer reação.

Mark fechou os olhos e apertou os lábios. Suas bochechas ficaram rosadas.

— Tudo bem — repeti.

Acariciei seu cabelo, e ele abriu os olhos e sorriu.

Logo depois suas pálpebras desabaram e ele ficou sonolento, uma cena que eu veria sempre após seus orgasmos.

Faço o melhor que posso para compartilhar o momento com meu cliente, mas ao ficar deitada ao lado de Mark, naquele dia, me dei conta de que estava preocupada demais com a próxima sessão e pouco presente naquele momento. O motivo de minha preocupação era o fato de a terceira sessão, em geral, ser aquela em que faço o exercício do espelho. É um dos exercícios mais informativos para o trabalho do terapeuta do sexo e, para realizá-lo, o cliente deve ficar em pé diante de um grande espelho, descrevendo como se sente em relação ao próprio corpo. Enquanto estávamos deitados, comecei a imaginar como eu poderia adaptar esse exercício para Mark. Além disso, o tipo de reação que ele teria me preocupava. Ele estaria preparado para aquilo? Estava prestes a levantar a questão quando ele me perguntou se eu já lera o "Soneto 18", de Shakespeare.

— Há muitos anos, na escola — respondi.

— Bem, eu o decorei para recitar para você. "Como hei de comparar-te a um dia de verão?" — começou ele. — Ar — pediu, ao terminar a primeira estrofe. Ofereci-lhe o tubo do respirador e ele deixou o oxigênio encher seus pulmões. Ele abriu os lábios e retirei o tubo. — "És muito mais amável e mais amena/Os ventos sopram os doces botões de maio/E o verão finda antes que possamos começá-lo..."

Alguns clientes já haviam expressado sua apreciação anteriormente, mas nunca com um poema de amor que existe há séculos. Aconcheguei-me nele e percebi o quanto torcia para que Mark encontrasse uma parceira e para que, um dia, pudesse deitar ao lado dela e recitar esse mesmo poema.

Os limites podem ficar um pouco confusos na minha profissão. Fazer sexo, mesmo em um contexto terapêutico, invariavelmente cria um vínculo entre as pessoas. Logo no início de minha carreira, preocupava-me em manter certo distanciamento profissional, e ainda assim criar a intimidade tão necessária para exercer a função de uma terapeuta do sexo. Esse pode ser um equilíbrio difícil, e eu me preocupava com o fato de os clientes criarem vínculos comigo, quando um de nossos objetivos mais importantes é ajudá-los a construir relacionamentos saudáveis na vida "real". Se tivéssemos nos conhecido no início de minha carreira como terapeuta do sexo, acho que eu teria ficado preocupada com a possibilidade de Mark se envolver comigo de uma forma pouco saudável. Porém, após 13 anos nessa profissão, já vira o suficiente para saber que expressões de gratidão, em geral, não sinalizam nada mais do que um cliente desejando revelar apreciação sincera.

— "Enquanto a humanidade puder respirar e ver/Viverá meu canto, e ele te fará viver" — terminou Mark.

— Mark, isso é lindo. Quero que saiba o quanto gostei de conhecer você e como estou feliz por estarmos trabalhando juntos.

Passei o dedo pela lateral do quadril dele, descendo pela perna. Senti que estava ficando mais excitada do que jamais estivera durante nosso tempo juntos. Não é raro que eu fique sexualmente excitada ao trabalhar com um cliente. No entanto, isso não significa uma progressão obrigatória para o ato sexual ou que tomarei alguma atitude em função dessa excitação. O trabalho do terapeuta do sexo é centrado no cliente, e a interação física é voltada para atingir os objetivos dele.

Junto à minha excitação, senti uma pontada de tristeza. Mark era muito sensível e poderia ser um amante muito bom para alguém. Odiava pensar que ele não teria essa oportunidade. Eu desejava reiniciar o toque e a ternura, mas sabia que precisava discutir o exercício do espelho com ele.

Em função de a poliomielite ter retorcido seu corpo, não tinha certeza se Mark alguma vez vira seus genitais após a puberdade. Muito embora estivesse ansiosa para saber como ele reagiria, ainda achava importante que ele visse seu corpo inteiro.

— Mark, eu gostaria de discutir nossa próxima sessão — falei. — Gostaria de trazer um espelho para que você possa ver seu corpo inteiro. O que você acha disso?

Ele hesitou. Eu estava começando a me acostumar com as pistas que seu corpo transmitia e sentia sua pele aquecendo e esquentando a minha. Era compreensível que este fosse um ponto sensível para ele.

— Não sei. Estou curioso, mas com medo do que poderei ver.

— Do que você tem medo em relação ao seu corpo?

— Na verdade, nunca vi meu pau — disse Mark. — E se ele for deformado?

— Você tem um pênis perfeitamente normal, Mark. Você vai ver.

O que me preocupava não era a reação dele com seu pênis, mas sim com o resto de seu corpo. Ele ficaria impressionado ao se ver nu pela primeira vez como adulto, com as sequelas da poliomielite?

Peguei seu rosto e beijei-o na testa. Mark abriu os lábios e seu pomo de adão subiu e desceu. Ele precisava de ar. Pressionei o botão para ligar o respirador e levei-o à boca dele. Ele respirou fundo no reforçado e turvo tubo do respirador.

— Obrigado, Cheryl — agradeceu, quando retirei o tubo.

Quando voltei para casa, à noite, comecei a me sentir muito menos ansiosa em relação à sessão seguinte. Assim como as muitas pessoas com necessidades especiais com as quais trabalhei, Mark era resiliente e corajoso. Ele conseguiria lidar com a visão de seu corpo inteiro. Talvez até mesmo ficasse mais satisfeito consigo mesmo do que pensara. Além de nossa criação católica e raízes na Nova Inglaterra, Mark e eu tínhamos outra coisa em comum: eu também não vira meus genitais até me tornar adulta.

✑

Quando a década de 1970 alvoreceu, eu vivia na área da Baía de São Francisco e, como muitos outros, questionava ativamente quase tudo que aprendera. Inscrevi-me em um seminário sobre masturbação dirigido pela maravilhosa Betty Ann Dodson, Ph.D. (ou Dra. BAD, como carinhosamente a chamávamos algumas vezes), a autora do pioneiro livro *Liberating Masturbation: A Meditation on Self Love* (mais tarde renomeado *Sex for One: The Joy of Selfloving*) e de *Orgasms for Two: The Joy of Partnersex*.

O dia começou com uma visita à mercearia. Betty guiou a turma, composta de cerca de 20 mulheres, para a seção de legumes, e fez cada uma de nós escolher uma abobrinha. Depois disso nos dirigimos para uma sala de aula repleta de travesseiros estofados. Betty trouxera um espelho de mão e nos revezamos, recostadas em travesseiros, no exame atento de nossas vulvas. Ela também convidou as alunas a inspecionarem as vulvas umas das outras. Betty tinha uma lanterna para nos ajudar a ver melhor, e quando perguntou se alguém se prontificaria para segurá-la, levantei a mão. Achei que jamais teria a oportunidade de ver os genitais de tantas mulheres diferentes, então aproveitei. Se uma aluna se mostrasse disposta a mostrar sua vulva, eu apontava a lanterna para ela para que a turma pudesse vê-la claramente. Acabou que todas estavam dispostas, e as vinte mulheres compartilharam suas vulvas umas com as outras. Muitas delas ficaram surpresas ao perceber como a genitália feminina é bonita, e ao ver as semelhanças e diferenças entre nós. Com muitas risadas, cada uma tomou nota do tamanho da abobrinha que escolhêramos e o que aquilo sugeria sobre nossa preferência de tamanho. Em seguida, conversamos sobre a maneira como nos masturbávamos. Algumas usavam um vibrador ou um pênis artificial, outras, simplesmente, usavam a mão. A maioria se importava menos com o tamanho daquilo que entrava em sua vagina e mais com a maneira

36

como era estimulada e tocada. Ainda lembro a excitação que tomou conta da sala. Ver tantas mulheres descobrirem a beleza de seus genitais é algo que nunca mais esquecerei.

Quando faço o exercício do espelho, às vezes vejo que meus clientes masculinos têm uma resposta semelhante à das alunas de Betty. Essa é uma das razões que me fazem crer que esse exercício é tão importante e revelador. Para alguns, é a primeira vez que olham com cuidado para o próprio corpo. Esperava que a reação de Mark fosse, ao menos, parecida com a minha naquele dia.

Como a cabana em que nos encontráramos em nossas primeiras duas sessões estava indisponível, para a terceira Mark pegou emprestada a casa de outra amiga.

Dixie, outra ajudante de Mark, me deixou entrar e apontou para os fundos do apartamento. Ela viu a ponta do espelho que saía de minha bolsa e parou por um momento, como se fosse me perguntar sobre ele, mas depois sorriu timidamente e disse apenas:

— Passe pela cozinha e vire à direita.

Era um apartamento pequeno, com pintura descascada em quase todas as paredes. As bancadas da cozinha estavam cobertas com o mesmo tipo de linóleo verde que revestia o chão. Quando me encaminhei até o cômodo em que Mark me esperava, meus sapatos grudaram um pouco no chão e praticamente tinha de arrancá-los a cada passo.

Bati na pesada porta de carvalho do quarto.

— Mark, sou eu, Cheryl.

Em seguida, lentamente, entrei. Dessa vez o colchão estava no chão. Havia uma escrivaninha em um dos cantos e, sobre ela, papéis espalhados. Os pés de Mark não estavam cobertos pela manta de lã azul. Em vez disso, ele estava usando meias tão brancas quanto a casca de um ovo. "Seus pés nunca tocam o chão", pensei, e senti um pouco de pena. Um feixe de luz jorrou através da grande janela que dava para o campus da University of California e uma nevasca de poeira dançava nela. Mark sorriu.

— É muito bom ver você novamente, Cheryl. — Em seguida, antes que eu pudesse responder, ele acrescentou: — Você trouxe o espelho. Sentei no colchão e beijei Mark na boca. Quando levantei a cabeça, passei meu longo cabelo castanho em seu peito.

— Trouxe. Daqui a pouco faremos o exercício que discutimos na última sessão, está bem?

Perguntei a Mark como ele passara as três semanas desde nossa última sessão. Sua carreira de escritor o mantinha ocupado e ele acabara de receber um pedido de um jornal para escrever sobre as leis relacionadas ao tratamento de pessoas com necessidades especiais. Ele esperara ansiosamente pela nossa sessão. Começava a achar que podia fazer e desfrutar do sexo como uma pessoa "normal". E mais, ele me dera prazer sexual. Para alguém como Mark, cuja sexualidade sempre fora tratada, na melhor das hipóteses, como uma inconveniência, isso foi um verdadeiro reforço na confiança. Como a maioria de nós, ele desejava saber que podia dar prazer a alguém na cama.

Despi-o e depois despi a mim mesma. Como sempre, Mark estava deitado no lado esquerdo da cama. Por sua cabeça estar permanentemente virada para a direita, essa posição garantia que ele podia me ver quando eu deitasse a seu lado. Sentei no canto direito do colchão e levantei minhas pernas. Depois, virei de lado e me deitei apoiada nele. Seu pênis já estava ereto. Beijei o topo de sua cabeça.

— Você já consegue ficar no estágio Platô por mais tempo. É um sinal de progresso.

Acariciei seu rosto e peito. Beijei-o nos lábios e esfreguei seu períneo e escroto. Percebi que o escroto estava levantando, um sinal de que ele gozaria logo. Parei de tocá-lo e pedi que ele verificasse em que grau estava na escala de excitação.

— Você consegue avaliar onde está, em uma escala de um a dez? — perguntei.

Ele disse que pensava estar perto de sete. Depois, pedi que ele praticasse a técnica da respiração que eu lhe ensinara. Coloquei minha mão sobre sua coxa e depois sobre o pênis dele. Um gemido de prazer evoluiu para um grito, e ele gozou.

— Não queria que fosse tão rápido — disse Mark, frustrado.

— Tudo bem. Lembra-se da última vez? Você provavelmente tem condição de ter outro orgasmo.

— Eu queria fazer sexo hoje.

— Vamos ver se conseguimos.

Passei as mãos pelo corpo de Mark lentamente. Peguei seu rosto, beijei o nariz e depois a boca. Em seguida, me posicionei para que minhas pernas ficassem uma de cada lado de Mark, dando-lhe acesso fácil aos meus seios. Ele os lambeu, endurecendo a língua e circulando os mamilos com ela. Peguei sua mão e dobrei seus dedos para que ele cerrasse o punho. Em seguida, guiei a mão dele até os meus genitais e delicadamente esfreguei os nós dos dedos dele em meu clitóris.

— Gosto muito de ser tocada assim — falei.

Lembrei-o de que algumas mulheres gostam de uma pressão diferente, então é importante começar levemente e depois perguntar se elas querem mais força.

Mark ficou duro pela segunda vez e rapidamente coloquei o preservativo nele.

— Vamos colocar só a ponta dentro de mim e ver o que acontece.

Peguei seu pênis e rocei-o em minha vulva. Em seguida, inseri a cabeça dentro de mim. Pedi-lhe que prestasse atenção para o nível de excitação. Não me mexi a princípio, e depois fiz peso sobre seu pênis. Em menos de um minuto Mark teve um orgasmo.

— Você gozou? — perguntou ele.

Quando eu disse que não, Mark ficou decepcionado, mas tranquilizei-o dizendo que poderíamos tentar novamente.

— Como você se sentiu?

— Bem, acho. Foi tão rápido.

— Sim, mas você estava dentro de mim. Esse é um grande passo, Mark.

Ele sorriu e, em seguida, fechou os olhos, entregando-se à sua fantasia pós-orgástica enigmática por algum tempo. Quando retornou, perguntei se estava pronto para se ver no espelho. Estava na hora de Mark ver seus genitais pela primeira vez em sua vida adulta.

Apoiei o espelho horizontalmente no canto mais distante da cama e fiquei atrás dele, segurando sua moldura de noventa centímetros com as pontas de meus dedos. Inclinei-o ligeiramente para trás, de forma que Mark pudesse obter uma visão completa. Ele ficou silencioso durante alguns segundos. Examinou detalhadamente seu corpo de cima a baixo.

— Está pensando em quê? — perguntei.

— Nada mal. Melhor do que eu imaginava.

Fiquei bastante aliviada.

No trabalho de terapeuta do sexo, as vitórias são pequenas e progressivas. Pode não parecer muito, mas Mark dera alguns passos importantes. Ele fora capaz de manter uma ereção por mais tempo e ficara mais confortável consigo mesmo e com seu corpo. Muito embora não conseguisse usar as mãos sem minha ajuda, aprendera a usar a boca e a língua para me dar prazer. Isso começara na primeira sessão, quando ele chupou meus seios e, por fim, ele progredira mais ainda. Com sorte, tudo isso seria útil com uma futura parceira.

Três semanas depois, em um dia quente de julho, Mark e eu nos encontramos para nossa última sessão.

— Pode entrar! — gritou Dixie quando bati à porta. Ela me levou até outro quarto no apartamento, este com uma pilha de roupas em um canto e uma escrivaninha com uma imitação de abajur Tiffany, que gerava uma luz âmbar no outro canto.

— Você trouxe o espelho de novo — disse Mark quando entrei no último dos quartos emprestados onde eu o encontraria.

— Eu gostaria que você visse seu pênis duro.

Despi-o e me despi. O pênis dele já estava ereto novamente, então levei o espelho até a lateral da cama, para que ele pudesse se ver excitado.

Após um sinal dele de que estava satisfeito, deitei ao lado dele na cama.

— O que você pensou ao ver seu pênis dessa vez? — perguntei.

— Acho que ele é ótimo, realmente ótimo — disse Mark, que também sorriu.

Segurei o espelho por alguns minutos e depois ele perguntou se podia sentir meu gosto. Ajoelhei-me sobre ele e lentamente abaixei minha vulva até sua boca. Ele a beijou suavemente e depois enfiou a língua. Girou-a pelo interior de meus lábios e a enfiou em minha vagina.

Enfiava e retirava rapidamente a língua e, em seguida, chupava os lábios. Beijou meu clitóris. A sensação foi maravilhosa. Após alguns segundos, afastei-me e peguei o tubo do respirador. Eu estava excitada. Quando Mark sinalizou que terminara, recoloquei o tubo no lugar. Aconcheguei-me junto a ele e coloquei a perna sobre seus quadris, sentindo seu pênis pulsando em minha coxa.

Coloquei um preservativo em Mark e depois passei o dedo ao redor da cabeça de seu pênis, apertando a haste levemente. Em seguida, sentei de pernas abertas sobre o membro dele. Comecei a me mexer para cima e para baixo languidamente. Minha vagina começou a palpitar. Eu também atingira um alto nível de excitação. Desacelerei para prolongar o estágio Platô em nós dois. Inspirei, expirei e depois fiquei imóvel, perguntando a ele qual era seu grau de excitação.

— Perto de oito — respondeu Mark.

Permaneci parada por mais um minuto e depois me levantei para que a haste do pênis ficasse parcialmente fora da vagina. Em seguida, abaixei sobre ele e parei novamente. Mark gozou. Ele ficara excitado e dentro de mim por mais tempo do que conseguira em qualquer uma de nossas sessões. Mesmo após gozar, Mark permaneceu suficientemente duro para eu abaixar e levantar novamente e também atingir o orgasmo pleno.

Ele perguntou quase imediatamente se eu havia gozado. Quando lhe disse que sim, ele resplandeceu.

— Você precisa de mais oxigênio? — perguntei.

— Não. Não mesmo. Se ao menos isso contasse como uma terapia respiratória, talvez eu conseguisse fazer o plano de saúde pagar por ela.

Nós dois rimos.

A poliomielite deformara o peito de Mark. Ele era abaulado e desprovido de pelos. Debrucei-me e carinhosamente o beijei. Mark engoliu em seco, então agarrei o tubo do respirador.

— Não — balbuciou ele.

Eu percebi que ele estava chorando.

— Ninguém nunca beijou meu peito antes — disse ele.

Em seguida, meus olhos se encheram de lágrimas.

— Estava na hora de alguém beijar — falei.

Mark entrou em contato comigo algumas vezes após nosso último encontro. Fiquei muito feliz quando, em 1994, oito anos após nossa primeira sessão, ele me ligou e me contou que encontrara alguém. Susan soube da existência de Mark ao ler suas poesias na internet. Ela ficou tão emocionada com as palavras dele que lhe enviou um e-mail. Assim nasceu um relacionamento on-line, que logo evoluiu para a vida real. Mark estava feliz da vida por constatar que seu medo de nunca encontrar alguém fora tão infundado e muito emocionado por começar um relacionamento já com alguma experiência.

— Graças a você, não precisei dizer que era virgem — agradeceu ele.

2.

O pecado sob os lençóis

Com minha profissão, tenho histórias suficientes para escrever este livro e muitos outros. Algumas, como a de Mark, dizem respeito a pessoas com vidas e desafios extraordinários. Porém, a maioria das histórias é de pessoas que lutavam com preocupações mais comuns, como a disfunção erétil ou a ejaculação precoce. Quando deixo de lado as particularidades e excentricidades pessoais, quase sempre descubro que muitas das questões contra as quais essas pessoas lutam nos níveis mais profundos são temas comuns a quase todos nós. Solidão, ansiedade, medo, culpa ou vergonha em relação aos sentimentos sexuais, baixa autoestima, imagem corporal insatisfatória e falta de conhecimento corporal são apenas algumas questões na constelação de temas mais comuns do que pensamos — e com as quais lido diariamente.

Minha carreira como terapeuta do sexo já ultrapassa quarenta anos e conta com centenas de clientes. Considero-me abençoada por ter descoberto essa profissão e por saber que meu trabalho muda a vida das pessoas para melhor. Minha carreira tem sido longa e magnífica. Quando as pessoas perguntam onde e quando comecei, respondo que foi em 1973, na área da Baía de São Francisco, mas isso é verdade apenas em parte. Tudo começou, na verdade, pelo menos duas décadas antes, e a 5 mil quilômetros, a leste da Califórnia.

A cidade de Salem, Massachusetts, fica 25 quilômetros ao norte de Boston, no litoral. Salem Neck e Winter Island se estendem daí como dois dedos que se alongam para dentro de Salem Sound. Quando nasci, em 1944, Salem era dividida em vizinhanças étnicas. As comunidades de poloneses, italianos, irlandeses e franco-canadenses eram compostas, em grande parte, por descendentes dos imigrantes que chegaram no século XIX para trabalhar nas tecelagens da cidade.

Os membros de ambos os lados de minha família vieram da França para o Canadá e, depois, para Massachusetts, trazendo com eles sua língua e seus costumes franceses. Felizmente, eles também trouxeram suas receitas. Minha bisavó paterna era uma cozinheira maravilhosa. Quando íamos à casa dela, o irresistível aroma das comidas francesas nos recebia assim que cruzávamos a porta de entrada — incluindo suas especialidades: *cipate*, uma caçarola com camadas de legumes, carne e folhados; *creton*, um patê de porco; e *boeuf bourguignon*.

Salem é um lugar que tem profundos laços com o passado e um lembrete constante dele, sobretudo no que se refere ao julgamento das bruxas de Salem. A *Witch House*, residência do juiz Jonathan Corwin, um dos designados para julgar algumas das primeiras acusações de bruxaria no final do século XVII, ainda paira sinistramente sobre a esquina das ruas North com Essex. Gallows Hill, onde duas dezenas de mulheres inocentes foram enforcadas após serem envolvidas em um clima de histeria e fundamentalismo religioso, não fica longe da casa onde passei minha infância. Hoje em dia, a cidade usa sua história para ganhar dinheiro com turistas, e o *kitsch* da bruxaria prevalece. Porém, durante minha juventude, as bruxas não eram um recurso de marketing para aumentar as vendas no Halloween. Para minha mente infantil, elas eram muito reais. Serviam como alertas para permanecer do lado certo, do lado de Deus — ou, pelo menos, do da Igreja.

Fui a primeira filha de Virginia e Robert Theriault. Quase dois anos depois, meu irmão David nasceu; oito anos depois, meu irmão Peter chegou. Empregado na New England Telephone and Telegraph Company, meu pai ganhava o suficiente para minha mãe ser dona de casa em tempo integral. Ele começou como vendedor de anúncios para as páginas amarelas e, mais tarde, tornou-se gerente. Ao contrário da maioria de seus colegas na gerência, meu pai não tinha um diploma de faculdade. No entanto, tinha dom para os negócios e para convencer os outros. Esses talentos o ajudaram em seus dias como vendedor. Quando falava com empolgação sobre oportunidades específicas de anúncios para seus clientes, ele transformava em realidade os esboços que levava consigo em todas as suas visitas.

A maior parte da minha família era constituída por pessoas trabalhadoras e decentes. Muitas eram generosas, e a maioria formava um grupo jovial e alegre que se divertia com grandes jantares familiares, contando histórias, ouvindo música, dançando e gargalhando.

Durante minha infância, Vovó Fournier — a mãe de meu pai — era a pessoa de quem eu era mais próxima. Ela era divertida, inteligente e carinhosa, além de ser louca por mim. Ainda me lembro de sair correndo de meu carrinho de bebê para poder chegar a seus braços abertos. Ela também tinha um excelente gosto quando se tratava de moda, e eu era a única menina que conhecia cuja avó dava conselhos confiáveis para eu seguir a última tendência.

Apesar de todos os méritos, os membros de minha família também eram pessoas de sua época. Fomos todos marcados pela rigidez da Igreja Católica e pela mentalidade pré-movimento feminista sobre o papel apropriado da mulher, que era se manter linda, conseguir um marido provedor e, em seguida, ser uma esposa apaixonada e uma mãe coruja, além de criar um lar confortável.

Minha mãe levava esse papel muito a sério. Impecavelmente vestida, magra, de cabelos penteados e — francamente — obcecada com a aparência, ela sempre foi uma figura atraente. E também manteve um lar imaculado, ficando muitas vezes frustrada com o que considerava falta de apreciação de nossa parte. Apesar de ter sido muito boa no que fazia, acredito que minha mãe jamais gostou de ser dona de casa. Ela costumava ficar muito zangada e, em retrospectiva, é fácil entender por quê. Oradora oficial de sua turma no ensino médio, uma mulher inteligente

e capaz, ela deve ter ansiado secretamente por mais e se sentido insatisfeita com o ciclo infindável de cozinhar, limpar e criar filhos caracterís-
tico de seus dias. Na época, no entanto, tudo que eu sabia era que, independentemente do quão perfeita ela ou sua casa fosse, minha mãe
sempre parecia insatisfeita.

— Ninguém reparou... — dizia ela exasperada após encerar o chão,
ou lavar as cortinas, ou realizar alguma outra tarefa doméstica pela qual
ninguém agradecia.

Na esfera sexual, as forças religiosas, culturais e sociais da época con-
vergiam para criar um código de silêncio que só poderia ser rompido
para emitir julgamentos e condenações cruéis, em geral, dirigidas às
mulheres que haviam, de alguma forma, cometido uma transgressão.
Em certa ocasião, minha mãe fez questão de chamar minha atenção
para uma mulher na cidade, uma ex-colega de turma dela, que era "fácil". Pelo tom de sua voz, eu podia dizer que ser fácil era algo muito
ruim. Antes mesmo de ter certeza do que isso significava, sabia que
nunca gostaria de ser incluída nessa categoria de mulheres.

Minha mãe não conseguia nem mesmo pronunciar a palavra "vagina", muito menos falar sobre algo que podia entrar nela. Chamava-a de
"botão", e isso apenas quando realmente precisava se referir ao órgão.
No que tange à educação sexual (ou pelo menos o que se acreditava ser
isso na época), o assunto era deixado a cargo de freiras e professoras da
escola fundamental St. Mary's Immaculate Conception, para a qual entrei quando tinha 5 anos.

Na segunda série, minha turma começou a receber um curso de prepa-
ração para a primeira comunhão e a confissão. O catecismo de Baltimore servia como um manual sobre tudo que era bom e sagrado. Às vezes,
eu tinha medo até mesmo de olhar para o livro sagrado, cuja capa exibia
uma imagem difusa de Jesus com olhos tristes e benevolentes fitando o
mundo decaído.

Aprendemos a diferença entre pecados mortais e venais, e fui apresentada aos pecados da impureza. Ensinaram-nos que tocar "lá embaixo"

era um dos pecados mortais mais graves. Representava uma grande afronta a Deus, e qualquer pessoa que o fizesse estaria corrompendo seu corpo e sua alma, arriscando-se à danação eterna. Essa afirmação invocava todo tipo de hipótese terrível. E se você tocasse aquele lugar e morresse antes de poder se confessar? Obviamente, você estaria destinado ao inferno. Jurei nunca me tocar de uma forma impura. Manteria minha alma imaculada, apesar de estar exposta ao mundo profano.

Logo após começar a escola, ficou claro que havia algo diferente na minha maneira de aprender. Muito mais tarde, já adulta e com dois filhos, recebi o diagnóstico de dislexia, mas, na época, minha dificuldade em aprender a ler, escrever e fazer contas era interpretada como rebeldia, preguiça ou, simplesmente, burrice.

Minhas colegas de turma aprenderam como juntar os sons e decodificar palavras e sentenças de uma forma que parecia não exigir esforço algum. Eu ficava perplexa diante de palavras de uma sílaba, como "cão" e "rã".

Minha mãe se prontificou a participar do esforço para me ajudar a aprender a ler. Ela saiu e prontamente comprou alguns livros de alfabetização, e tínhamos aulas regulares após a escola. Todos os dias sentávamos à mesa da cozinha e eu tentava ler as aventuras de Dick e Jane e seu cachorro Spot. Minha mãe sabia menos sobre dislexia do que meus professores e era menos paciente ainda do que alguns deles. Não sei se ela pensava que isso me faria aprender mais rápido, se estava frustrada ou se achava que eu fingia propositalmente não entender conceitos básicos, mas ela recorria a punições físicas.

As tardes com ela viraram um ciclo previsível e apavorante: ela me dizia para ler uma palavra, eu lia errado.

— Fale direito — exigia ela.

Quando eu, mesmo assim, lia errado, ela pegava meu braço e apertava com tanta força que, às vezes, eu gritava de dor. Uma vez, minha mãe ficou com tanta raiva após eu ter lido "pode" errado três vezes que ela me puxou da cadeira pelo braço e me atirou nela novamente. Comecei a ficar tão ansiosa que as palavras na página se embaralhavam quando eu tentava ler, o que piorava meu desempenho e aumentava a raiva de minha mãe.

O que não conseguia entender (e do que me ressenti por muitos anos) era que minha mãe era uma mulher, de resto, compassiva. Tínhamos uma vizinha, Greta, que era deficiente mental. Eu vira minha mãe ser muito gentil e amável com ela. Eu a ouvira insistir que Greta fosse tratada com dignidade e respeito. E não era apenas com Greta que minha mãe demonstrava ternura. Ela era uma vizinha prestativa e prontamente ajudava qualquer um que precisasse. Por que ela não podia mostrar alguma sensibilidade comigo? Ela sabia que eu tinha algo de ruim? Eu achava que devia existir algo extremamente detestável em mim, que precisava ser drasticamente tratado. O problema era que, apesar de tentar com afinco, eu nunca parecia conseguir melhorar.

Eu devia estar na terceira série quando concluí que havia algo em mim que precisava ser mantido em segredo. Passara a acreditar que eu era aquilo que, na época, chamávamos de "retardada". Eu apenas não demonstrava essa condição da mesma forma que Greta. Precisava manter isso em sigilo, ou nunca poderia ficar na mesma turma que minhas amigas — isto é, se alguma delas ainda quisesse ser minha amiga depois de descobrir esse fato. Eu me tornaria uma pária social e um constrangimento para minha família. Vovó Fournier era a única pessoa que provavelmente me apoiaria, mas eu não contaria a ela. Ela podia continuar a me amar, mas imagine que decepção teria se descobrisse. Certamente, ninguém nunca desejaria casar comigo se esse segredo fosse revelado. De um lado, pensei ter sorte de não ser visivelmente retardada, mas, por outro, desconfiava que minha situação seria melhor se eu fosse. Assim, finalmente, as pessoas não esperariam tanto de mim e eu não as decepcionaria.

Ao final de cada ano escolar, eu me apavorava com a terrível possibilidade de ter de repetir o ano. Para meu alívio, isso nunca aconteceu. Consegui passar raspando todos os anos. Talvez para compensar minhas deficiências acadêmicas, logo me tornei uma exibicionista de verdade e, eventualmente, diabólica. Eu conseguia conversar com todos e adorava tagarelar. Era, por natureza, uma otimista e até mesmo uma líder, pelo menos no playground. Percebi que eu era engraçada e tinha um talento para socializar e contar histórias. Conseguia reencenar partes de filmes, recitando os diálogos na voz de Natalie Wood, Tony Curtis ou qualquer outra estrela de cinema popular da época. Eu conseguia fazer meus colegas de turma rir, e eles gostavam de mim por isso.

No ensino médio, nem sempre consegui esconder meu desempenho ruim, e minhas amigas começaram a me ajudar para que eu pudesse acompanhar o resto da turma. Frequentemente, antes de ir à escola, nos encontrávamos na confeitaria da esquina oposta à St. Mary. Essa loja servia refrigerante e tocava os últimos sucessos do rock'n'roll. Elvis, Buddy Holly, Bill Haley and the Comets, Big Bopper — minhas amigas e eu nos extasiávamos com eles enquanto tomávamos refrigerante de limão e comíamos bolos cobertos com manteiga e geleia. Eu e minha amiga Lisa sentávamos juntas nos bancos que giravam 360 graus, e ela revisava cuidadosamente meu dever de casa, substituindo meus erros pelas respostas certas.

Infelizmente para mim, nossas sessões matutinas de cola não foram muito além dos primeiros meses da oitava série. Em uma manhã fria, enquanto "Chantilly Lace" tocava na vitrola e Lisa e eu fazíamos meu dever de casa de matemática, virei-me e vi duas figuras escuras passando pela porta, com as vestes serpenteando ao redor delas como fumaça. Enquanto se aproximaram, as reconheci: irmã Agnes Genevieve, minha professora da oitava série, e irmã Alice, a madre superiora. De alguma forma, elas souberam sobre a correção do dever de casa que fazíamos na confeitaria e, naquele dia, colocaram um fim naquilo. Embora me preocupasse como eu poderia superar minha dificuldade e obter notas suficientemente altas para passar de ano, em parte fiquei aliviada pelas irmãs terem intervindo. Afinal, colar era um pecado — um que eu agora não poderia mais cometer, pois começara a cometer o maior deles: a masturbação.

Como o conceito de autoestima demoraria muito para se tornar parte da cultura popular e virar algo que os bons professores teriam muito cuidado para não destruir, eu passava a maior parte das noites atormentada pela angústia da humilhação que o dia seguinte traria e incapaz de conseguir dormir. Infelizmente, o antídoto era um pecado mortal.

Quando tinha 10 anos, comecei a me masturbar e a gozar quase todas as noites. Era a única coisa que me ajudava a relaxar e cair no sono. Se minhas noites começavam com angústia, meus dias começavam com culpa. Estava convencida de que toda dor de ouvido, dor de dente e machucados eram uma punição divina. Mais tarde, tive menstruações dolorosas que, muitas vezes, me deixavam acamada. Eu acreditava que elas também eram resultado do julgamento de Deus. Não conseguia escapar de seu olhar ou de sua ira. Às vezes, imaginava meu anjo da guarda desviando o olhar com nojo quando eu me tocava e me balançava para a frente e para trás na cama.

Eu desagradara a Deus e ao meu anjo da guarda. Sem falar à minha mãe. Uma noite, ela me pegou masturbando-me e berrou em pé da porta de meu quarto:

— Mãos para fora do cobertor agora.

Os padres a quem eu me confessava ficavam igualmente chocados. Todas as tardes de sábado, enquanto rezava os pais-nossos e as ave-marias que supostamente me absolveriam do pecado cometido sob os lençóis, jurava mais uma vez resistir à tentação. Meus confessores me informavam que eu era culpada por cometer um pecado muito vil e que eu decepcionara o próprio Jesus Cristo com minha falta de disposição para resistir. Eles estavam enojados e decepcionados comigo. Mais tarde, eles teriam ainda mais razões para se sentirem assim.

3.

Diferenças irreconciliáveis: Brian

O padre Dennis tinha uma voz de barítono que o fazia soar como se falasse por Deus. No confessionário, seu pronunciamento de penitência a plenos pulmões carregava ao mesmo tempo a condenação e a salvação, e eu o temia tanto que minha voz falhava enquanto eu listava meus pecados, nos quais a masturbação estava invariavelmente incluída. Mas isso já faz muito tempo. Era parte de uma infância policiada por um Deus tão vingativo quanto onisciente. Um Deus em quem, nos idos de 1976, eu não acreditava mais. No entanto, era da voz forte do padre Dennis que eu lembrava, enquanto ouvia Brian, um cliente que me procurou no outono daquele ano.

Eu tinha três anos de carreira como terapeuta do sexo na época e era uma em cerca de cem na profissão. Hoje, existem poucos terapeutas do sexo nos Estados Unidos. A International Professional Surrogates Association (IPSA) estima que há aproximadamente cinquenta de nós. Até mesmo na década de 1970, quando o número chegou ao ápice, eu estimava que não houvesse mais do que duzentos, a maioria vivendo e trabalhando nas Costas Leste e Oeste.

Brian me conheceu em um apartamento de quarto e sala que eu convertera em escritório. Eu usava a sala de estar como consultório, e o quarto era usado na parte física do tratamento com os clientes. Quando decorei o apartamento, fiz o melhor que pude para torná-lo um lugar em que clientes se sentissem confortáveis e à vontade. Havia cadeiras estofadas na sala de estar, e as paredes eram na cor pêssego-claro. As mesas do fundo eram, muitas vezes, adornadas por flores verdadeiras, e eu costumava oferecer alguns petiscos. A última coisa que eu desejava era que um cliente tivesse a sensação de estar em um ambiente ascético e clínico.

Aos 32 anos, Brian tinha dificuldades em atingir e manter uma ereção. Seu pênis endurecia parcialmente por alguns poucos minutos e logo ficava flácido novamente. Ele lutava com esse problema desde o fim de seu casamento, dois anos antes, e era fácil entender a razão. Cecile, ex-mulher de Brian, era uma católica devota e se divorciou dele porque o pegara se masturbando em seu quarto. Achei interessante que ela estivesse disposta a fazer vista grossa para o fato de que a Igreja Católica proibia o divórcio, mas não para a proibição da masturbação. Nunca conheci Cecile, mas imagino a angústia que ela deve ter sentido por ter de colocar o pecado do divórcio em um lado da balança e o pecado da masturbação do outro, e optar por um deles de forma a deixar sua convicção religiosa — sem falar de sua alma imortal — intacta. Nessa reconciliação difícil, estava claro qual dos males foi julgado o menor.

Brian era um homem baixinho e atarracado. Era dono de uma oficina mecânica e trabalhara com afinco para transformá-la em um negócio próspero. Ele sentou na poltrona à minha frente e balançou a perna nervosamente. Relembrou o dia em que Cecile flagrou-o no ato.

— Ela só queria fazer sexo uma vez por semana, então passei a me masturbar muito. Em geral, fazia no chuveiro ou na oficina, após todos terem ido embora — disse ele. — Mas, naquele dia, eu estava no quarto. Era um sábado e ela estava no jardim, aí achei que ela ficaria fora por algum tempo e que era seguro.

Ele estava quase gozando quando Cecile abriu a porta e gritou:

— O que você está fazendo?

Brian correu para vestir as calças, tentando esconder o pênis com as mãos.

— Era como se eu estivesse envergonhado não apenas por causa do que estava fazendo, mas por estar nu, por causa do meu corpo.

Naquela noite, Cecile fez Brian dormir no sofá. Na manhã seguinte, ela falou que aquilo que ele estava fazendo era um pecado e uma perversão. Ele era um homem casado. Devia ter superado sua necessidade de se masturbar. Se ele a amava, não devia fazer aquilo.

Não apenas Cecile absorvera o dogma católico sobre masturbação, como também acreditava fervorosamente em um dos mitos mais persistentes a respeito do assunto. Ela achava que, após o casamento, se "amadurecia" sexualmente — e isso significava abandonar a masturbação e transferir a energia sexual para o marido. Claro, era 1976, a revolução sexual ainda tinha algum caminho pela frente e estávamos na área progressista do entorno de São Francisco, mas é difícil superar antigos mitos.

Algumas semanas constrangedoras se passaram até Cecile anunciar que queria o divórcio. Brian implorou para que ela não fosse embora. Prometeu nunca mais se tocar novamente. Prontificou-se a procurar terapia. Aparentemente, nada disso abalou a decisão de Cecile e, antes do fim do ano, o divórcio foi homologado.

Durante nossa primeira sessão, Brian falou muito sobre a ex-mulher. Eu tinha uma intuição forte sobre o que ela pensava, mas o que *ele* pensava? Considerava-se culpado?

— Não sei. Não acho que ela teria me deixado se eu não estivesse fazendo algo terrível — comentou ele. — Destruí meu casamento por causa... daquilo. — Ele passou a mão pelo cabelo ruivo. — O que sei é que não consegui mais ter uma ereção de verdade desde que ela me pegou no flagra. Já faz dois anos, e continuo esperando isso passar.

— Soa como se você estivesse se punindo — comentei.

— É provável que sim.

— Brian, é uma pena que Cecile seja tão mal-informada. Talvez um dia ela se torne mais esclarecida, mas você não fez nada errado. A masturbação é natural e saudável.

— Mesmo quando se é casado?

— Casado, solteiro, divorciado, noivo, morando junto. Sim, não há nada de errado com a masturbação.

Acho que Brian sabia disso em algum nível, mas o que falei serviu como um reforço. O trabalho do terapeuta do sexo, muitas vezes, começa assegurando os clientes que os impulsos sexuais não são motivo de vergonha. Os pensamentos de Brian sobre o que ele fizera eram, na melhor das hipóteses, ambíguos. Ele podia não ter acreditado que seu prazer solitário fosse um pecado e que aquilo acabaria com seu casamento, mas se sentia bastante desconfortável em relação a isso. Pedi-lhe que me falasse sobre seus pontos de vista sobre masturbação e o que lhe haviam ensinado sobre ela.

— Minha criação foi católica, então, me disseram que era um pecado. Acho que nunca quis acreditar nisso. Ninguém da minha família ou de qualquer outro lugar conversou comigo sobre o assunto. Não sei. Muitos de meus amigos acreditam que um homem de verdade não precisa recorrer à masturbação se tem uma mulher.

Garanti a Brian que essas ideias também eram mitos e perguntei o que aconteceu quando ele começou a ficar excitado e a se tocar.

— Começo a fantasiar, mas depois me dou conta do que está acontecendo e paro. Em seguida, fico ansioso para saber se eu conseguiria ou não ter outra ereção. A ironia é que não consegui mais me masturbar desde que Cecile me deixou.

Ele acrescentou que, desde o divórcio, as poucas vezes em que esteve com uma parceira terminaram em constrangimento e desculpas por não conseguir "dar conta do recado". Essa humilhação e o medo de nunca mais conseguir ter outro relacionamento o estimularam a me procurar.

— Tenho um dever de casa para você — falei. — Quero que você se permita fantasiar. Tente estimular fantasias durante as duas próximas semanas e se dar permissão para continuar com elas. Lembre-se: elas são apenas fantasias, então, podem ser o que você quiser. Elas podem ser imorais, ilegais ou engordativas: vale tudo.

Assim como muitos clientes, Brian encontrava-se em um dilema. Eu sentia que ele estava curioso e queria separar os fatos sexuais da ficção. Por outro lado, sentia-se tão culpado e temeroso de sua sexualidade que até mesmo saber um pouco mais sobre ela parecia errado. Os clientes costumam chegar com inúmeras opiniões sobre a sexualidade e com determinados sentimentos e atitudes em relação a ela. O problema é que, muitas vezes, tudo isso é uma mescla de falácias culturais, estereótipos gerados pela mídia e mentiras descaradas. Ainda me impressiono ao ver como uma educação sólida e livre de preconceitos pode erradicar boa parte da culpa e da vergonha que tornam a vida sexual uma luta e não um prazer.

Perguntei a Brian se ele estava pronto para tentar fazer alguns exercícios físicos. Quando ele disse que estava, fomos para o quarto e me despi. Retirei a colcha da cama e convidei-o a se deitar. Depois, deitei-me ao lado dele.

Como sempre, comecei ensinando alguns exercícios de relaxamento. Pedi que ele inspirasse longa, vagarosa e profundamente para expandir o abdômen e depois expirar completamente, fazendo o abdômen retornar à forma normal. Fiz com que fechasse os olhos e guiei-o verbalmente por um exame mental minucioso de seu corpo, da cabeça aos pés.

— Continue respirando e, quando encontrar um ponto tenso em seu corpo, inspire nesse ponto e depois expulse a tensão ao expirar — falei.

Quando terminamos o exame minucioso, pedi que ele fizesse outros cinco movimentos respiratórios profundos.

— Tente liberar qualquer tensão remanescente.

Perguntei como ele se sentia, e Brian respondeu que estava mais relaxado do que quando chegara.

Estava na hora de passar para a Respiração em Conchinha. Esse exercício aprofunda a intimidade e me conecta ao cliente. Pedi a Brian para virar para o lado esquerdo, de maneira que ficasse de costas para mim. Depois virei-me para que pudesse me aconchegar a ele, na clássica posição de conchinha. Passei o braço sobre a cintura dele e dobrei os joelhos atrás dos dele.

— Apenas respire naturalmente — falei com um tom de voz suave.

— Inspire de forma normal e tranquila.

Prestei muita atenção ao ritmo da respiração de Brian e sincronizei a minha com a dele. Logo, inspirávamos e expirávamos ao mesmo tempo, e uma sinergia física e emocional começou a ser construída. Perguntei como ele se sentia e se estava pronto para passar para o Toque Sensual. Após responder que sim, pedi para ele virar de barriga para baixo, no meio da cama, e abrir as pernas em forma de V. Ajoelhei no chão aos pés da cama. Falei para ele respirar profundamente e, quando ele expirou, comecei a explorar seus pés e tornozelos. Ele tinha pés chatos e calos nas laterais dos dedões.

Subi na cama e me ajoelhei entre as pernas de Brian. Os pelos das pernas dele eram quase brancos, mais claros do que seu cabelo. No início, ele estava tão tenso que os músculos das coxas e das costas pareciam cordas. Quando passei as palmas das mãos sobre eles, senti a tensão diminuir. Também passei minhas mãos pelas nádegas e pelas costas. Ele tinha sardas marrons nos ombros largos. Passei por cada ombro e depois pelos braços e pelas mãos. A tensão em seus músculos diminuiu um pouco.

Subi pelos braços até os ombros e o pescoço e, depois, cheguei ao topo de sua cabeça. Acariciei a parte exposta de seu rosto, roçando minha mão pela bochecha e pelo maxilar, circundando a orelha. Em seguida, me dirigi novamente para baixo, com carícias mais amplas. Desci até chegar aos tornozelos dele. Apertei-os suavemente e pedi a Brian para respirar fundo. Quando ele expirou, soltei-os. Com um tom de voz pouco mais alto que um suspiro, pedi para ele virar de barriga para cima quando quisesse.

Passei calmamente as mãos pelo peito dos pés, pelas pernas e pela virilha dele. Quando toquei a haste do pênis, este endureceu, e os músculos do corpo inteiro ficaram tensos. Pedi-lhe que inspirasse profundamente enquanto meus dedos subiam até o púbis, o abdômen e, depois, o peito. Passei os dedos sobre os ombros, os braços, as mãos, a nuca e o rosto dele. Circulei as órbitas oculares. Toquei em sua testa, nas orelhas, nos lábios e no maxilar. Em seguida, comecei a descer em direção à parte inferior pela última vez.

Durante todo o exercício do Toque Sensual, o pênis dele nunca ficou inteiramente flácido. A ereção aumentou, diminuiu e voltou a aumentar. Isso é comum na interação com os clientes e, nesse estágio, não devemos fazer sexo. Um grande mal-entendido sobre minha profissão é o de que o terapeuta do sexo e o cliente fazem sexo imediatamente e em todas as sessões. Um dos maiores objetivos de nosso trabalho, sobretudo nos estágios iniciais, é ajudar o cliente a se tornar mais consciente e sintonizado com todo o seu corpo. Ter uma ereção e depois perdê-la, recuperá-la e perdê-la novamente é útil, porque nos dá informações sobre o que o excita ou não. O ato sexual vem mais tarde, após termos feito vários outros exercícios e, gradualmente, aumentado o nível de intimidade entre nós. A intenção aqui é que o cliente aprenda mais sobre o que o excita e entenda que sua ereção voltará quando ele estiver em um estado mental erótico e sem preocupações.

Duas semanas depois, Brian se sentou diante de mim em meu consultório. Seus ombros estavam erguidos e ele remexia as mãos, pegando quase obsessivamente os amendoins da tigela sobre a mesa de centro.

— Como você está? — perguntei.

— Não sei. O dever de casa, não consegui fazer. Não consegui tranquilizar muito minha mente.

— Tudo bem. Lembre-se que estamos apenas no início de nosso trabalho juntos. Tente ser paciente e compassivo consigo mesmo.

— Não tenho certeza de que posso mudar. Assim que começo a ficar duro, entro em pânico, e tudo acaba.

— Existem boas razões para acreditar que você pode mudar, mas isso não vai acontecer da noite para o dia. Você construirá as habilidades que o ajudarão, mas isso demanda tempo. Lembre-se, faça o melhor que puder para ser paciente consigo mesmo.

Conversamos um pouco mais. Brian lembrou-se de outras falácias com as quais crescera. Masturbar-se demais causa cegueira. Era um sinal de doença mental. Podia tornar-se uma obsessão perigosa.

— Tudo mentira, Brian. A masturbação é natural e boa para você, de várias maneiras. Ela fortalece a próstata, alivia a tensão e ajuda a entender melhor sua sexualidade. Tenho outro exercício que eu gostaria de lhe mostrar hoje, que o ajudará a ficar mais à vontade com seu corpo.

Os exercícios Kegel fortalecem os músculos do assoalho pélvico e aumentam a sensibilidade nos genitais. Quando feitos regularmente, eles podem tornar a excitação e o orgasmo mais intensos. É provável que os exercícios Kegel sejam mais frequentemente ensinados a mulheres, mas também são úteis para homens. Eles são usados na terapia com terapeuta do sexo para ajudar os clientes a desenvolver o "foco perceptível", a capacidade de estar intensamente consciente e sintonizado com as sensações físicas, sobretudo a tensão muscular que acompanha a excitação. Acreditava que se eu pudesse ajudar a mente de Brian a se tornar mais sintonizada com seu corpo, este conseguiria mudar a mensagem que enviava.

Deixamos a sala de consulta e fomos para o quarto. Tiramos as roupas e deitamos na cama. Expliquei os exercícios Kegel para Brian.

— Eles ajudam a fortalecer o músculo pubococcígeo, também conhecido como músculo PC. A melhor maneira de identificar esse músculo é tentar interromper o fluxo de urina na próxima vez em que você estiver no banheiro. Ao fazer isso, estará usando seu músculo PC. Tente fazer isso na próxima vez em que urinar. Quando você ejacula, o músculo PC é acionado involuntariamente.

Em seguida, ensinei-o a fazer o exercício.

— Imagine que você está sugando um canudo com força. Inspire profundamente pela boca e conte até três e, quando fizer isso, contraia o músculo PC. Imagine que você precisa urinar, mas não está perto de um banheiro. Segure por três segundos e depois relaxe os músculos. Em seguida, dê uma inspiração rápida e curta, de maneira a inalar ao contrair e a expirar ao relaxar. Continue a realizar os dois métodos alternadamente. Repita a respiração profunda vinte vezes e, em seguida, faça a respiração rápida vinte vezes.

Fizemos algumas séries de exercício juntos e sugeri que ele começasse com sessenta repetições por dia e aumentasse em múltiplos de vinte até atingir cem.

Fizemos o Toque Sensual novamente e, dessa vez, Brian pareceu estar mais à vontade. Ao passar para cima e para baixo das costas e da parte da frente do corpo dele, observei que a tensão presente em nossas primeiras sessões diminuíra e, às vezes, ele parecia estar prestes a adormecer.

Quando terminamos, pedi que ele me dissesse como se sentira. Ele me falou que sentiu que seus ombros e pés eram sensuais e que suas costas e genitais eram sexuais. Ele se sentiu amparado quando acariciei seus braços e a parte posterior de suas pernas, e não sentiu nada em outras partes.

Como é típico na segunda sessão, após terminar de explorar Brian e ouvir o que ele sentia, ele me explorou.

Virei de barriga para baixo, e Brian ajoelhou no chão. Ele pegou meus pés e os dedos dos meus pés suavemente. Percebi quase de imediato que o toque dele era maravilhosamente sensual. À medida que subia pelo meu corpo, também ficou evidente que ele prestara muita atenção à maneira como eu o havia tocado. Ele usou carícias semelhantes, lentas e com a mão toda.

Brian deslizou as mãos fortes por meus tornozelos e pela parte posterior das minhas pernas. De maneira suave, circulou meus quadris e nádegas e, depois, passeou pelas minhas costas. Aplicando um pouco mais de pressão, a tensão em meus músculos cedeu ao seu toque. Com as mãos abertas, Brian subiu pelas minhas costas até meus ombros, descendo pelos braços até as mãos. Em seguida, voltou pelos ombros até o pescoço. Usou as pontas dos dedos para delinear suavemente minha testa, meu nariz, minhas bochechas e meus lábios.

Ele desceu pelo meu corpo pela segunda vez. Quando atingiu meus pés, virei-me, por solicitação dele. À medida que Brian avançava lentamente por meu corpo, eu relaxava, e a excitação aumentava. Suavemente, ele passou os dedos por meu púbis. Brian sentiu meus músculos ficarem tensos e suavemente pressionou meu abdômen com as palmas das mãos enquanto eu inspirava profundamente. Suas mãos continuaram corpo acima e, quando chegou aos seios, passou o dedo indicador ao redor das aréolas. Ao chegar ao meu rosto, desacelerou o toque mais uma vez. Levemente, passou os dedos sobre meus lábios. Depois, fez carícias nas laterais de meu nariz e sobre as maçãs do meu rosto. Chegou até o topo da minha cabeça e desceu pela parte de trás do meu corpo, revisitando todas as áreas que tocara anteriormente. Em seguida, sem qualquer estímulo de minha parte, ele me perguntou se eu desejava lhe dizer o que sentira.

Disse a Brian que me senti acolhida quase o tempo inteiro em que ele me tocara. Senti sensualidade quando ele tocou a parte interna de minhas coxas, os seios, o rosto, o pescoço, a bunda, os mamilos e o interior dos braços. Senti sensualidade e carinho quando ele tocou o resto de meu corpo. Não senti neutralidade em momento algum. Brian, então, se deitou ao meu lado, nossos quadris e ombros se tocaram. Senti o calor do corpo dele. Fechamos os olhos e começamos a respirar profundamente. Alguns ciclos depois, abri os olhos e reparei que seu pênis endurecera.

Senti que a confiança entre nós aumentava. Agora, ele me tocara, e sabia que eu gostara. Isso costuma ajudar um cliente a se sentir em um nível maior de igualdade comigo. Continuamos a respirar profundamente por alguns minutos e, quando abri os olhos para falar com ele, seu pênis relaxara.

— Brian, você está pronto para levantar?

— Sim — respondeu ele, sonolento.

Levantei e pedi um abraço. Quando nos separamos, agradeci pela experiência. Após isso, nos vestimos e andamos pelo corredor de volta para a sala de consulta. Lembrei-o de praticar os exercícios Kegel que ele aprendera, e marcamos uma consulta para duas semanas depois.

Quando terminamos nossa terceira sessão, Brian fizera um progresso bastante significativo. Ele agora praticava regularmente os exercícios Kegel e os de respiração e relaxamento que eu lhe ensinara. Seu medo e sua culpa com relação à masturbação haviam diminuído, e a ereção conseguia ser mantida por cinco ou seis minutos, quase duas vezes mais do que antes. Ele relatou que conseguia fantasiar um pouco mais e que observara mudanças sutis na forma como pensava. Por exemplo, mentalmente, ele ainda dizia a si mesmo para parar quando começava a ficar excitado, mas não sentia mais que precisava obedecer àquele comando. Praticar as técnicas de relaxamento o ajudou a reconhecer e aliviar a ansiedade que acabava com suas ereções. Tudo isso constituía um grande êxito em apenas três sessões, mas só na quarta Brian realmente virou o jogo. Foi quando fizemos o exercício Sexológico.

Brian chegou para nossa quarta sessão com um sorriso nos lábios. Fizera mais progresso do que acreditava ser possível. Ele inclusive pensara em convidar uma mulher para um encontro. Após conversarmos por algum tempo, levei Brian para o quarto.

— O Sexológico é um exercício que foca nos genitais — expliquei. — Exploraremos um ao outro em profundidade e diremos um ao outro o que estamos sentindo durante o exercício. Esse exercício pode ser útil de duas formas. Primeiro, ele lhe dá a oportunidade de realmente descobrir onde, em seus genitais, você é mais sensível e receptivo. Segundo, ele ajuda a levar a comunicação para um nível mais íntimo. Você me contará como se sente ao longo do exercício e, depois, quando for minha vez, farei o mesmo. O objetivo é, um dia, você conseguir ter esse tipo de conversa com uma parceira.

Brian ficou um pouco tenso.

— O Sexológico é deliberadamente clínico. O que estamos tentando fazer aqui é apenas prestar muita e cuidadosa atenção a nossas sensações e aos nossos sentimentos. Durante o exercício, farei perguntas sobre isso a você. Não há sensações nem sentimentos certos ou errados. Trata-se de uma exploração minuciosa e lenta. Tente se concentrar no momento e em seu corpo. Use seus sentidos. Absorva bem o que vê, cheira, saboreia, ouve e sente. Muitos homens não têm ereções durante o Sexológico. Alguns têm. Ambas são reações naturais.

Liguei a luz do abajur. Depois, fui até o armário e retirei seis travesseiros, quatro para colocar na cabeceira da cama, sobre os quais Brian recostaria, e dois para me apoiar no meio da cama. Peguei um espelho de mão, lenços de papel e lubrificante na mesa de cabeceira.

Tirei minhas calças, desabotoei minha camisa social e, em seguida, prendi meu cabelo para trás com um grampo, para que não nos atrapalhasse. Brian tirou a roupa, e levei-o pela mão até a cama. Pedi que se recostasse nos travesseiros da cabeceira da cama e mantivesse os joelhos dobrados. Ajustei os travesseiros para apoiarem minhas costas e me sentei no meio da cama, entre as pernas dele. Estiquei as pernas abertas em forma de V e depois pedi que ele fizesse o mesmo, colocando as dele sobre as minhas. Ao fazê-lo, nossas pernas fizeram o formato de um diamante.

As pernas de Brian eram volumosas, por causa dos músculos, e seus pelos fizeram cócegas em meus joelhos. Ele tinha ombros largos e dedos pequenos, além de uma longa cicatriz no antebraço. Seu abdômen era dividido pela linha dos pelos peitorais que afinava e desaparecia antes de atingirem o peito. Peguei as mãos dele.

— Respire fundo — disse.

Juntos inspiramos e expiramos algumas vezes até eu dobrar meus dedos e separarmos nossas mãos.

O pênis de Brian era de comprimento médio. Seu púbis era coberto por um triângulo amplo de pelos louros. Seu escroto grande se espalhava por baixo dele.

— Lembre-se, Brian, enquanto fizermos esse exercício, você tem permissão para ter ou não uma ereção — falei. — Qualquer que seja sua reação, está tudo bem.

Dobrei-me, peguei o pênis de Brian com a mão esquerda e alonguei-o com a direita. Apertei-o suavemente contra seu púbis.

Lentamente deslizei as pontas dos dedos ao longo da glande que compõe a cabeça do pênis. Subi pelo lado direito, passei pela ponta, onde fica a abertura urinária, e desci pelo lado esquerdo.

Senti os músculos de suas pernas ficarem tensos. Sugeri que ele as relaxasse. Todas as vezes em que sentia uma área do corpo dele ficar tensa, colocava minha mão sobre ela e pedia para ele liberar a tensão.

— Diga-me como se sente — falei. — Você acha que um lado é mais sensível do que o outro?

Seu pescoço e rosto enrubesceram, e senti os músculos de seu abdômen ficarem tensos.

— Acho que o lado direito, mas não tenho certeza — respondeu Brian.

Passei a mão ao redor da cabeça do pênis novamente e perguntei se sentia alguma diferença agora, lembrando-o que se ele não sentisse, não tinha problema.

— Ainda não tenho certeza.

— Muito bem, vamos continuar a explorar.

Toquei o freio prepucial, a área triangular entre a cabeça e a haste do pênis, depois passei o dedo entre as duas glandes. Perguntei como ele sentia aquele movimento.

— É bom. Muito bom.

Passei o dedo ao redor da coroa, que está localizada na extremidade da cabeça do pênis, e perguntei o que sentia se comparado com as outras áreas que eu tocara.

— Não tão sensível quanto a anterior.

— O freio?

— Sim, o freio é mais sensível.

O pênis de Brian começava a endurecer. Segurei-o com a mão esquerda e acariciei-o três vezes, para cima e para baixo, no lado direito, no meio e do lado esquerdo, logo abaixo da cabeça. Fiz o mesmo no meio do pênis e perto da base. Pedi que ele dissesse o que sentia em cada parte, e ele respondeu que ser tocado no lado direito, logo abaixo da cabeça do pênis, era a melhor sensação.

Fiz o mesmo movimento do lado direito, no meio e do lado esquerdo do escroto, e pedi a Brian que me dissesse o que sentia naquelas áreas. Passei o dedo ao longo de seu períneo. Depois, passei o dedo ao longo da rafe do pênis, a sutura formada quando o feto se torna masculino e que se estende desde logo abaixo da cabeça do pênis ao escroto. Assim como muitos homens circuncidados, a rafe de Brian era curva e inclinada para a direita. Ele me disse que o períneo era mais sensível do lado direito do que qualquer outro lugar ao longo da rafe.

A respiração dele começou a acelerar e pedi que fechasse os olhos.

Passei lubrificante nas mãos. Segurei a base do pênis frouxamente e girei meu punho enquanto subia até a cabeça. Fiz esse movimento espiralado primeiro com a mão direita e, depois, com a esquerda. Perguntei qual fora melhor. Ele disse que ficou mais excitado quando usei a mão esquerda.

Brian estava completamente ereto, e seu escroto ficara mais tenso. Pedi que ele inspirasse profundamente algumas vezes e o ajudei a realizar um exame minucioso de seu corpo para que pudesse identificar e relaxar os músculos tensos.

— É normal ficar tenso com a excitação, sobretudo no abdômen, nas nádegas e nas coxas, mas relaxar o ajudará a prolongar essa sensação que você tem agora — expliquei.

Peguei um dos lenços de papel que estavam perto de minha coxa e limpei o lubrificante.

— Agora, vou usar minha boca — comuniquei.

Dobrei-me bem e coloquei o pênis dele na minha boca. Arqueei ligeiramente os joelhos para facilitar minha aproximação. Como as pernas de Brian estavam por cima das minhas, elas levantaram um pouco quando fiz esse movimento, e ele ficou tenso.

— Relaxe as pernas sobre as minhas. Deixe que eu faça todo o trabalho aqui — falei.

Ele relaxou os músculos e as pernas se acomodaram sobre as minhas.

Passei a língua ao redor da haste e da cabeça. Senti a cabeça do pênis no céu da minha boca. Afastei-me de modo que meus lábios a cercassem. Depois, abri os lábios.

— Como se sentiu?

— Bem. — Brian respirou fundo. — Ótimo, para dizer a verdade.

— Você prefere estimulação oral ou manual?

— Oral.

Sentei de forma que minhas costas ficassem retas. Este é o momento do exercício no qual paro de explorar o cliente e reflito sobre o que descobrimos. Juntos, Brian e eu aprendemos muito sobre os lugares em que o corpo dele era mais reativo e sensível à estimulação.

— Acabo de aprender muito sobre as áreas em que você gosta de ser tocado. O freio, o períneo e o lado direito de seu pênis, essas são áreas bastante sensíveis para você. Você também respondeu muito bem à estimulação oral e gostou quando eu girei minha mão esquerda por seu pênis. Já tenho muito com que trabalhar.

Perguntei se ele estava se sentindo confortável e se precisava usar o banheiro ou desejava dar um tempo. Quando respondeu que estava bem, perguntei se estava pronto para me explorar e ele acenou positivamente com a cabeça.

Retirei minhas pernas de debaixo das dele. Uma camada de suor se formara entre nós, e minhas pernas deslizaram com facilidade. Coloquei-as sobre as de Brian para que nossas pernas continuassem a formar um V, mas agora eram as minhas que estavam por cima.

Entreguei o espelho a Brian e pedi que ele o virasse do lado que era de aumento.

Com os dedos, afastei os grandes lábios para que o resto de minha vulva ficasse totalmente à vista.

— Então, se você colocar o espelho logo ali, terá uma boa visão — falei, apontando para um ponto sobre a cama. — Faremos um passeio pela minha vulva.

Coloquei um pouco de lubrificante na ponta do dedo.

Começando pelo ponto mais alto de minha vulva, apontei para o capuz do clitóris, o próprio clitóris e os pequenos lábios. Em seguida, mostrei a abertura da uretra. Brian perguntou se ela era sensível. Respondi que não gostava de ser estimulada naquele lugar, mas isso não ocorre com todas as mulheres, então sugeri que ele sempre consultasse a parceira. Lembrei-o também de lavar as mãos antes de tocar os genitais de sua parceira, para não transmitir bactérias, e de se certificar de que as unhas estivessem bem curtas, sem pontas ásperas ou afiadas.

Apontei para uma área logo abaixo da abertura da minha uretra e disse que meu ponto G ficava do outro lado dela.

— Ele fica na esponja periuretral, cerca de três centímetros dentro e sobre o teto de minha vagina.

Mostrei-lhe o vestíbulo vulvar, a área logo antes da abertura vaginal, e os restos de meu hímen, que parecem quatro pedaços de pele esfarrapada, localizados nas partes superior e inferior do vestíbulo. Em seguida, enfiei o dedo na abertura.

Retirei o dedo e passei-o ao longo de meu períneo.

Brian respirava rapidamente, e vi que seu escroto chegara mais para perto de seu corpo. Do pênis vazava pré-sémen. Perguntei como ele se sentia.

— Bem, mas um pouco assustado — disse ele.

Quando perguntei o motivo, respondeu que estava com medo de gozar cedo demais, pois fazia muito tempo desde a última vez que tivera relações sexuais com uma mulher. Passaram-se dois anos desde a última vez que ele fizera sexo e suas tentativas haviam terminado em frustração. Lembrei-lhe que ele conseguira ficar duro por aproximadamente 15 minutos naquela sessão, mais tempo do que era o normal para ele. Em seguida, inspiramos algumas vezes, e pedi que ele liberasse a tensão em seu abdômen, nádegas e coxas ao expirar. Sua ereção relaxou e prosseguimos. Sugeri que colocasse um pouco de lubrificante em seus dedos e começasse a me explorar.

Levantei o capuz clitoral e pedi que ele tocasse meu clitóris.

— Humm... isso é muito bom. Algumas mulheres acham que o toque direto é intenso demais, mas eu gosto. É uma boa ideia começar pelo capuz e perguntar à sua parceira se ela gosta que toquem seu clitóris. Talvez no começo ela não goste, mas isso pode mudar à medida que fique mais excitada. Comece com um toque leve e, depois, peça para ela lhe dizer a pressão que prefere. É melhor explorar com lubrificante, seja natural ou um produto comercial.

Comecei a ficar excitada. Senti minhas nádegas e meu abdômen contraírem e uma onda de calor se espalhar por meu corpo. Inspirei profundamente algumas vezes e relaxei os músculos.

Brian passou o dedo pela curva de meus pequenos lábios.

— Isso é bom demais, sobretudo do lado esquerdo.

Pedi a Brian que enfiasse um dedo dentro da minha vagina até o primeiro nó e o curvasse para cima e tocasse o teto dela.

— Você agora atingiu meu ponto G. Meu ponto G não é tão sensível quanto o clitóris, mas gosto muito desse estímulo.

Brian me explorou enfiando o dedo mais fundo e comecei a ficar mais lubrificada. Ele enfiava e tirava o dedo lentamente.

— Percebo que tenho mais sensibilidade do lado direito do que do esquerdo — falei.

Ele deslizou o dedo mais para dentro até atingir o colo do meu útero. Ele perguntou o que era aquilo, e eu lhe disse. Depois, perguntou se eu gostaria que ele tocasse o colo do meu útero. Disse-lhe que não, mas que algumas mulheres gostam. Por isso, sugeri que perguntasse à parceira do que ela gostava. Brian retirou o dedo. Peguei-o e passei-o ao longo de meu períneo e lhe disse que aquela era uma área muito sensível.

Depois Brian segurou o pênis pela haste e mexeu nele para cima e para baixo rapidamente. Quando ele achou que ia gozar, parou e inspirou profundamente várias vezes. Passou mais lubrificante e, depois, pegou o pênis novamente. Mexeu-o para cima e para baixo lentamente por alguns minutos e acelerou o ritmo.

— Ah, ah, ah! — ele gritou, e gozou.

Reclinou a cabeça sobre os travesseiros, seus braços atirados para os lados.

— Brian, como você se sente?

— Bem.

Ele inclinou a cabeça sobre o ombro direito. Fechou os olhos e sua respiração ficou lenta e estável. Pensei que estivesse dormindo até ouvi-lo dizer:

— E sem culpa.

Conversamos sobre o enorme progresso dele e acrescentei que ele agora tinha uma técnica valiosa à sua disposição.

— Você está no controle absoluto. Se desejar prolongar a excitação e o prazer ainda mais antes de atingir o clímax, você pode. Você é quem decide quanto tempo deseja que sua excitação dure.

A quarta sessão foi um momento decisivo para Brian. Foi a primeira vez que ele conseguiu se masturbar até atingir o orgasmo em mais de dois anos e também foi a única vez em que o fizera na presença de outra pessoa.

Da mesma forma que na terapia da fala, o progresso no trabalho com um terapeuta do sexo raramente é linear. Frequentemente, damos dois passos à frente e um para trás. Na condição de terapeuta do sexo, meu objetivo é a cura, mas, às vezes, espero retrocessos. Esse foi o caso com Brian. Começamos nossa quinta sessão com ele me contando como começara novamente a ter dificuldade em manter uma ereção.

— Frustrado, incrivelmente frustrado — disse ele quando perguntei como ele se sentia.

Lembrei-lhe que, em geral, ele avançara muito e assegurei que não é raro acontecerem retrocessos.

— Tente ser paciente e misericordioso consigo mesmo. Você está indo muito bem. Um retrocesso não anula todas as suas conquistas — falei.

Em nossas três sessões restantes, fizemos vários outros exercícios. Brian saiu da areia movediça e continuou a melhorar. Em sua sétima consulta, ele me contou que conseguira chegar ao orgasmo várias vezes.

Em nossa última sessão, ele celebrou um mês de masturbação satisfatória e sem culpa, contando-me ainda sobre uma mulher maravilhosa com quem sairia naquele sábado à noite.

— Não tive medo de convidá-la para sair — disse Brian.

— Fantástico! Isso é muito bom, Brian.

É imensamente gratificante ver um cliente ficar mais confiante e totalmente capaz de estabelecer vínculos com outras pessoas no que sempre espero que seja uma forma satisfatória e amorosa.

— Brian, quero que saiba que, se alguma vez você tiver dúvidas ou precisar de motivação, pode me procurar de novo.

Brian e eu nos abraçamos.

— Você é maravilhoso. Não se esqueça disso — eu disse a ele enquanto o levava até a porta.

Sempre que vejo um cliente superar o mesmo tipo de questão contra a qual Brian lutava, faço questão de ressaltar o quanto ele progrediu e o quanto mudou. Por muitos anos antes de me tornar uma terapeuta do sexo, eu mesma precisei me lembrar disso.

4.

Tarada

●●●

Em meu primeiro ano na Salem High School, peguei uma gripe que me deu a ideia exata do que seria minha vida após a morte se eu não parasse com meus pecados noturnos. Minha garganta ficou tão inflamada e doía tanto que eu quase não conseguia engolir. Meus ouvidos ficaram entupidos, e eu sentia frio até mesmo debaixo de duas cobertas. Quando tossia, parecia que uma bola de lã de aço raspava as paredes da minha garganta. Sair da cama para ir ao banheiro me deixava exausta. Não havia maneira alguma de eu ir para a escola. Como resultado, perdi a primeira semana de outubro e, quando voltei, tinha uma pilha de deveres de casa para fazer.

Em meu primeiro dia de volta, fui até uma sala de aula no segundo andar para refazer um exame de laboratório. Ao me aproximar da porta, vi alguns garotos altos do time de basquete conversando no corredor. Aos 14 anos, eu era acanhada e tímida. Jamais ousaria falar com eles. Talvez eu tenha sido uma adolescente tagarela na companhia de minhas amigas, mas ficava tímida perto dos meninos.

Minha personalidade extrovertida pode ter mascarado essa característica, mas eu me sentia profundamente insegura em relação à minha aparência. Não me considerava bonita e acreditava que meu corpo tinha muitos defeitos, a começar pelos seios, que eu considerava flácidos demais. Eu queria ter seios que ficassem firmes como botões de rosa. Quando eu me comparava com algumas das garotas mais bonitas da escola ou com as atrizes de cinema da época, perdia feio. Perto daqueles atletas da escola de nível médio, eu, instantaneamente, me sentia muitíssimo acanhada por causa das minhas imperfeições físicas.

Um dos garotos no grupo do corredor era muito bonito. Ele tinha cabelos louros curtos e olhos azul-acinzentados. Passei por eles e bati à porta da sala de aula, mas ninguém respondeu. Esperei alguns segundos e bati novamente. Nada. Logo depois, o garoto bonito se aproximou e bateu na parede e, quase instantaneamente, o professor veio à porta e me deixou entrar.

— Viu só? — disse ele, dando um sorriso iluminado.

— Obrigada — agradeci, querendo saber quem era o bonitão com o toque mágico.

Naquela época, os bailes eram um evento social popular. Na última semana de outubro, fui ao Baile dos Calouros, realizado todo outono na quadra de esportes da Salem High School. Quando entrei, a música "Come on Let's Go", de Ritchie Valens, tocava no jukebox, e um grupo de amigas minhas estava em pé na beira da pista de dança, tomando refrigerante, rindo e se remexendo ao ritmo da melodia. Becky usava um vestido de tafetá tomara que caia verde-azulado com uma saia ampla e sapatos de salto alto brancos. Marcie vestia uma saia justa verde-esmeralda e uma blusa com gola branca e decote em formato de coração. Eu usava um vestido vermelho cuja parte de cima era colada ao corpo e a saia era plissada. Relembrando agora, acho que, provavelmente, eu estava bonita, mas, na época, me sentia acanhada por não ser suficientemente bonita, sofisticada — nada era suficiente, exceto, talvez, a gordura. Com certeza, eu era gorda demais. Não importa se eu tinha um peso normal; assim como muitas jovens, ainda me considerava gorda demais. Conversei com minhas amigas por alguns minutos e, depois, o vi. Na verdade, acho que a vi primeiro. Judy Tolton andava de mãos dadas com aquele garoto do corredor em frente à sala de aula de ciências. Ela usava uma corrente ao redor do pescoço com uma aliança pendurada nela.

— Oi, Judy. Oi, Bill — cumprimentou Becky quando viu os dois.

Agora eu sabia o nome dele. E, é claro, também sabia que ele estava de namoro firme com a garota mais esnobe da cidade e achei que sabia o porquê. Judy Tolton, que estudou comigo na Miss Duffy's Dancing School por anos, mas raramente me dirigira uma palavra, era linda. Ela tinha lábios grossos e cabelo louro-claro brilhoso que descia até o meio das costas. Tinha também uma cintura bem fina e pernas longas. Mas como era esnobe! Meu coração apertou. Fui pegar um refrigerante. Desde que vira Bill naquele dia, em frente à sala de aula de ciências, perdera-me em fantasias de que iríamos formar um casal e que ele se apaixonaria perdida e desesperadamente por mim. A excitação me deixara com vertigens. Agora, sentia-me uma idiota. Pelo menos estava agradecida por ter mantido meu desejo em segredo. Ele era o namorado de Judy Tolton, a garota com quem todas queriam parecer.

Algumas semanas depois, quando já abandonara quase por completo minhas fantasias de ser a garota dos sonhos de Bill, minha amiga Angela me falou sobre Teen Town. O evento era realizado todos os sábados à noite na Associação Cristã de Moços de Salem. Você podia dançar, jogar bilhar ou pingue-pongue, ou apenas ficar por lá.

— É muito divertido. Você tem que ir — disse Angela.

Quando sábado à noite finalmente chegou, coloquei um vestido de jérsei, um bolero por cima e elegantes sapatilhas de camurça. Meu estômago doía de nervoso. O pessoal que ia ao Teen Town vinha de escolas públicas de ensino médio e católicas de todas as séries. Na época, se misturar aos alunos mais velhos de 17 anos parecia algo muito especial. Afinal, eles estavam a um passo de se tornarem adultos, e eu acabara de sair do ensino fundamental. Examinei-me ao espelho — provavelmente pela décima vez —, entrei no carro de meu pai e, em poucos minutos, estávamos em Teen Town.

Examinei todo o salão em busca de minhas amigas e, quando não as vi, fui comprar um refrigerante e me sentei em uma das mesas vazias. Alguém repararia em mim? E se nenhuma de minhas amigas aparecesse e eu passasse a noite sozinha tomando refrigerante? Fiquei imaginando o quão patética estava quando ouvi alguém dizer:

— Quer dançar?

Olhei para cima e lá estava Bill. Senti meu estômago revirar. Respirei profundamente, tentei me acalmar e disse:

— Claro.

Caminhamos para a pista de dança, e Bill gentilmente pegou minha mão. Foi então que ele reparou que eu tremia e perguntou se eu queria vestir o casaco dele. Quase disse que sim para que ele acreditasse que eu tremia de frio — e não de nervoso. Ele perguntou meu nome e minha idade. Desejei que ele não tivesse feito essa pergunta, uma vez que queria que ele pensasse que eu era mais velha do que realmente era. Confessei ter 14 anos e perguntei a idade dele.

— Dezessete — respondeu.

Começamos a dançar e senti que fiquei um pouco mais relaxada. Finalmente, senti-me suficientemente controlada para lhe perguntar sobre Judy.

— Você e Judy não estão namorando? Por que ela não está aqui?

— Ah, nós terminamos.

De repente, senti como se todo o meu corpo sorrisse.

— Ah... mesmo? — falei, tentando aparentar naturalidade.

Bill e eu dançamos todas as músicas lentas naquela noite. Quando acabou, ele perguntou se podia me dar uma carona para casa, mas meu pai já combinara de me pegar.

— Bem, me apresenta para ele — foi a resposta de Bill.

Uau! Esse cara era realmente cheio de confiança. Ele era confiante e doce, uma ótima combinação. Apresentei Bill a meu pai e, para minha alegria, meu pai disse que Bill estava autorizado a me levar para casa de Teen Town na semana seguinte.

Eu mal podia esperar para ver Bill de novo. Quando o conheci melhor, percebi como ele era gentil e atraente. Bill era um atleta de destaque; titular dos times de basquete e beisebol da escola e um bom nadador. E como era bonito! Não conseguia acreditar na minha sorte.

Atualmente, percebo que não foi exatamente a sorte que fez Bill ficar atraído por mim. Tenho quase certeza de que isso aconteceu por causa de minha personalidade. Afinal, eu não era uma Judy Tolton. Se pudesse me transformar, teria me inspirado na imagem provocante de Kim Novak, ou Marilyn Monroe, ou em qualquer outra atriz popular da época. Eu me considerava bonita, mas nada especial. Era animada e tinha muita energia. Sou extrovertida por natureza e gosto de interações sociais. Naqueles anos, eu era amiga de todo mundo. Minha personalidade vibrante e sociável era minha melhor característica, e eu a explorava ao máximo. Outras garotas queriam ficar perto de mim, e eu costumava ocupar o centro de meu círculo social. Minha energia era magnética e, quando estavam comigo, elas sempre se divertiam, quer fôssemos ao cinema, patinássemos no gelo ou apenas ficássemos batendo papo.

Bill e eu logo começamos a passar todos os momentos que podíamos juntos. Não apenas tínhamos uma química física eletrizante, como também uma amizade verdadeira. Aprendi muito sobre mim mesma e o que gostava de fazer com ele. Passávamos horas em seu carro na Kernwood Road, na cidade vizinha de Beverly, onde todos iam para estacionar. Ela era reflorestada e ficava logo atrás do campo de golfe da cidade. Na época, circulavam rumores de que um guarda inescrupuloso arrancava moças dos carros e as estuprava, mas, com Bill, eu me sentia segura.

— Eu nunca deixaria isso acontecer com você — ele me garantiu.

Porém, não era apenas o fantasma de um guarda criminoso que me dava medo. Minha educação católica me dizia que o que eu fazia era um pecado mortal. Eu dera o passo seguinte, lógico e pecaminoso, depois da masturbação. Mais uma vez, estava dividida. Experimentar com Bill era muito bom. Ele era quase tão inexperiente no campo sexual quanto eu, e tivemos experiências desajeitadas juntos, testando coisas diferentes e nos divertindo. Beijávamo-nos apaixonadamente, explorando a boca um do outro com nossas línguas. Eu já ouvira falar sobre beijo de língua e, agora, estava fazendo aquilo. Ao mesmo tempo, sentia-me extremamente culpada e envergonhada. Pensei novamente: "Por que algo tão bom precisa ser tão diabólico?" A partir de então, minhas confissões de sábado incluíam dois pecados dignos de um lugar no inferno.

Em um de nossos regulares encontros noturnos de fim de semana, vesti um suéter abotoado na frente, e Bill e eu criamos um joguinho. Ele abriu o primeiro botão. Havia, acredito, cerca de oito botões. Decidimos que eu vestiria algo semelhante em cada um de nossos próximos oito encontros noturnos aos sábados e, a cada vez que nos encontrássemos, ele desabotoaria mais um botão.

Naquela época, comecei a ficar preocupada com o fato de gostar muito de me sentir excitada. Eu sabia que as outras garotas também tinham curiosidade. Minhas amigas e eu trocávamos livros, como *Trópico de Câncer* e *O amante de Lady Chatterley*, e conversávamos sobre sexo, mas sempre de forma indireta. Nunca falamos sobre o que gostávamos, o que achávamos bom, ou o que desejávamos experimentar. Eu pensava que, à noite, minhas amigas mantinham as mãos por cima das cobertas e não sentiam o tipo de excitação que eu sentia. Sem dúvida, elas queriam saber sobre sexo, mas eu desejava conhecer o assunto e experimentá-lo. Eu ficava preocupada por me achar a única garota que realmente gostava das sensações sexuais. O que isso dizia a meu respeito? Se as garotas que faziam sexo antes do casamento eram vagabundas, como chamaríamos as garotas que faziam *e* gostavam de sexo? Não havia uma palavra para nomeá-las, e eu achava que era a única de meu gênero que desejava sexo ardentemente. Para as jovens daquela época, o sexo era uma moeda de troca, e a virgindade, um objeto de barganha. Sua atração não tinha a ver com a quantidade de prazer que você podia obter, mas que tipo de homem podia agarrar. Era para ser usado na construção de uma vida estável e monogâmica no futuro. A virgindade não era para ser desperdiçada em atividades prazerosas. Entretanto, eu não conseguia parar de explorar o assunto com meu namorado. Comecei a experimentar tocando o pênis de Bill. No início, eu só passava os dedos sobre a braguilha de suas calças. Depois, enfiei a mão dentro delas e o peguei. Eu não sabia o que deveria fazer com tudo aquilo, mas estava aprendendo.

Finalmente, chegou a noite de sábado em que o último botão seria desabotoado. Sentamos no carro de Bill, na Kernwood Road, beijando e acariciando um ao outro. Depois, Bill fitou a fileira de botões de minha blusa, do primeiro ao último, de cima para baixo. Passamos para o banco traseiro, todo em vinil branco, de seu Studebaker. Ele desabotoou o primeiro dos sete botões de minha blusa. Era o princípio da primavera e, de repente, me dei conta de que passáramos do inverno para a primavera no curso de oito botões. Olhamos um para o outro e rimos. Ele desabotoou o último botão e eu permaneci lá, só de sutiã, que foi rapidamente aberto por ele.

Felizmente, Bill não podia ver meu corpo inteiro. As únicas fontes de luz que entravam no carro eram a da lua e a de um poste na rua a alguns metros de nós. E eu também estava deitada de costas, o que me fazia parecer mais magra do que quando ficava sentada. No entanto, houve também momentos em que Bill me fazia sentir tão bela que minhas inseguranças se dissipavam e eu ficava completamente imersa nesse momento maravilhoso.

Bill beijou meus seios e puxou meus mamilos delicadamente. Eu já estava molhada quando ele tirou as calças.

Descobri com Bill, naquela noite, que adorava sexo com dedos. Aprendi também que, quando muito excitada, eu ficava molhada, mais molhada do que jamais ficara ao me masturbar. Às vezes, ficava preocupada se faria xixi após uma sessão de carícias com Bill. Lembre-se: estávamos no final da década de 1950, quando a educação sexual da maioria das garotas consistia em: "Se fizer isso antes de se casar, você é uma vagabunda." Para garotas católicas como eu, era: "Se você fizer isso antes de se casar, você é uma vagabunda e arderá no fogo do inferno — a menos que se confesse."

Lentamente, ele deslizou o dedo para dentro de mim, e minha vagina começou a pulsar. Depois, suavemente, retirou o dedo e colocou o pênis. Entrei em pânico. Eu engravidaria? Ele deve ter visto o medo no meu rosto, porque sussurrou:

— Prometo tirar antes de gozar.

Eu estava tão ansiosa que só pensava no quanto desejava que tudo acabasse. Adorara as preliminares, mas o sexo do tipo "pênis na vagina" tinha consequências tão horríveis que talvez eu não conseguisse relaxar o suficiente para desfrutar dele. Ele ficou enfiando e tirando o pênis, e eu prendi a respiração. Finalmente, ele retirou-o e gozou sobre meu monte púbico. Ah, não! Será que o esperma tinha algum tipo de dispositivo interno que o impulsionava para dentro da vagina? Inclinei o quadril para cima só para garantir que isso não aconteceria.

Bill e eu começamos a "fazer aquilo" quase todas as vezes em que conseguíamos ficar sozinhos. Eu não gostava dessa situação. Ainda estava apavorada com a possibilidade de engravidar. Não sabia como falar sobre isso com Bill, ou mesmo se eu tinha o direito de recuar. Já fizera tudo com ele. Alguma lei tácita ditava que eu não podia mais deixar de fazer aquilo a essa altura. Bill sabia tanto sobre sexo quanto eu. Ele estava convencido de que eu não ficaria grávida se tivéssemos relações sexuais durante minha menstruação, então me penetrava nessas ocasiões. Tivemos uma sorte incrível. Por mais que adorasse Bill, também comecei a ficar ressentida, pois ele desejava fazer sexo todas as vezes que nos víamos, enquanto eu preferia a excitação sem risco das preliminares. Nessas ocasiões, eu conseguia relaxar e desfrutar da sensação eletrizante da excitação e, em geral, conseguia gozar ao ser estimulada apenas pelo dedo dele. Porém, para Bill, as preliminares tinham de culminar com o pênis dentro da vagina, ou ele ficava insatisfeito. Como eu não dispunha do vocabulário para expressar minhas preferências sexuais e nem acreditava que tinha direito a elas, fazia o que ele queria sem protestar e guardava meu ressentimento a sete chaves.

Nessa época, comecei a ter problemas com minhas saias: os fechos arrebentavam a toda hora. Certo sábado, enquanto estava sentada na sala de estar, lendo uma revista, minha mãe entrou no cômodo segurando uma de minhas saias.

— Não entendo por que isso acontece com tanta frequência — disse ela, mostrando-me o fecho arrebentado.

— Eu já falei — respondi. — Arrebentou quando puxei com muita força no banheiro.

Meu pai, que mexia no botão do rádio no canto da sala, lançou-me um olhar com o qual deixou claro que não acreditava em minhas palavras. Meu fecho arrebentava no Studebaker apertado de Bill, e não na pressa para urinar. Meu pai não sabia disso em detalhes, mas sentia que minha desculpa era esfarrapada.

Meu pai quase nunca me disse uma palavra sobre sexo, mas, ainda assim, ele deixava transparecer o que pensava sobre eu fazer sexo. Lembro-me de um momento em que estava sentada na varanda da frente da casa de meus pais e minha mãe recontava uma história chocante que ouvira mais cedo naquele dia. A filha de 16 anos de sua amiga Jackie estava grávida. Quando ouvi isso, um arrepio percorreu minha espinha. Pensei que aquela menina poderia ser eu, e, se fosse, teria de me matar. Somente então, como se soubesse o que eu estava pensando, meu pai me encarou e disse:

— Se você ficar grávida, não volte para casa.

Muitas vezes, Bill e eu conversávamos, depois do sexo, sobre nossos objetivos de vida. Bill sempre dizia a mesma coisa. Ele queria casar logo comigo. Montaríamos um apartamento e teríamos um filho. Ele estudaria à noite e, depois, compraríamos uma casa com um quintal bem grande para termos um jardim. Como não usávamos contraceptivo algum, a gravidez era um medo constante para mim. Para Bill, era apenas uma hipótese. Se eu ficasse grávida, casaríamos imediatamente. Contaríamos à minha adorada avó, e ela nos ajudaria. Se eu não ficasse grávida, casaríamos assim que eu fizesse 18 anos. Ele explicou que já queria ter uma mulher e um filho quando chegasse aos 21.

Embora eu estivesse apaixonada por Bill, não entendia o motivo da pressa. Eu tinha 15 anos, ainda era uma criança. Desejava experimentar mais de tudo. Sabia que não queria casar tão jovem. Queria explorar a vida e — sim — ter outros amantes. Se eu me casasse e tivesse filhos naquele momento, eliminaria a possibilidade de qualquer uma dessas coisas acontecer. No entanto, quando Bill falava sobre casamento e filhos, ele parecia tão doce e sincero que eu não tinha coragem de lhe dizer o que realmente pensava.

Continuei a me confessar todos os sábados, em geral com algumas amigas. Agora, eu não apenas confessava os pecados sexuais que cometia comigo mesma, mas com Bill também, e era julgada não apenas por um pecado odioso, mas por dois. As provas de que eu era uma garota muito má se avolumavam cada vez mais. Eu já infringia as leis sagradas e, naquele momento, o fazia com outra pessoa também. Sabia que era errado, mas não conseguia parar. Isso só podia significar que eu era inerentemente má e fraca. Pior ainda, eu começara a ter pensamentos que nenhuma pessoa decente teria. Secretamente, questionava muito do que me fora ensinado sobre Deus. "Por que Deus nos deu a sexualidade e nos condena por usá-la?", eu pensava. Por que apenas o casamento santificava o sexo? De maneira geral, eu me indagava como um livro escrito por meros mortais poderia revelar as ideias de Deus. Isso significava que eu estava me incriminando mais ainda aos olhos divinos ou significava que eu começava a pensar por mim mesma? Esse era o passo derradeiro no caminho da danação eterna ou os primeiros sinais de libertação? E o que significava essa libertação? Significava abandonar todos esses dogmas? Em caso positivo, o que ocuparia o lugar deles? Havia uma guerra imensa dentro de mim e, apesar de talvez soar melodramático, eu realmente acreditava que se escolhesse o lado errado acabaria, literalmente, no inferno.

No outono de 1959, Bill se inscreveu em uma faculdade local. Continuamos a nos encontrar após a escola e nos fins de semana. Eu temia que a ida para a faculdade mudasse a forma como ele me encarava, pois estaria entre outras garotas mais velhas, com vidas mais adultas e que, provavelmente, me fariam parecer uma criança, o que, obviamente, eu era. Meus medos foram injustificados. Bill parecia ainda mais entusiasmado com a ideia de nos casarmos e termos filhos depois de ter começado a faculdade. Ele falava de maneira sonhadora sobre tudo que aconteceria após nosso casamento. Eu ainda não conseguia entender a razão da pressa. Isso não virou uma grande fonte de atrito entre nós, mas era um sinal doloroso de que estávamos caminhando em direções opostas e que nenhum de nós conseguia mudar de rumo. Tentei ignorar isso. Dizia a mim mesmo que ele mudaria, que ele perceberia que éramos jovens demais para nos casarmos, que dirá termos filhos. Ele desistiria da ideia. No entanto, Bill continuou a falar sobre casamento da mesma forma amorosa e genuína de sempre.

Tive de tomar muita coragem para finalmente dizer a ele que não conseguiria fazer o que ele tanto desejava. Em um sábado, enquanto estávamos deitados na grama em Forest River Park, encarei os olhos dele e falei:

— Bill, acabei de fazer 15 anos. Nem saí da escola ainda. Não estou pronta para ser mãe. Quero conhecer mais a vida e viver mais. Preciso de mais experiência. E você também. Se puder esperar por mim, então, talvez, quando estivermos mais velhos, possamos nos casar. Não espero que você pare de namorar durante esse tempo. Sinto muito, mas é assim que vejo as coisas.

Ambos percebemos, naquele momento, que eu acabara de terminar com ele.

Para minha surpresa, poucos dias depois, Bill me disse que deixara a faculdade e se alistara como fuzileiro naval. Ele ia para Paris Island fazer o treinamento básico na semana seguinte. Fiquei embasbacada. Por que ele estava com tanta pressa? E também estava preocupada com ele. Bill era forte, mas o treinamento básico dos fuzileiros navais era brutal. Quando perguntei por que ele havia feito aquilo, Bill simplesmente respondeu:

— Preciso colocar minha cabeça no lugar.

"Sendo fuzileiro naval?", pensei.

Quando chegou a hora de Bill partir para o treinamento básico, fui até a estação de recrutamento em Peabody com ele e os pais dele. Eu me sentia horrível. Se algo acontecesse com ele, seria minha culpa. Então, eu seria uma pessoa verdadeiramente execrável. Despedimo-nos em lágrimas e, no caminho de volta para Salem, eu estava totalmente confusa. Eu cometera um erro? Encontraria novamente uma pessoa tão boa que me amasse tanto quanto ele? Há apenas um ano, não poderia imaginar nada disso acontecendo. A vida passava rápido demais.

Não demorou muito para eu encontrar um rapaz que temia engravidar uma garota tanto quanto eu temia ficar grávida. Aconteceu de novo em Teen Town. John Leshky era conhecido como um "bom partido". Era um atleta de primeira. O melhor atacante do time de futebol americano, estrela do basquete e um velocista respeitado. John também era bonito e popular. Era alto e tinha intensos olhos castanhos. Incentivada por minha experiência no mundo do namoro, certa noite no Teen Town convidei-o para uma dança e, rapidamente, nos tornamos um casal. Ser sua namorada me deu certo prestígio entre meus colegas de escola, e eu gostava disso. Às vezes, quando as outras garotas nos olhavam, sentia um misto de reverência e inveja que fortalecia meu frágil ego adolescente. Como namorada de um dos garotos mais respeitados na hierarquia social da escola, obtive um novo respeito entre meus pares.

John era um atleta extremamente respeitado, tendo recebido ofertas de bolsa de estudos de algumas das melhores universidades americanas. Todos — inclusive ele mesmo — concordavam que John era especial e que tinha um futuro brilhante à sua frente. A última coisa que ele queria era engravidar uma garota e acabar virando um trabalhador braçal, carregando o fardo de uma mulher e filhos. Ao contrário de Bill, ele não tinha visões nebulosas de uma casa grande, uma esposa adorável e um filho esperando ansioso por ele em casa. "Perfeito", pensei. Eu não precisava mais entrar em pânico. Nada de ressentimentos com relação a fazer algo que eu julgava ser arriscado demais somente para agradar meu namorado.

John era o oposto de meu antigo namorado. Bill era doce, sedutor, carinhoso e atencioso. John era prepotente e arrogante. Ele podia ser divertido, mas também sabia ser cruel, sobretudo se você não fosse um dos elementos que formava a galáxia de admiradores que girava ao redor dele. Ele também era diferente de Bill por não gostar de conversas longas e profundas. Nossa comunicação era, em geral, superficial e insatisfatória. Ele não era meu amigo, muito menos minha alma gêmea, o que eu mais desejava ter. Entretanto, havia muita química física e, o melhor de tudo, agora eu tinha o maior contraceptivo do planeta — nenhuma relação sexual.

Isso aconteceu mais ou menos na época que descobri a cena *beatnik* e comecei a frequentar a taverna Woodbury e o King's Rook, dois cafés locais em que o café e a poesia fluíam. Becky, Marcie, alguns outros amigos e eu começamos a ir aos dois lugares durante nosso segundo ano. Vestíamos roupas pretas, passávamos lápis preto nos olhos e nos dirigíamos a dos cafés para passar a noite ouvindo poesia — por vezes, impenetrável, e por outras, inspiradora — e bebendo refrigerante italiano de sabores exóticos, como framboesa e tamarindo. Tudo isso fazia com que nos sentíssemos muito na vanguarda.

Por vezes, eu levava um caderno e tentava escrever poesia. Era muito ruim, mas provavelmente não era pior do que algumas que ouvi do palco. Uma vez, quando estava na taverna Woodbury, peguei meu caderno, escrevi meu primeiro nome e, em seguida, "Leshky".

— Cheryl Leshky — falei em voz baixa para mim mesma.

Não gostava da forma como o nome soava. Não, John não era minha alma gêmea ou meu futuro marido. Ele era apenas alguém com quem eu poderia fazer muito sexo maravilhoso e despreocupado — ou assim pensava.

Da mesma forma que aconteceu com Bill, John e eu passamos algum tempo em Kernwood Road embaçando as janelas do carro dele. Os rumores sobre o guarda estuprador finalmente se dissiparam. Eu ainda sentia muita culpa e temia o que poderia enfrentar na vida após a morte, mas estava, pelo menos, certa de que não engravidaria.

Uma noite, John acabara de estacionar o carro e começamos a nos beijar e nos agarrar. Além de beijar muito bem, ele tinha um toque maravilhoso. Na maioria das vezes, eu ficava excitada no instante em que ele colocava a mão em mim. Rapidamente, John tirou minha saia e calcinhas e começou a me masturbar. Lentamente, a princípio, depois mais rapidamente, em seguida lentamente de novo. Era um ritmo que a cada momento me levava perto do clímax. Minha inibição definhou e me deixei levar. Lento, rápido, lento. Em seguida, tive um orgasmo fora de série, o primeiro com John. Gemi de prazer. Naquele momento, eu o amava. Talvez ele fosse minha alma gêmea, talvez nos ligássemos fisicamente de um jeito que não existiria de outra forma. Era possível reconhecer sua alma gêmea pela força do orgasmo? Não conseguia guardar segredo. Ia dizer a ele que o amava. Abri os olhos logo antes de abrir a boca e o que vi me deixou sem ação. Ele parecia enojado e surpreso. Quando se afastou, minhas pernas se abriram para que ele se afastasse. De repente, percebi como estava frio dentro do carro.

— Você é tarada! — disse ele.

Naquele momento, senti como se tivesse sido esbofetada. Pensei que estivéssemos juntos naquilo. Por que ele estaria me masturbando se o objetivo não fosse me dar prazer? Uma determinada quantidade de prazer era aceitável, porém mais do que isso era doentio? Havia um limite para o prazer? Eu o levara ao clímax muitas vezes. Só os homens tinham direito a isso?

A frase "dois pesos, duas medidas" não fazia parte de meu vocabulário naquela época, mas certamente fazia parte da minha vida. Se eu pensara que as críticas tinham terminado no confessionário ou com a geração de minha mãe, eu estava completamente enganada. Não consigo me lembrar de mais nada do que aconteceu naquela noite. John e eu ficamos juntos por alguns anos, porém nunca mais tive um orgasmo com ele. Na verdade, não tive outro até fazer 19 anos e encontrar o homem que mudaria minha vida.

5.

Sem mágica: George

●●●

— **O**lha, só quero poder fazer sexo. Como isso vai me ajudar?

Minha segunda sessão com George não estava indo nada melhor do que a primeira, duas semanas antes. Eu o ensinara a fazer os exercícios Kegel e, após apenas uma rodada experimental de exercícios, ele parou. Quando eu estava no meio de uma inspiração, demonstrando o exercício, abri os olhos e o vi sorrindo de forma maliciosa.

— Esses exercícios Kegel podem ajudá-lo a se sentir mais intensamente excitado e lhe dar maior controle sobre seu músculo pubococcígeo, o que pode ajudá-lo a aumentar gradualmente o tempo que você consegue manter uma ereção e adiar o orgasmo — expliquei.

Tentei manter o tom de voz calmo. Ficar irritada não ajudaria em nada. Os olhos de George se estreitaram de raiva, como se eu o tivesse insultado.

Era 1974, e George, aos 52 anos, viera me consultar porque sofria de ejaculação precoce. Ele tinha esposa e amante, e não conseguia fazer sexo com nenhuma das duas, porque não conseguia manter a ereção por mais de alguns minutos. Como não conseguia conversar sobre isso, a amante estava se afastando dele, e ele jurava que sua mulher perdia o respeito por ele. "Duas pessoas com quem fazer sexo e ninguém com quem falar sobre isso", pensei.

Madelyn, a terapeuta de George, me avisara de que ele se irritava facilmente. Se fosse apenas isso, eu conseguiria lidar com a situação. Ela esperava que o trabalho prático ajudasse, pois George resistira a quase tudo que ela tentara fazer com ele.

Tinha certeza de que o verdadeiro problema não era ele ser um sujeito irritadiço, mas sim o fato de esperar milagres e não desejar fazer qualquer esforço para resolver o problema que enfrentava. Ele queria que esse obstáculo simplesmente desaparecesse sem que fosse preciso investir tempo ou energia para aprender novas habilidades, melhorar a comunicação ou reinventar sua vida sexual. Bem, não há poção mágica, nenhum "abre-te sésamo", para resolver os problemas sexuais. É preciso trabalho e envolvimento para obter mudanças.

— George, existem soluções para o seu problema, mas você precisa estar disposto a aprender algumas habilidades novas e a se comunicar melhor. Isso leva tempo.

Ele apoiou a testa larga em ambas as mãos e deixou escapar um suspiro.

Não era nada que eu não tivesse contado a ele em nossa primeira sessão, quando deveria ter concluído que eu não poderia ajudar George. Durante a maior parte de nossas duas horas juntos, ele ficou em silêncio, e quando eu lhe fazia uma pergunta, ele respondia com monossílabos, a não ser por uma notável exceção. Eu tentara conversar com ele sobre como a sexualidade muda à medida que envelhecemos. Grande erro. Ele insistiu que ainda tinha a virilidade de um jovem de 22 anos. Foi quando me informou que, quando garoto, vivendo em Indiana, fora condecorado com medalhas por ser o corredor mais veloz em sua equipe de atletismo. Aos vinte e poucos anos, vencera maratonas, e ainda corria longas distâncias diariamente. Era mais rápido e mais forte do que seu filho de 25 anos.

— Nada mudou em mim — disse ele.

— O que você sentiu em nossa primeira sessão? — perguntei.

— Foi bom.

— Você achou que foi útil?

— Não exatamente.

— O que você esperava conseguir com ela?

Ele olhou furioso para mim.

— Vamos discutir o que exploraremos hoje.

Expliquei que tentaríamos o Toque Sensual novamente, como na primeira sessão, mas, dessa vez, após eu explorá-lo, ele me tocaria.

— Não preciso de outra massagem.

— George, sei que você está frustrado, mas, se deseja ser ajudado, precisa passar por esse processo. Nada vai acontecer instantaneamente.

— Eu sei, foi o que você disse.

Nesse momento, eu lutava para manter a voz e as expressões neutras. Forçava-me a ser tolerante, mas também me perguntava por que George estava ali. Ele não parecia ter confiança em mim ou no meu trabalho como terapeuta do sexo. Disse a mim mesma que deveria encarar George como um desafio. Talvez eu pudesse convencê-lo a fazer alguns exercícios e entender que, se ele queria obter um resultado diferente, precisaria tentar mudar seu comportamento e sua maneira de pensar.

Fomos para o quarto e nos despimos. Quando George jogou o paletó de camurça cor de canela sobre a cadeira perto da cama, reparei o quanto os ombros dele eram largos. O paletó aterrissou espalhado, as mangas caíram pelas laterais da cadeira. George não tinha nem um grama de gordura em seu corpo em forma de triângulo. O cabelo castanho começava a rarear no topo da cabeça. Ele o penteava para trás, de maneira que uma mecha pairava sobre sua cabeça.

Era dezembro e estava frio no quarto, por isso, liguei o aquecedor. Perguntei a George se estava quente demais. Depois, retirei a colcha da cama e convidei-o a se deitar.

Cheguei mais perto dele. Ele esticou os braços sobre a cabeça e suas costelas se projetaram.

Pedi a ele que inspirasse profundamente algumas vezes.

Ele fez um barulho de fungar acompanhado por uma inspiração única e aguda.

— E depois expire.

Ele soprou como se estivesse enchendo um balão.

George parou e olhou para mim com total desprezo — um olhar que eu vira nos rostos de muitos adultos que conheci em minha juventude. Esse olhar me afetou profundamente e, se fosse alguns anos antes, ele provavelmente teria me feito sentir vulnerável por reforçar convicções bem arraigadas de que eu era uma pessoa horrível. Agora, ele me fazia sentir raiva, embora eu me esforçasse para conter minhas emoções e permanecer profissional.

Pedi que ele analisasse mentalmente seu corpo, da cabeça aos pés, para detectar e aliviar qualquer tensão.

— Focalize seus olhos. Você sente alguma tensão neles?

Nenhuma resposta.

— E ao redor da boca?

Silêncio.

— Percebo alguma tensão em seu maxilar. Você consegue aliviá-la?

George continuou sem dizer nada. Seus olhos pareciam pedras, e seu corpo estava tão tenso quanto uma mola comprimida.

— Isso é uma palhaçada. Você realmente recebe dinheiro para fazer isso? Repito, como é que essa coisa toda pode me ajudar? — falou, finalmente.

E assim foi. Eu me esforçara ao máximo para trabalhar com George, mas agora estava na hora de desistir.

— Não vai lhe ajudar em nada, George. Não vai lhe ajudar porque você não está disposto a tentar. Não sei por que veio aqui, mas acho que está claro que você não está pronto para fazer o esforço necessário.

Levantei, coloquei o roupão que estava sobre a cadeira e mandei George se vestir. Ele jogou as pernas para fora da cama e seus pés grandes aterrissaram no piso com uma pancada. Ele puxou a perna da calça que estava na cadeira e todas as suas roupas caíram no chão. Ele me deu uma olhada para ver se eu notara isso e, em seguida, se virou rapidamente para o outro lado, quando percebeu que eu vira tudo. Enfiou as duas pernas nas calças, vestiu o pulôver, colocou as meias e os sapatos e agarrou o casaco.

Acompanhei-o até o saguão para me assegurar de que ele estava de saída.

Quando chegou à sala de espera, ele se virou para mim.

— Eu não levaria uma mulher como você a qualquer outro lugar que não fosse um McDonald's — disse ele. Depois, escancarou a porta.

A reação de George me fez lembrar a atitude binária que marcou toda a minha infância. Havia dois tipos de mulheres: as boas e as vagabundas. Eu esperava ter deixado isso no meu passado. No entanto, precisava admitir que ele também me fez duvidar de meu próprio desempenho. Se eu fosse uma terapeuta do sexo melhor, teria sido capaz de ajudá-lo? Eu poderia ter feito mais para incentivá-lo a mudar?

Após me acalmar um pouco, liguei para a terapeuta de George e expliquei o que acontecera.

— Fiz o possível — falei para Madelyn —, mas simplesmente não consegui me aproximar dele.

— Cheryl, nem sempre conseguimos ajudar todos os que nos procuram — respondeu Madelyn.

Nesse estágio incipiente de minha carreira, com apenas um ano de profissão, foi importante eu ouvir isso. Eu tinha uma verdadeira paixão pelo meu trabalho como terapeuta do sexo e queria acreditar em minha capacidade para ajudar qualquer um que viesse me consultar. Mesmo naqueles primeiros dias, eu vira clientes transformados por esse trabalho. E não era apenas o cliente que se beneficiava. O processo de me tornar uma terapeuta do sexo mudou a forma como eu via a mim mesma e meu potencial. Por um momento, o trabalho com George fizera desabar sobre mim aquela avalanche de dúvidas que eu trabalhara duro para escorar.

6.

Santa do pau oco

Ao chegar ao último ano do ensino médio, eu já visitara quase todas as paróquias católicas em Salem e algumas outras nas redondezas. Fiz minhas rondas e variei ao máximo o número de padres, na maioria das vezes, com minhas amigas Marcie e Lisa. Essa foi a maneira que encontrei para evitar confessar os mesmos pecados para os mesmos padres e ser confrontada com a mesma reação todos os sábados. Enquanto andava de bicicleta pelas diferentes paróquias, pensava que talvez pudesse convencê-los (e, talvez, até a mim mesma) de que eu não era uma pecadora insistente.

Em uma fria manhã de outubro, eu caminhava pela rota arborizada em direção a St. Mary's com Marcie e Lisa. Minhas pernas vacilavam e meu estômago dava voltas. Também estava estranhamente quieta.

— O que houve? — perguntou Marcie.

— Ah, nada, só estou cansada — respondi.

Na verdade, estava em pânico. Estava prestes a confessar um pecado mortal — mais uma vez. Desprezara a lei divina. Ao menos com Bill eu podia me convencer de que pecava por amor. Deus podia não perdoar, mas talvez mostrasse alguma misericórdia por essa causa. A intimidade com John era apenas por prazer. Vendera minha alma em troca de divertimento no banco traseiro de um Dodge estacionado na Kernwood Road. Que tipo de pessoa eu era?

Tive alguns breves momentos de alívio quando entrei na St. Mary's e senti uma onda de calor bem-vinda, mas minha ansiedade voltou rapidamente e logo comecei a suar. O aroma pesado de incenso me enjoou ainda mais. Tentei ficar pensando que minhas amigas e eu iríamos para o Forest River Park encontrar outras amigas, e a diversão começaria. Passaríamos horas rindo e tagarelando. "Vamos lá. Calma", eu ficava repetindo para mim mesma.

Fui para o confessionário e tentei me acalmar. Alguns segundos depois, o padre entrou pelo outro lado. Através das grades de ferro, conseguia ver suas bochechas, que pareciam amareladas na luz fraca.

— Perdoe-me, padre, porque pequei. Faz uma semana que me confessei.

Comecei a descrever alguns pecados veniais: para não ferir os sentimentos de minha prima, dissera-lhe que gostava de seu novo corte de cabelo, mas, na verdade, não gostara. Sentira inveja de uma amiga que passara para uma faculdade em Nova York. Mentira para minha mãe. Depois, estava na hora do pecado grande. Admiti ter feito sexo com meu namorado.

O padre se mantivera em silêncio até aquele momento e, tivesse ele permanecido assim, provavelmente eu o teria encontrado — ou um dos seus colegas — na mesma hora na semana seguinte. Em vez disso, ele falou:

— São moças como você que destroem a vida dos rapazes.

De repente, meu medo se transformou em raiva. Naquele exato momento, todos os meus questionamentos tímidos, todo o meu ceticismo reservado, finalmente, abriram caminho para o ódio. Quase não tivera que seduzir John para fazer sexo comigo. Talvez eu fosse uma pecadora, mas será que ele era realmente uma vítima? Ele não era igualmente culpado?

— E a minha vida, padre? — perguntei.

— Doze pais-nossos e nove ave-marias — foi sua única resposta.

Deixei a igreja naquele dia sem rezar nenhuma daquelas orações e nunca mais voltei a me confessar.

Continuei a ir à missa todos os domingos com minha família. Teria sido bom se toda a minha vergonha e culpa tivessem evaporado quando decidi parar de me confessar, mas não foi o caso. Continuava a comungar. Esse era outro pecado. Quando o padre colocava a hóstia em minha língua, eu tinha dificuldade para engoli-la. Eu afundava o símbolo de tudo que era sagrado e puro em minha podridão interna. Sem me confessar, a culpa se multiplicava. E, no entanto, eu me libertara de um dogma que sabia ser irracional, injusto e cruel. Começava a formar uma nova identidade separada da Igreja, e isso era, ao mesmo tempo, excitante e apavorante. O que não significa dizer que minha luta acabara. Ainda oscilava entre raiva e medo, razão e crença.

Em 1962, meu último ano do ensino médio finalmente chegara. Minha futura carreira não era uma questão de muita preocupação em minha família. Meus irmãos precisavam ir para a faculdade porque eram futuros provedores e uma educação sólida lhes daria uma vantagem no mercado de trabalho. Meu pai em particular considerava que gastar dinheiro em educação superior comigo fazia tanto sentido quanto comprar um carro para nosso gato. Claro, minhas notas ruins no ensino fundamental me afastaram dos cursos preparatórios para a faculdade no ensino médio. Porém, mesmo se elas não tivessem sido baixas, não havia razão para eu acreditar que uma carreira acadêmica teria sido incentivada ou financiada por minha família. Uma jovem como eu, pelo que parecia, deveria ficar satisfeita em encontrar um marido que pudesse sustentar a família.

Minha conselheira na escola, a Sra. Russo, foi a primeira a me falar sobre a Bay State Academy em Boston. A Bay State oferecia um programa de secretariado de dois anos que ensinava datilografia, estenografia e outras habilidades que eu podia aproveitar em um emprego de escritório, uma de minhas poucas possibilidades de trabalho. Quando conversei sobre isso com minha família, meu pai debochou. Para que eu precisava de mais educação? Minha mãe, por sua vez, revelou-se uma aliada inesperada. Ela insistiu, contra as objeções radicais do meu pai, que ele me desse dinheiro para começar o curso na Bay State no outono. Assim, quando meu último ano no ensino médio terminou, preparei-me para ir para o que seria o mais perto que eu chegaria de uma faculdade por muito tempo.

A Bay State Academy foi, na verdade, uma ótima experiência para mim. Conheci mulheres de quem gostei e com quem aprendi algumas habilidades valiosas. Por isso, quando o segundo ano chegou, fiquei decepcionada quando meu pai bateu o pé e recusou-se terminantemente a pagar pelo curso.

— É um desperdício de dinheiro — declarou ele; sobretudo agora que Dave Mallory, da Kressler Engineering, tinha a vaga perfeita para mim.

Dave era um velho amigo do meu pai. Ele era vice-presidente da Kressler, uma próspera empresa de engenharia de estruturas em Boston. Eu aprendera o suficiente na Bay State para realizar as tarefas exigidas pelo emprego e economizar o dinheiro de meu pai. Se ao menos ele soubesse quem eu conheceria na Kressler e o caminho que essa pessoa abriria para mim, papai teria assinado o cheque para pagar meu segundo ano no curso com um sorriso nos lábios.

Com quase 1,90 metro de altura, Michael Cohen tinha uma presença imponente, e quando andava empertigado pelo escritório Kressler, poucas pessoas, independentemente do nível que ocupassem na hierarquia corporativa, deixavam de percebê-lo. Depois de sua altura, outra coisa que reparei nele foram as mãos. Eram longas e delicadas, mas ainda assim fortes. Ele tinha 23 anos, pele imaculada, deslumbrantes olhos azuis e uma voz grave tão sensual que, às vezes, fazia meus joelhos tremerem. Ele também tinha cabelo louro ondulado e comprido — ou, pelo menos, o que era considerado comprido na época. Michael era o office boy, mas esse era um título dos mais enganadores. Era evidente para todos que seu intelecto e sua autoconfiança eram maiores que seu cargo na empresa.

Quando não estava fazendo tarefas fora do escritório para nossos chefes ou imprimindo plantas, Michael sentava a uma mesa ao lado da minha. Uma segunda-feira pela manhã, quando lhe perguntei como tinha sido seu fim de semana, ele respondeu:

— Ótimo, trepei o fim de semana todo.

— O queeeeeê?

— Foi, só nos levantamos para comer.

Esse cara estava falando sério? Ninguém — repito, ninguém — em meu mundo falava sobre sexo tão abertamente. Seu comentário esbugalhou meus olhos e fez meu queixo cair. Devo ter parecido uma idiota, mas isso não o intimidou. Ele, então, me perguntou sobre o meu fim de semana, mas eu estava pasma e não consegui responder.

Regularmente, Michael e eu almoçávamos juntos e logo começamos um diálogo contínuo. Ele podia me perguntar o que quisesse, até mesmo fazer perguntas bem pessoais, sem parecer estar se intrometendo. Nunca antes eu tivera conversas tão francas. Falávamos muito sobre sexo, mas também conversávamos sobre filmes, política, livros, os cursos que ele fizera na faculdade, minha família e a dele, nossos sonhos para o futuro e tudo o mais da vida. Entretanto, se nossas conversas eram abertas, nem sempre eram honestas. A princípio, eu lhe disse que era virgem, porque temia que ele pensasse mal de mim se soubesse a verdade.

Michael fora suspenso da Boston University por fazer provas por outros alunos. Quando foi pego fazendo um teste para um estudante do curso de administração, foi chamado diante de uma junta disciplinar. Ele se defendeu destacando que o aluno que o contratara era um futuro diretor de indústrias que tomara uma decisão comercial correta ao encontrar a melhor pessoa para realizar o trabalho e contratá-la. Nem é preciso dizer que a junta não se convenceu e o puniu com um ano de suspensão.

Nada em Michael era convencional. Ele me beijou antes de começarmos a namorar. Estávamos no elevador, descendo para o primeiro andar, quando ele se aproximou e delicadamente me puxou para junto dele. Ele me deu o beijo mais sensual que eu já recebera. Foi delicado e erótico ao mesmo tempo. Nunca havia meio-termo com Michael. Tudo era feito com paixão — e aquele beijo não foi diferente.

Com Michael, comecei a amadurecer. Deixei meu cabelo crescer e comprei um guarda-roupa novo e sensual, aprovado por ele. Ele me deu uma lista de livros para ler e, de repente, percebi que era inteligente e tinha bons olhos para a literatura, o que nenhum dos meus professores fora capaz de despertar. Experimentamos maconha e drogas psicodélicas. Na esfera sexual, tive experiências ainda mais ousadas, fiz sexo oral pela primeira vez e também tive meu primeiro orgasmo durante a relação sexual. E, não menos importante, fiz amor pela primeira vez com as luzes acesas e conversamos sobre o que eu gostava e o que eu não gostava. Foi uma época da minha vida em que as possibilidades fervilhavam e, juntos, começamos a explorá-las.

Para Michael, grande parte do que eu aprendera sobre sexo era risível.

— Ridículo — dizia ele quando eu lhe contava sobre a proibição contra a masturbação e outros dogmas católicos que funcionaram como educação sexual em minha infância. — É tudo uma questão de controle. Manter a pessoa apavorada e envergonhada: é como eles controlam os outros.

Michael parecia até sentir raiva por eu ter recebido tanta informação errada e prejudicial. Seria possível que o problema não fosse mesmo eu, mas a doutrina?

Pela primeira vez em minha vida, tive a oportunidade de ter conversas abertas sobre sexo, realmente francas e livre de críticas. Michael falava sobre sexo sob uma perspectiva secular, algo novo para mim. Agora, eu podia não apenas questionar o que aprendera, mas também formar opiniões e ideias alternativas que realmente faziam sentido para mim. Uma noite, muito depois de haver confessado meu passado sexual, contei a ele sobre minha última experiência no confessionário.

— Que coisa idiota — reclamou. — Por que eles dão tanta importância à virgindade? Não faz o menor sentido.

Expliquei como acreditava que Deus ficava me olhando quando atrevidamente rejeitava as regras e sobre meu medo de como, quando morresse, Ele agiria. Michael zombou disso. Afinal, ele não era católico. Era judeu. Na época, eu não tinha a menor ideia do que isso realmente significava. Tudo que sabia era que ele não parecia pensar em Deus como um diretor de escola cruel.

Após poucas semanas de relacionamento, Michael e eu mantínhamos endereços separados somente no papel. Eu tinha 19 anos e dividia um apartamento com duas outras moças em Boston, mas passava a maioria das noites na casa de Michael. Meus pais sabiam sobre ele, e chegáramos ao que considerei ser um acordo tácito para evitar a questão sobre se estávamos dormindo juntos ou não. Eles não perguntavam, e eu não falava.

Certa manhã, bem cedo, quando eu estava no apartamento de Michael, o telefone tocou. Faltava ainda uma hora até eu precisar me levantar para ir trabalhar e pensei até em não atender, mas lá pelo quinto toque estava claro que quem chamava não ia desistir. Michael cobriu a cabeça com o travesseiro. Sonolenta, atendi ao telefone.

— Precisamos conversar — disse meu pai.

— Papai?

— Você tem de vir para casa este fim de semana.

— Como você conseguiu este número?

— Está na lista telefônica. Você precisa vir para casa este fim de semana. Precisamos conversar.

Tive a deprimente sensação de que nosso acordo tácito acabara de ser abruptamente rompido.

Naquele fim de semana, quando peguei o ônibus para ir à casa dos meus pais, senti-me como se estivesse indo ao confessionário em uma manhã de sábado.

Tive de me acalmar antes de abrir a porta da frente.

— Vamos conversar na sala — disse meu pai.

"Isso não pode ser bom", pensei enquanto o seguia. O que ele disse em seguida me deixou atônita.

— É óbvio que você não é a Virgem Maria. Sei o que você anda fazendo com seu namorado.

Engoli em seco. Senti como se tivesse acabado de receber um tapa na cara. Então, piorou.

— É bom você se casar com ele, porque nenhum homem decente vai querer você agora.

Comecei a chorar. Fiquei sem palavras. Meu pai estava, basicamente, me considerado perdida.

Naquela noite, Michael e eu passamos horas conversando. A culpa e a vergonha haviam sido despejadas em mim novamente, com força total. Primeiro, o padre me diz que sou o tipo da garota que acaba com a vida dos rapazes e, agora, isso. Parecia que eu não conseguia escapar das críticas, mesmo se eu me enganasse acreditando que já conseguira. Quando contei a Michael sobre o que meu pai dissera, sua resposta foi previsível e reconfortante.

— Seu pai vive na pré-história. Nenhum homem "decente" se importaria com o fato de você ser virgem ou não.

Tentei explicar novamente como a Igreja me colocara contra mim mesma, como ela me fizera sentir vergonha por ter qualquer interesse por sexo. Quando acabei de falar, ele disse algo muito lúcido e simples, ainda hoje arraigado em mim.

— Não existe Deus que seja menos misericordioso do que você.

Nunca pensara em Deus como misericordioso, mas percebi, então, que não podia mais acreditar em um que não fosse.

7.

Antes tarde do que nunca: Larry

· ·

Qual, exatamente, é o melhor momento para se perder a virgindade é uma questão para a qual não tenho resposta. Para meus pais e para
a Igreja, era somente após o casamento. Aos 14 anos, eu sentia uma
culpa tremenda por ter feito sexo pela primeira vez com Bill. Mark
O'Brien sentia vergonha por ser virgem aos 36 anos. A idade certa depende de tantos fatores que duvido que mesmo um exército de peri-
tos consiga chegar a uma resposta definitiva. Sei, no entanto, que o cliente que perdeu a virgindade comigo em 2005 já passara décadas da idade
que a maioria de nós considera a normal para começar a fazer sexo.

— Setenta? — perguntei a Carol, uma terapeuta local que, às vezes,
encaminhava clientes para mim.

— Setenta. Ele acabou de comemorar seu aniversário — respondeu
ela.

Carol sorriu e tomou um gole de café. Estávamos sentadas em uma
cafeteria perto de seu consultório quando ela me contou sobre Larry.
Nessa época, eu já trabalhava como terapeuta do sexo há quase três dé-

cadas e atender septuagenários não seria novidade para mim. Fiz uma cara de espanto não pela idade dele, mas pela questão com a qual lidava: Larry era um virgem de 70 anos.

— Uau! Muito corajoso da parte dele tentar resolver isso agora — comentei.

— Então, posso encaminhá-lo para você? — perguntou Carol.

Poucos dias depois, Larry me ligou e marcamos sua primeira consulta.

Ele tinha cabelos louro-claros e barba salpicada de pelos brancos. Os olhos eram tão escuros que era impossível distinguir as pupilas das íris. Aos 70, ele continuava a trabalhar na empresa de engenharia que ajudara a fundar há quase quarenta anos. Ele não conseguia lembrar de alguma época em sua carreira em que tivesse trabalhado menos do que cinquenta horas por semana.

Embora fosse janeiro, ele não vestia casaco. Quando perguntei se não estava com frio, disse que janeiro em São Francisco era parecido com o Caribe em comparação aos invernos de Chicago, onde fora criado.

— Eles me fizeram à prova de clima — acrescentou ele.

Sorri e indiquei que sentasse no sofá.

Larry era eloquente e perspicaz, e meditara muito sobre como sua criação moldara sua vida. Ele era filho único, criado pelos pais em um casamento infeliz. A mãe canalizara quase toda a sua energia e atenção para Larry.

— Minha mãe sacrificou tudo por mim — disse ele —, e exigia muito de mim em troca.

O desempenho acadêmico era tudo. Embora ela nunca tenha admitido isso, Larry acreditara por um longo tempo que a mãe esperava que ele a sustentasse após obter o diploma que lhe proporcionaria um emprego com um excelente salário.

Ele sabia, desde muito cedo, que a mãe se sentia presa em uma armadilha. Ela tinha pouca educação e, na época, havia poucas opções profissionais para as mulheres. Por isso, ela continuou vivendo com o pai dele, o provedor da família. Ela insistia que saídas com os amigos e namoros eram luxos dos quais Larry poderia desfrutar mais tarde, após os objetivos principais terem sido atingidos e seu *status* econômico ter sido assegurado.

— Frivolidades. Era assim que minha mãe chamava qualquer atividade extracurricular, inclusive o namoro — falou. — Ela achava que, se eu obtivesse uma boa educação e um bom emprego, tudo o mais apareceria em meu caminho. Isso me fez pensar que a afeição era um tipo de prêmio que você ganha por realizar algo, não algo que você recebe simplesmente por ser quem é.

Havia um imediatismo que beirava a urgência na forma como ele falava e, ao contrário de muitos outros clientes, precisei fazer muito pouco para que ele me contasse sua história. Larry não estava pronto apenas para fazer sexo, mas também para contar sua vida.

Quando ele, por fim, suspeitou que fosse suficientemente bem-sucedido para merecer um relacionamento, já estava com mais de 30 anos e tão constrangido e ansioso com relação à sua falta de experiência que suas tentativas de intimidade foram um fracasso completo. Ele relatou uma história particularmente dolorosa sobre uma mulher com quem namorara por algum tempo. Kathleen era atraente, divertida e inteligente, e ele desejava ter um futuro com ela.

— Sonhava em voltar para casa e encontrá-la todos os dias, com seu rosto se iluminando quando eu entrasse pela porta, com ela... me desejando — revelou.

Quando Kathleen começava a falar sobre relacionamentos passados, no entanto, Larry rapidamente mudava o assunto para um com o qual se sentia mais confortável. Seu nível de educação lhe proporcionara uma ampla gama de tópicos para conversas, e ele se tornou o que se chamava de um "mestre de mudar de assunto de forma criativa", uma habilidade que considerava útil sempre que uma conversa se voltava para o campo dos relacionamentos.

O terceiro encontro foi o último do casal e o último de Larry. Ele lembrou que ela usava um vestido cor-de-rosa apertado e que ficara excitado assim que a viu naquela noite. Ao sentar do outro lado da mesa para jantar, ele começou a ter uma ereção e entrou em pânico. Ficou tão nervoso que derramou a taça de vinho.

— Na minha cabeça, tentei me acalmar e focar na conversa o máximo possível, sobretudo porque sentia que minha ansiedade estava deixando-a nervosa — contou.

À medida que o jantar progredia, ele ficou mais relaxado e, ao final, eles se sentiram suficientemente próximos, a ponto de Kathleen convidá-lo para o apartamento dela.

Andaram de mãos dadas e houve momentos em que Larry pensou que aquela podia ser a noite que o levaria a um mundo em que parecia que todos os adultos, exceto ele, já se encontravam.

— Eu ficava pensando que, no dia seguinte, acordaria diferente, uma pessoa normal — acrescentou.

Após um drinque rápido, Kathleen levou Larry para o quarto. Eles se sentaram na cama e começaram a se beijar, ou a tentar se beijar. Quando Kathleen pressionou seus lábios nos dele, a ansiedade de Larry chegou ao pânico.

— Sentia-me como se meu peito tivesse sido atravessado por uma lança e meu estômago se contorcia — disse Larry.

Ele se levantou, gaguejou um "boa noite" para uma Kathleen confusa e partiu. Desceu correndo os dois lances de escadas que levavam ao apartamento dela e continuou a correr até quase não conseguir mais respirar.

— Eu, literalmente, fugi — acrescentou.

Ele olhou para seus sapatos e pude ouvi-lo dizer "tudo bem, tudo bem, tudo bem" suavemente enquanto se controlava para não chorar.

— É muito corajoso da sua parte vir aqui. Você não está sozinho em sua angústia — assegurei.

Ele se reclinou na cadeira com os olhos fechados por alguns segundos. Depois, Larry me disse que não queria morrer sem fazer sexo.

Larry fugira de muita coisa naquela noite e era de cortar o coração pensar que alguém passara a vida inteira sem saborear a alegria e a intimidade do sexo e dos relacionamentos. Embora tivesse permanecido assim por mais tempo do que a maioria das pessoas, ele entrara em um círculo vicioso que aprisiona e paralisa muitos de nós. Ele ficava ansioso e temeroso por causa de sua falta de experiência, o que o levou a evitar o sexo e o manteve inexperiente, aumentando sua ansiedade, que, por sua vez, o tornou mais avesso ao sexo e à intimidade. O triste resultado de tudo isso era a solidão opressiva com que ele vivera por quase todos os seus 70 anos.

Conversamos por mais algum tempo. Contei-lhe sobre o trabalho com terapeuta do sexo e confirmei que seu medo não era incomum e que evoluiríamos em um ritmo confortável para ele.

Quando chegamos ao quarto, fechei as cortinas, retirei a coberta bege de cima da cama e nos despimos. Deitamos perto um do outro e perguntei se ele estava se sentindo confortável. Ele quis trocar de lugar comigo.

Larry tinha os olhos esbugalhados e um fio de suor na testa.

— É natural se sentir ansioso nesse estágio. Essa é a razão por que sempre começo ensinando alguns exercícios de relaxamento — falei.

Pedi que ele colocasse a mão sobre o abdômen e começasse a respirar com profundidade suficiente para poder ver sua mão subir e descer a cada respiração. Fiz o mesmo, e ficamos deitados lado a lado, inspirando e expirando por alguns minutos.

— Agora, vamos examinar seu corpo para você poder libertar toda a tensão — expliquei.

Pedi que ele fechasse os olhos e levasse a mente até o topo da cabeça.

— Com seu olho mental, veja o topo de sua cabeça. Depois, sinta onde a cabeça encontra o pescoço. Se tiver qualquer tensão na nuca, abaixe o queixo ligeiramente e veja se isso o deixa mais confortável. Enquanto eu ajudo você a examinar seu corpo, faça qualquer ajuste que precisar para ficar mais à vontade.

"Agora, preste atenção em seus ombros, em suas omoplatas e no espaço entre eles. Perceba onde seus ombros e braços se conectam. Desça até os cotovelos, os antebraços, os pulsos e as mãos. Inspire lenta e profundamente. Depois, volte para o peito. Foque nos peitorais. Em seguida, no abdômen."

Continuamos a nos mover pelo corpo dele.

Quando chegamos aos pés, pedi para ele remexer os dedos e, depois, relaxá-los.

Larry e eu inspiramos juntos mais algumas vezes.

— Como se sente agora? — perguntei.

— Melhor. Mais fluido, não tão rígido.

Passamos para a Respiração em Conchinha. Larry deitou de lado e me aconcheguei atrás dele.

— Apenas inspire normalmente — falei.

Segui o ritmo de sua respiração e, em pouco tempo, inspirávamos e expirávamos juntos.

A Respiração em Conchinha costuma fazer com que os clientes se sintam seguros e amparados, e eu sentia o corpo de Larry ficar cada vez mais relaxado enquanto nos aconchegávamos um ao outro, respirando juntos.

Fiquei nessa posição alguns minutos a mais do que normalmente ficaria. Era a primeira vez em que Larry fora tocado de maneira sensual em décadas. Eu sabia que ele estava apavorado e queria que tivesse uma sensação de segurança e de estar sendo cuidado.

Após alguns minutos, Larry virou-se de barriga para baixo, e começamos o Toque Sensual. Comecei pelos pés dele, que eram ossudos e com dedos com unhas grossas. Peguei seus pés e fiz círculos ao redor dos arcos e dos calcanhares.

As pernas de Larry eram cobertas por pelos castanho-claros e, quando passei as palmas das mãos por elas, senti os músculos relaxarem. A tensão se dissipou com rapidez igual nas nádegas, nas costas e no pescoço. O corpo dele estava faminto por toque. Quando cheguei ao topo da cabeça, voltei novamente aos dedos dos pés. Sua pele tinha um tom creme e, apesar da idade, ele não tinha muitas rugas.

Passei as mãos gradualmente corpo abaixo e pedi que Larry inspirasse profundamente quando cheguei aos pés. Apertei-os suavemente e, quando ele expirou, soltei-os. Depois, disse:

— Quando quiser, vire-se.

Larry teve uma ereção e, por reflexo, cobriu-a com a mão.

— Tudo bem. É uma resposta natural — comentei.

Aos poucos, ele foi tirando a mão.

Subi por seu corpo. Quando cheguei ao pênis, deslizei um dedo por ele e passei pela virilha e pelo abdômen. Cheguei ao topo da cabeça e recomecei por baixo.

Quando terminamos o Toque Sensual, perguntei como ele se sentia.

— Como se tivesse bebido um copo de água gelada depois de ter estado no deserto — respondeu.

Nas sessões seguintes, Larry e eu nos envolvemos em vários exercícios que foram elaborados para ajudá-lo a se tornar menos ansioso, mais em paz com seu corpo e a sentir mais facilidade para se expressar verbal e fisicamente. Da mesma forma que ocorreu com Mark e a maioria de meus outros clientes, tivemos de abordar não apenas a questão sexual específica de Larry, mas também as emoções que a acompanhavam. Ele ficou surpreso por saber que muitos homens, não obstante o quão experientes fossem, de vez em quando sentiam-se ansiosos e hesitantes em situações sexuais. Ele também ficou surpreso por saber que ter mais de cinquenta anos e não ter sentido nenhuma satisfação sexual não era uma aberração.

Fiz questão de ir devagar com Larry. O toque era algo muito estranho para ele, e Larry era extremamente ansioso em função dos anos de infeliz abstinência, que demorou algum tempo para conseguir se conectar com seu corpo. Houve momentos em que Larry quase não podia acreditar que estava finalmente envolvido sexualmente com uma mulher. Não fiquei surpresa por ele ter se sentido confuso e indeciso muitas vezes quando nos explorávamos. Deixá-lo experimentar gradualmente vários tipos de preliminares e lentamente aprender sobre meu corpo o ajudaram a se sentir mais confiante e à vontade quando finalmente perdeu a virgindade.

A quinta sessão foi marcada para 12 de fevereiro, e uma das primeiras coisas que disse para mim quando chegou foi:

— Acho que esse vai ser o primeiro ano em que não me sentirei miserável no Dia dos Namorados.

Finalmente, chegara a hora de Larry fazer sexo.

Após ele contar o que lhe acontecera desde nossa última sessão, fomos para o quarto e nos despimos. Deitamos um ao lado do outro e fizemos alguns exercícios de relaxamento. Delicadamente, acariciei o corpo dele e coloquei um preservativo em seu pênis endurecido. Coloquei a boca nele, que rapidamente ficou totalmente ereto.

Inspiramos profundamente algumas vezes para mantê-lo no mesmo patamar na escala de excitação. Depois, subi nele e enfiei seu pênis dentro de mim. Subi e desci lentamente e, após alguns minutos, invertemos a posição para ele ficar por cima. Ele começou a me golpear com os quadris. De repente, sem querer, ele saiu de mim e vi um espasmo de pânico passar por seu rosto.

— Tudo bem — falei. — Acontece. Às vezes, ele escapole.

Agarrei um travesseiro e coloquei-o sob os meus quadris.

— Isso, em geral, ajuda — comentei. — Você está indo muito bem. Tente não sair muito, mas não tem problema guiar seu pênis de volta para dentro de mim se, por acaso, ele sair totalmente.

Peguei o pênis de Larry e levei-o até a minha vulva.

— Tudo bem, continua e enfia agora — sugeri.

Imediatamente, Larry me penetrou de novo, e ficou retirando e enfiando seu pênis lentamente.

— Quando isso acontecer com uma futura parceira, sinta-se à vontade para pedir a ela para ajudá-lo a entrar novamente, ou faça isso você mesmo; o que for mais fácil — sussurrei em seu ouvido.

Ele perguntou se podia me beijar, e quando eu disse que sim, ele se deitou todo sobre mim, usou os cotovelos para se apoiar e colocou seus lábios suavemente sobre os meus. Ele passou a língua por minha boca e por meus lábios. Após alguns minutos, levantou-se e começou a me dar estocadas novamente. Sua testa brilhava de suor e algumas gotas caíram em meu rosto. Em seguida, ele gemeu, gozou e descansou a cabeça sobre meu peito. Abracei-o. Aos 70 anos, Larry perdera a virgindade.

Vi lágrimas em seus olhos. Esse foi um momento gratificante. Eu ajudara aquele homem sensível, inteligente e gentil a, finalmente, ter uma das experiências humanas mais fundamentais e prazerosas. A vida de Larry fora repleta de realizações, mas privada de afeto e de intimidade física. Juntos, mudáramos essa situação — e esse foi um dos momentos mais ternos de minha carreira.

Eu queria ter certeza de que Larry se sentia amparado e cuidado após sua primeira vez, então sugeri uma rodada de Respiração em Conchinha e ficamos de lado. Após quatro ciclos de respiração, Larry parou e disse:

— Isso significa muito para mim.

Suavemente, pressionei meu corpo contra o dele.

— Sabe — disse ele —, uma vez soube que havia um boato de que eu era gay. Não tentei acabar com ele porque ser um virgem prestes a se aposentar é mais esquisito do que ser um homossexual.

Depois ele riu e me disse que nunca admitira isso para ninguém.

Não é incomum os clientes me revelarem segredos que mantêm ocultos apesar de estarem no ambiente seguro do consultório terapêutico. Isso é parte do que torna o trabalho com terapeuta do sexo fascinante e, muitas vezes, lindo. O quarto do terapeuta do sexo é um ambiente único no qual tanto o profissional quanto o cliente estão vulneráveis. Ficar nus juntos é um equalizador poderoso, e antes que qualquer toque sequer ocorra, o clima pode mudar e a intimidade pode se aprofundar, levando as pessoas a falarem mais livremente do que pensavam. Na maioria das vezes, elas compartilham experiências que causaram impacto em suas vidas, mas por sempre terem se sentido muito envergonhadas ou constrangidas, nunca as revelaram. Dizê-las em voz alta pode ser tão libertador para alguns clientes porque, de repente, eles podem obter uma perspectiva que poucos de nós temos quando guardamos um segredo a sete chaves.

8.

Rumo ao Oeste

● ●

— **V**ocê é o diabo! — gritou minha mãe para Michael do outro lado da nossa sala de estar.

Ela estava em pé por trás do divã como se tentasse se proteger dele. Minha amiga Marshasue, o namorado dela, Ronnie, e eu congelamos. Michael continuou descontraído e calmo como sempre. Era um sábado quente de junho, e nós quatro estávamos indo para Marblehead para fazer um piquenique. Ocorreu-me naquele momento que eu deveria ter comprado repelente de mosquito em vez de passar pela casa de meus pais e pegar o que eu tinha lá.

— O que você está fazendo com minha filha? — gritou minha mãe.

— Não estou fazendo nada com ela — respondeu Michael, indiferente.

— Você é o diabo, o diabo encarnado.

— Mãe, para — falei através dos dentes trincados. — Vamos embora. Já — acrescentei.

Virei-me para sair e os outros três me seguiram.

— Adeus, Sra. Theriaul. — despediu-se Michael antes de fechar a porta da frente.

Quis bater nele. Não havia necessidade de piorar ainda mais uma situação já bastante ruim.

Eu esperava que a disputa com meus pais estivesse encerrada, que eles tivessem se conformado em ter uma filha rebelde e agora, graciosamente, recuariam e me deixariam viver minha vida imoral. Que sonho! Dave Mallory, o amigo do meu pai na Kressler Engineering que me recomendara para o emprego, falara com meus pais sobre Michael. Ele lhes disse que Michael era debochado, hedonista, contestador, um rebelde — tudo que eu adorava nele. Mallory informou-lhes também que eu me juntara a um homem que não tinha futuro, alguém que seria incapaz de me proporcionar uma vida estável. Como genro, ele não era nada promissor.

Mallory também contou aos meus pais sobre uma aposta que Michael fizera com alguns dos colegas de trabalho. Ele apostara que conseguiria me levar para cama e, em uma determinada sexta-feira, quando apareci com uma pequena mala, ele disse ao pessoal que recolheria o dinheiro na segunda. Talvez Dave estivesse defendendo meus interesses. O que ele fez foi muito estúpido e, quando eu soube disso, tive a primeira suspeita de que Michael talvez não fosse tão fiel quanto eu desejava acreditar que era. Na época, eu acreditava que Dave se sentia ameaçado por Michael, cuja inteligência e espirituosidade eram amplamente admiradas no trabalho. Alguns outros executivos tinham, inclusive, falado em patrocinar o retorno dele à faculdade porque reconheciam que ele poderia rapidamente se tornar um bem ativo para a Kressler. Quaisquer que fossem seus motivos, Dave convencera meus pais de que eu agora compartilhava minha cama com o próprio Satã.

Algumas semanas depois do confronto na sala de estar de meus pais, mamãe e papai iniciaram o que eles devem ter considerado uma missão de resgate ao apareceram em meu apartamento uma noite com minha avó a tiracolo. Michael e eu nos beijávamos no sofá quando a campainha tocou e os três entraram. Que diabo eles estavam fazendo ali?

Por um momento, ficamos todos em pé, em minha apertada sala de estar, olhando, calados, uns para os outros. Encarei minha avó. Mais tarde, ela me diria que só foi lá para garantir que não haveria violência entre meu pai e Michael.

— Por que vocês estão aqui? — perguntei finalmente.

— Estamos aqui para levar você para casa — respondeu meu pai.

— Pai, não vou voltar para casa.

Meu pai virou para Michael, como se ele fosse a pessoa com quem estava discutindo e disse:

— Sabemos o que você está fazendo. Você está praticamente fazendo minha filha a viver com você. Se quiser viver com ela, tem que casar.

— Você compraria um par de sapatos sem experimentá-los primeiro? — retrucou Michael.

Os olhos de meu pai pareciam que iam pular das órbitas. Ele voou para cima de Michael e gritei:

— Pai, não!

Tentei agarrar o braço dele, mas ele se moveu com tanta rapidez que peguei o ar.

— Robair! — gritou minha avó, usando a pronúncia francesa de seu nome.

Ele e Michael estavam quase a três centímetros de distância um do outro. Além de ter a metade da idade dele, Michael era bem mais alto que meu pai. Ele podia tê-lo esmagado sem despentear um fio de seus cabelos.

— Você não quer fazer isso — disse Michael sem levantar a voz.

— Por favor, papai — pedi, e agarrei seu cotovelo.

Meu pai deu um passo para trás e só o soltei quando ele se afastou de Michael.

— Vamos — bufou minha mãe de raiva, olhando fixamente para mim.

Se meus pais pensaram que me intimidariam a ponto de eu deixar Michael, eles estavam redondamente enganados. Isso, porém, não significa dizer que não fiquei abalada. Meu coração acelerou e meu corpo pareceu ficar paralisado e pronto para correr ao mesmo tempo.

Eu estava muito zangada com meus pais, mas o comentário de Michael também me magoara. Comparar-me a um par de sapatos não foi exatamente um elogio — na verdade, foi extremamente ultrajante.

Além disso, ele também tinha sido bastante grosseiro na frente de meus pais, embora eles o tenham tratado mal. Eu adorava a liberdade — tanto a sexual quanto as de outro tipo — que a vida com Michael proporcionava, mas também queria que ele me considerasse especial, quando pensava em metáforas para expressar isso, um par de sapatos não vinha à minha mente. No entanto, deixei para lá, porque, para mim, Michael representava um bilhete só de ida para longe da vida provinciana. Ele era tudo que minha família, a Igreja e meus professores não eram. Meu pensamento era muito branco no preto na época. Se ele era o oposto deles, isso só podia significar que ele era tudo de bom, pois eles eram tudo de ruim. Levaria algum tempo até que nuances de cinza se tornassem visíveis para mim.

Mais tarde naquela noite, Michael e eu fizemos amor, e ele parecia ainda mais atraente do que o normal. Ele era o amante dos meus sonhos, e o sexo podia durar horas. Ele era lento, sensual e fazia com que eu me sentisse a mulher mais desejável do mundo. Especulávamos sobre nosso futuro, e, pela primeira vez, conversamos sobre sair de Boston. Falamos como se aquela tivesse sido a última vez em que meus pais se intrometeriam em nossa vida, mas eles ainda fariam uma última tentativa de nos separar e, dessa vez, minha mãe assumiria o comando.

Nunca realmente considerei meus pais intolerantes. Salem era uma cidade bastante diversa, e tanto minha mãe quanto meu pai pareciam se misturar facilmente com as pessoas de outros credos e etnias. Rose e Arthur Solomon eram muito amigos dos meus pais. Eles iam ao cinema juntos, jantavam na casa uns dos outros e se encontravam nos fins de semana como um quarteto. Não importava que os Solomon fossem judeus. No entanto, meus pais não gostavam que Michael fosse. Amizade, tudo bem, mas quando se tratava de namoro e casamento, apenas católicos eram bem-vindos. Quando fiquei mais velha, entendi o que isso significava — um tipo de antissemitismo. Meus pais nunca foram abertamente hostis a alguém por causa da raça ou religião da pessoa, mas quando se tratava de casamento, as regras eram diferentes.

Mamãe e papai pressupunham que a mãe e o pai de Michael, Sadie e Julius, ficariam igualmente consternados ao saberem que seu filho estava morando com uma "intrusa" religiosa. Se meus pais não conseguiram nos separar, talvez os de Michael pudessem. Algumas semanas após a humilhante visita da minha família ao apartamento, minha mãe ligou para a mãe de Michael. Ela tinha certeza de que as novidades cairiam como uma bomba e deve ter ficado muito decepcionada por Sandie não ter se importado com elas.

Com o tempo, passei a gostar muito dos pais de Michael. Eles sempre me tratavam com carinho e gentileza, mas descobri que também tinham seus próprios preconceitos.

— Ficamos muito aliviados por você, ao menos, ser branca — confessou-me Sadie mais tarde.

Michael namorara latinas e afro-americanas, e o temor da família era que ele cruzasse as barreiras raciais, e não as religiosas.

Michael acabaria se tornando uma das pessoas mais carismáticas que já conheci. Ele estava sempre no centro de seu ciclo social e todos, universitários, moderninhos e tipos comuns, davam atenção a ele. Michael tinha um impressionante e especial talento para perceber as motivações e sutilezas psicológicas. Fazia quase todo mundo sentir que finalmente havia encontrado alguém que os entendia. Ele costumava desempenhar o papel de filósofo do grupo, aquele que tinha as grandes "sacadas", aquele que conseguia detectar a verdade subjacente e manter você enfeitiçado enquanto eloquentemente a revelava.

Michael tinha uma mesa cativa na delicatéssen Jack and Marion's, em Brookline, perto de Boston, onde recebia seu séquito, inclusive eu. Bebíamos refrigerantes, comíamos sanduíches e conversávamos, conversávamos e conversávamos. Era 1964. A sociedade estava em fluxo constante, e as pessoas jovens, como nós, questionavam tudo. Michael falava com uma certeza e uma segurança que o resto de nós não tinha. Tínhamos as perguntas; ele, as respostas.

Mais de uma vez alguém em seu séquito de admiradores me lembrou de como eu era sortuda por ser a namorada dele. Eu era sortuda. Nunca entendi totalmente o que Michael, que podia ter escolhido qualquer mulher, vira em mim. Sabia que meu sucesso em conquistar dois garotos populares no ensino médio tinha a ver com minha personalidade e inteligência social, mas este era Michael. Ele nascera um *bon vivant* e transpirava sofisticação e carisma. Eu sabia que não estava à altura dele, do ponto de vista intelectual e físico. Estávamos em Boston, cercados por universitárias bonitas. Claro, Michael tinha uma razão para me escolher e uma noite, enquanto estávamos na cama, ele a revelou:

— Você seria uma ótima mãe. Sei que você ama ferozmente. Você é como uma leoa e protegerá aqueles que ama.

Então Michael queria ter filhos comigo? Talvez isso significasse que eu era especial.

Minha mãe, entretanto, persistia implacavelmente em sua tentativa de me separar de Michael. Após esgotar todas as outras opções, iniciou uma campanha de bajulação e perturbação quase constantes. Ela me telefonava várias vezes por dia e escrevia cartas me assediando para voltar para casa e para o caminho certo — como se eu alguma vez tivesse estado nele. Finalmente, para aliviar toda aquela pressão, concordei em voltar para casa por um ano. Ela sabia que eu continuaria a me encontrar com Michael — deixei isso claro —, mas ela esperava desesperadamente que, se eu não vivesse com ele, o relacionamento esfriaria e isso me faria perceber que meu verdadeiro sonho era um bom rapaz católico e um futuro nos subúrbios. Eu ainda ia a Boston para trabalhar e, na primeira semana, consegui voltar para casa todas as noites. Entretanto, no início da segunda semana, desafiei-os e passei uma noite com Michael. Depois, passei mais uma. Michael e eu decidimos, então, que era hora de nos livrarmos de meus pais para sempre e colocarmos um fim no meu exílio em Salem. Tornaríamos isso oficial, nos casaríamos, e o faríamos logo.

Quando contei aos meus pais sobre o noivado, eles ficaram, como eu esperava, lívidos. Minha mãe grasnou sobre boicotar o casamento; meu pai ficou de mau humor. E eu comecei a ir para casa alguns dias na semana. Por que não dar isso a eles, uma vez que, em menos de um mês, eu seria a esposa de Michael e eles perderiam toda autoridade sobre mim?

Hammerman, um vizinho dos pais de Michael, concordou em realizar a cerimônia com uma condição: que eu não estivesse grávida. Apesar de alguns sustos, eu não estava e, então, decidimos nos casar no dia 22 de agosto de 1964, nove meses após nos conhecermos, em uma cerimônia simples na sala de estar de Hammerman. Naquela época, sobretudo para as mulheres, o casamento as transformava em adultas. Não importava se eu ainda não passara da adolescência. Em pouco tempo, eu seria oficialmente adulta e estaria livre do controle dos meus pais.

Eu estava exultante e apavorada ao mesmo tempo. Na véspera do dia do meu casamento, sentada no quarto que tinha na casa dos meus pais, percebi de fato que minha vida estava prestes a mudar drasticamente. Olhei ao redor do cômodo que nunca fora realmente meu. A colcha de crochê, as cortinas com flores bordadas, a penteadeira com o grande espelho oval, o conjunto com escova e pente dourados que ficavam sobre ela — tudo fora escolha da minha mãe. Ela criara o quarto que desejava para sua menininha e, até mesmo no fim da minha adolescência, eu não era autorizada a alterá-lo. Quase todos os dias, minha mãe me obrigava a fazer a cama e a arrumar o quarto. Se ela precisasse abrir minha cômoda para colocar roupas limpas ou procurar uma fita adesiva ou uma tesoura na minha escrivaninha, ela o fazia sem levar em consideração minha privacidade. Pior ainda, nunca me deixava trancar a porta, e, embora ela nunca explicasse o porquê, tenho certeza absoluta de que era uma precaução contra o pior dos pecados: a masturbação. Podíamos chamá-lo de "quarto da Cheryl", mas ele nunca foi meu em qualquer sentido verdadeiro. Ele pertencia, na verdade, à minha mãe. Eu queria sair de casa. Estava desesperada para sair, então, por que sofri tanto quando olhei ao redor, para o quarto cheio de babados que minha mãe montara para mim?

— Não chore, não chore. Você vai borrar o rímel — disse minha amiga Lisa, minha dama de honra, enquanto íamos para a casa de Michael na manhã do casamento.

Eu chorava de tristeza e de empolgação. Minhas emoções variavam de um extremo ao outro, ricocheteando entre altos e baixos, uma combinação discordante de melancolia e júbilo.

Quando chegamos à casa dos pais de Michael, ele corria para realizar algumas tarefas de última hora. Lisa usava um vestido branco simples que minha avó ajudou a escolher. Eu usava véu e sapatos de cetim. Ao chegarem à porta, Sadie e Julius pareciam mais sérios do que nunca. Sadie colocou um biscoito na mão de Lisa e perguntou se ela se importaria de passar a toalha de mesa que eles pretendiam usar no bufê. Em seguida, eles me levaram para a sala de estar e sentamos no sofá.

— Cheryl, você sabe o quanto gostamos de você... — começou Sadie.

— É por isso que precisamos ter essa conversa — continuou Julius.

— Michael não conseguirá sustentar você. Ele simplesmente não tem capacidade para proporcionar uma vida estável à sua família. E se vocês tiverem filhos, Sadie e eu não os ajudaremos financeiramente — disse Julius.

Se essa declaração tivesse sido feita de maneira diferente, eu poderia ter me sentido ofendida, mas Julius falou com uma preocupação tão verdadeira que não consegui interpretar aquilo de outra forma que não fosse uma tentativa sincera de me proteger.

— Eu nunca esperaria que vocês fizessem isso — respondi, talvez levianamente demais.

— Quantos anos você tem? — perguntou Julius.

— Dezenove. Velha o suficiente para saber o que quero — respondi.

— Esperamos que sim — concluiu Sadie.

Apesar das ameaças de minha mãe, ela foi à cerimônia com meu pai, irmãos, avó e alguns outros membros da família. Embora meus pais não estivessem alegres, também não procuraram confusão. Por fim, o casamento foi um evento simples e agradável. Hammerman realizou a cerimônia civil, que não teve qualquer cunho religioso. Após dizermos nossos votos, cerca de vinte convidados foram para a casa dos pais de Michael, que ficava perto, e conversaram em torno de carne defumada, salada de repolho, pães e outras iguarias de delicatéssen. Bebemos champanhe e o padrinho de casamento de Michael, Jerome, fez um brinde desejando que tivéssemos uma vida conjugal feliz. Até meus pais levantaram as taças.

Michael e eu nos instalamos em Beacon Hill, uma vizinhança da moda em Boston. Alugamos um pequeno apartamento de um só quarto em um antigo prédio de tijolos que fora dividido em apartamentos. Ele tinha uma varanda pequena com portas francesas, que deixávamos abertas nas noites quentes. Transformamos nosso apartamento em um ponto de encontro para nosso círculo social.

Deixei meu emprego na Kressler logo depois, porque fiquei grávida. Um mês após nosso casamento, parei de menstruar. Fui ao médico, fiz o exame de urina e soube que estava grávida. Michael arrumou um emprego com um salário razoável nos correios, com direito a um seguro-saúde que cobria os custos das consultas pré-natais e do parto.

Se nossa situação financeira não me preocupava, o que me deixava inquieta era minha capacidade de ser uma boa mãe. Afinal, não tivera um modelo muito exemplar. Desde muito jovem, sempre acreditei que minha mãe não gostava de mim. A princípio, doeu, e eu me consumia por seu amor e afeto. A raiva veio mais tarde, mas agora me sentia quase completamente distante dela. Meu filho sentiria o mesmo em relação a mim? Eu lhe daria motivo para isso? E se eu não conseguisse amar a criança? Eu estava apavorada com a perspectiva de repetir os erros da minha mãe.

Por sugestão de Michael, comecei a fazer terapia uma vez por semana. Acabou sendo o melhor que eu poderia ter feito, para mim mesma e para minha família. Na terapia, consegui começar a trabalhar todo o ressentimento, a raiva e a culpa que sentia desde a infância. Ampliei algumas de minhas perspectivas e ganhei a confiança para ser o tipo de mãe que eu desejava ser. À medida que meu bebê crescia dentro de mim, soube que o amaria e que seria a mãe sensível e carinhosa que sempre quis ter e pela qual ainda ansiava, mesmo naquela época.

Quando nossa linda e pequenina Jessica nasceu, em junho de 1965, eu sabia que provaria que o instinto de Michael em relação a mim estava certo. Eu também sabia que o vínculo que teria com ela não seria nada parecido com as lutas que tivera com minha mãe.

Michael era tudo que eu podia ter desejado em um pai para minha filha. Era carinhoso, cuidadoso e sensível com Jessica. Diferentemente de tantos outros homens de sua geração, ele gostava de ser um pai presente. Trocava fraldas, aconchegava-a quando ela chorava e brincava com ela. À noite, ele colocava uma música suave, pegava-a no colo e a embalava até ela dormir. Antes de começar a andar, Jessica já ouvira Beatles, Donovan, Grateful Dead, Joan Baez e outros integrantes do panteão do rock e da música folk da década de 1960. "Surfer Girl", dos Beach Boys, era sua música favorita, e, quando Michael a colocava para tocar, ela balbuciava e sorria, e suas pálpebras se fechavam em minutos.

Quando Jessica estava com 2 anos e meio, fiquei grávida pela segunda vez, Michael decidiu voltar para a faculdade, para concluir o bacharelado em educação. Talvez ter um filho para criar o tenha lembrado daquilo que ele se predispusera a ser quando entrou na Boston University. Michael desejava ser professor e, para ele, isso significava algo muito específico. Significava ser um mentor, alguém que ensinaria às crianças não apenas os fatos, mas também como pensar criticamente. Ele os inspiraria a serem mais criativos e atenciosos e lhes mostraria que podiam atingir o que quer que se dispusessem a fazer.

Em 1966, Michael se inscreveu na Boston State College. Sua mãe era a secretária do reitor de admissões e cuidou da documentação para ele e o ajudou a transferir os créditos da Boston University. Ele abandonou o emprego nos correios e conseguiu um emprego de meio expediente na delicatéssen que frequentávamos antes de nos casarmos. Ele pediu ajuda aos pais e, apesar das advertências pré-nupciais, eles concordaram em nos ajudar financeiramente.

Michael também começou a trabalhar à noite, em uma confeitaria, no Beth Israel Hospital. Ele saía para o trabalho às 17 horas e voltava para casa por volta da 1 hora da manhã. O trabalho consistia em lavar pratos e fazer toneladas de mingau para o café da manhã dos pacientes. Ele logo ficou enfadado com isso, o que era típico dele, e encontrou outras maneiras de demonstrar sua inteligência. Michael passava horas jogando pôquer com os médicos e juntou bastante dinheiro com suas vitórias. Ele também voltou a fazer provas para alunos da faculdade cuja ambição ultrapassava a honestidade.

Essas atitudes reforçavam algo que eu sempre pensara sobre Michael. Eu sabia que ele nunca seria um sujeito "direito", com um trabalho em uma empresa e uma vida típica de classe média, mas acreditava que ele seria bem-sucedido. O sucesso para ele — e, por extensão, para mim — simplesmente diferiria do que nossos pais e a sociedade imaginavam.

Michael não tinha interesse algum em ser o tipo bonzinho, e o mês de junho me fazia querer vomitar. Nosso futuro seria brilhante e seria nosso. Faríamos dele o que quiséssemos, não o que esperavam que quiséssemos. Foi por isso que ignorei os alertas de Sadie e Julius. Eles eram gentis por estarem preocupados, mas simplesmente não entendiam Michael.

Ter uma filha não diminuiu nosso ritmo no quarto, mas a nova escala de trabalho de Michael significava que precisávamos buscar outros momentos para fazer sexo. Mesmo quando só tínhamos Jessica, eu programava os cochilos dela para coincidirem com a chegada de Michael em casa da escola e, com o vigor de nossos vinte e poucos anos, nossa vida sexual continuou com força total.

Nossa rotina doméstica despreocupada se manteve até junho, quando Michael sugeriu que eu levasse Jessica para fora da cidade, para a fazenda da minha amiga Marshasue e seu marido Ron, em New Hampshire, por algumas semanas. As provas finais estavam próximas e ele alegou precisar de um tempo para estudar sem distrações. Na época, eu estava grávida de sete meses do meu filho. Não tinha vontade alguma de viajar — e fiquei desconfiada.

As mulheres estavam sempre adulando Michael por causa de sua atitude pouco convencional em relação a tudo. Eu não tinha certeza se ele considerava o fato de ser casado uma razão suficiente para resistir a elas. Ele, certamente, nunca ficava com ciúmes quando outros homens me paqueravam e, não importava o quanto me sentia feliz com ele, em relação a nós dois, sempre desconfiei que eu não era tão especial assim para ele, que eu era apenas uma de muitas que gravitavam ao seu redor, competindo por sua atenção. Eu queria que Michael mantivesse seu estilo de vida e sua atitude alternativos e fosse uma pessoa independente, mas também desejava que ele estivesse tão apaixonado por mim que as outras mulheres, em comparação, não seriam nada atraentes. Não se tratava de regras. Tratava-se de desejo, e eu queria que o desejo dele fosse idêntico ao meu. Ele não se negaria algo para me ser fiel já que ele desejava apenas a mim. Eu ansiava por uma mistura confortável de boemia e convencionalidade, que sustentasse minha imagem de rebelde sem inflamar minhas inseguranças. Mesmo aos 23 anos, eu suspeitava que a vida real raramente fosse tão bondosa.

Porém, quando Michael me pressionou para ficar duas semanas sozinho, concordei. Em uma manhã úmida de junho, fiz uma mala para mim e Jessica, entulhei nosso Fusca com um pequeno zoológico de animais de pelúcia e me encaminhei para o norte pela I-93.

Michael e eu conversávamos todas as noites. Ele me contava que sentia minha falta e prometia que estava se preparando para tirar a nota máxima nos exames finais. Eu não estava feliz por ser banida, mas se isso significava o sucesso dele na faculdade, então eu podia sofrer duas semanas longe dele.

Finalmente, Michael terminou as últimas provas e Jessica e eu fizemos a viagem de duas horas de volta para Boston.

— Papai casa? — perguntou Jessica quando entramos em nossa rua.

— Isso mesmo, docinho — respondi.

Estacionei o carro, rapidamente retirei Jessica de seu assento e peguei-a no colo. Ela deu risadinhas por todo o caminho até a porta da frente.

O sorriso de Michael iluminou seu rosto quando nos viu. Jessica estendeu os braços, e ele a apertou contra o peito e beijou sua testa. Depois, ele tascou um grande beijo em mim.

— Senti tanta saudade de vocês duas! — falou.

— Não tanto quanto sentimos de você. Como foi sua última prova?

— Foi muito boa. Acho que vou tirar nota máxima.

— Que ótimo! — comentei e dei outro grande beijo nele.

Ele saiu para comprar hambúrgueres e batatas fritas para o jantar. Desfiz a mala e comecei a me reinstalar em nossa minúscula casa. Podia não ser grande coisa, mas era tudo de que eu precisava. Além disso, até mesmo o Taj Mahal não teria sido suficientemente grande para abrigar meu amor por minha pequena e doce família.

Agora que Michael terminara o curso, ele arranjaria um trabalho de tempo integral na delicatéssen. Como estávamos tão confiantes de que suas notas seriam excelentes, nem me ocorreu perguntar por elas quando o verão chegou. Algumas semanas depois, eu estava na cozinha cortando cenouras para fazer um cozido para o jantar. Minha barriga agora estava tão grande que eu precisava esticar bem os braços para alcançar a tábua de cortar que estava sobre a bancada. Minha mente vagava enquanto eu cortava mecanicamente as cenouras em pedaços redondos e em forma de meias-luas. Quando estava prestes a jogá-las dentro da panela sobre o fogão, o telefone tocou. Era Sadie.

— Acabei de ver as notas de Michael — ela começou.

Em função de sua posição na faculdade, Sadie tinha acesso prévio às notas finais. Sua voz estava tensa, mas eu não podia imaginar a razão.

— E? — perguntei.

— Ele parou de frequentar todas as aulas. Ele não completou nenhuma disciplina.

Senti uma tonteira. Agarrei o encosto de uma das cadeiras e, depois, me sentei nela.

— O quê? — gaguejei e, em seguida, percebi que não desejava que ela repetisse o que dissera. — Como... como pode? — perguntei.

— Não sei, Cheryl. Achei que você pudesse me explicar.

Bem, eu não podia, e qualquer explicação que eu pudesse arranjar doía demais para pensar sobre aquilo por muito tempo.

Eu estava magoada, assustada e com raiva. Quando Michael chegou em casa, fui com tudo para cima dele.

— Que diabo está acontecendo?

— Hein? Do que você está falando?

— Eu já sei de tudo, Michael. Sei que você não fez as provas finais. Sua mãe me contou. O que ficou fazendo naquelas duas semanas em que me disse que estava estudando?

Michael olhou para os pés.

— Você ficou com outra mulher enquanto Jessica e eu estávamos longe daqui por duas semanas?

— Não. Fiquei o tempo todo na cafeteria da escola. Não podia contar para você, mas eu simplesmente não queria mais frequentar as aulas.

— Então, por que eu precisava sair daqui?

Michael não disse nada.

Agarrei uma *lava lamp* que estava no canto da mesa e atirei-a no chão. O vidro quebrou e o líquido vermelho se espalhou sobre o chão de madeira de lei como uma ameba.

Jessica começou a chorar.

— Mamãe quebrou lâmpada — falou.

Peguei-a no colo e aconcheguei-a a mim.

— Desculpe, querida. A mamãe sente muito.

O choro de Jessica era a única coisa que podia estancar minha raiva.

Jantamos naquela noite em silêncio total. Agora, acrescentava culpa e humilhação à lista de emoções tóxicas que abrigava. Eu estava presa, e sabia disso. O que eu podia fazer? Voltar para a casa dos meus pais com uma criança pela mão e outra na barriga? E ainda ouvir o coro de "Eu avisei!".

E, além disso, havia o fato inegável de que eu ainda amava Michael demais para deixá-lo. Mesmo se uma acolhida calorosa estivesse me esperando na casa dos meus pais em Salem, eu jamais voltaria para lá. Adorava Michael não apenas pelo que ele era, mas pela forma como me ajudara a eu ver a mim mesma. Tornei-me a pessoa que desejava ser com ele. Perto de Michael eu era inteligente, engraçada, aventureira e sensual — ou, pelo menos, era assim que ele fazia eu me sentir. Michael me ouvia. Ele desejava ouvir o que eu tinha para dizer. Ele me entendia. Eu me revelara e ele me aceitara quando muitos outros me recusaram. Para mim, deixar Michael era tão absurdo quanto ir para a lua.

No início de julho, Michael anunciou que não voltaria para Boston State no outono. Senti o sangue sumir do meu rosto quando ele explicou que estava entediado com o curso de educação e que precisava de outros desafios. Eu teria ficado com raiva se não estivesse tão apavorada — apavorada de perder Michael, apavorada por não ser suficientemente boa para ele, apavorada por pensar que ele poderia estar arrependido de ter se casado comigo. Então, eu simplesmente disse:

— Tudo bem.

Um mês depois, em agosto de 1968, nosso filho, Eric, nasceu. Em quatro anos, eu saíra de casa, casara e tivera dois filhos. Minha vida mudara radicalmente e, em pouco tempo, ela daria outra virada importante.

De vez em quando, Michael e eu falávamos em sair de Boston e ir para a Califórnia. Estávamos na vibrante década de 1960 e acreditávamos que o mundo que nossos filhos estavam destinados a herdar pouco se assemelharia àquele que conhecíamos. Construiríamos uma sociedade mais justa, livre e tolerante, e a transformação completa era apenas uma questão de tempo. De nossa perspectiva, o epicentro desse novo mundo era o entorno da Baía de São Francisco. Nos últimos anos, alguns de nossos amigos haviam se mudado para lá e nos perguntávamos como seria se nos juntássemos a eles. Às vezes, eles nos ligavam de seu apartamento e colocavam o telefone fora da janela para que ouvíssemos a agitação das ruas.

— Vocês têm que vir para São Francisco. Aqui, as pessoas fumam maconha no meio da rua! — gritavam eles ao telefone.

Em outubro de 1968, telefonamos para nossos amigos e perguntamos se podíamos ficar com eles por algumas semanas até encontrarmos um lugar para nós.

Eu queria muito que a mudança para a Califórnia motivasse Michael a fazer algo com a vida dele. Esperava que encontrasse alguma coisa que gostasse de fazer e descobrisse o que o fazia feliz. Eu estava ansiosa com a perspectiva de uma vida nova. Tinha certeza de que muitas possibilidades nos aguardavam. E também estava completamente apavorada.

Michael ganhou algum dinheiro ao fazer uma prova por um amigo que desejava entrar para o programa de doutorado e esvaziamos nossa conta-poupança. Após comprarmos uma Kombi, ficamos ainda com mil dólares para começar nossa nova vida, um montante bastante razoável para a época. Enchi a traseira da Kombi com sacos de dormir e com os bichos de pelúcia de Jessica, muito papel de desenho, lápis de cor, livros e brinquedos para mantê-la ocupada durante a viagem de uma costa à outra do país.

Na manhã em que partimos, paramos na casa de alguns amigos para nos despedir, e depois fomos à casa dos meus pais. Minha mãe estava furiosa. Ela considerou nossa partida como uma afronta pessoal e, quando eu a abracei, ela endureceu o corpo e manteve os braços esticados ao longo do corpo. Meu pai tinha lágrimas nos olhos e quando ficamos frente a frente, ele disse:

— Vá, vá embora. A próxima vez que você me vir, estarei em um caixão.

Meu pai era um homem saudável de 46 anos, mas na época eu não pensava o quão irreal e melodramático isso era. Peter, meu irmão de 14 anos, estava desolado. Ele parecia estar em um funeral.

— Eu voltarei e você vai me visitar — disse a ele, contendo as lágrimas.

Minha avó estava triste, mas disse que queria que eu fosse feliz. Prometi que ligaria ou escreveria todas as semanas. Não parei de fungar até horas depois, já na estrada, quando minha tristeza cedeu lugar à empolgação com a vida que nos esperava na outra costa do país.

Grande parte da viagem foi muito divertida. Hospedamo-nos em acampamentos da Kampground of America. Paramos em Painted Desert e Petrified Forest e passamos por cidades como Oklahoma e Santa Fé, que, por serem tão diferentes da minha, pareciam exóticas. Dava de mamar a Eric, que começou a viagem quando tinha dez semanas, e Jessica, com 3 anos, ficava maravilhada ao ver as novas paisagens que se descortinavam diante dela todos os dias. Tudo correu sem percalços até completarmos quase duas semanas de viagem, quando estávamos a menos de 230 quilômetros ao sul de São Francisco.

O dia começou como a maioria dos dias da viagem. Acordamos cedo, escovamos os dentes com água do cantil e comemos cereal seco de café da manhã. Deitei Eric em seu carrinho e Jessica em um saco de dormir no assento traseiro. Assim que o sol começou a nascer, pegamos a autoestrada 101. Viajamos rumo ao norte por algumas horas, o cenário de beira de estrada se descortinando rapidamente diante de nós. Às 11 horas, estávamos com fome e, ao meio-dia, famintos; então, logo antes de entrarmos na cidade de Hollister, paramos em uma lanchonete. Além de nós, havia provavelmente dez pessoas no lugar, e fomos servidos rapidamente. Pedimos sanduíches de carne para Michael; para mim, panquecas pequenas; e um chocolate quente para Jessica. Michael e eu tomamos duas xícaras de café e pedimos à garçonete que enchesse nossa garrafa térmica com mais café. Antes das 13 horas, estávamos de volta na estrada e de barriga cheia. Michael e eu ficamos ligados por causa da cafeína e estávamos prontos para dirigir direto pelas duas horas e meia que faltavam até São Francisco. Chegaríamos à nossa nova casa antes do jantar.

Quando estávamos saindo do estacionamento da lanchonete, soltei o cinto de segurança para dar de mamar a Eric do meu lado direito. Ele parou de sugar por um momento e eu olhei para baixo. Limpei a baba com bolhas de leite ao redor de seus lábios. Olhei pela janela e vi uma picape com a traseira coberta vindo em alta velocidade por uma estrada de terra na direção da autoestrada. Um rastro de poeira avermelhada subia atrás dela. "Eles estão correndo muito", pensei. Em seguida, ficamos suficientemente perto para eu ver a ferrugem no para-choque. Vi a mulher que dirigia voltar-se para a que estava no banco do carona, a maior parte de seu perfil coberto pelo cabelo solto. "Ela não vai parar?"

Em seguida, um estrondo ressonante. Metal batendo em metal. Vidro quebrando em cacos pontiagudos e caindo em cascata na calçada. O cheiro de borracha e o chiado dos pneus impelidos por uma nova e incontrolável força.

— Ai, meu Deus! — gritei.

Todos nós, em ambos os veículos, ficamos presos pela colisão, golpeados por uma potência que ganhou uma força inimaginável em poucos segundos. Tínhamos capotado e Eric estava sobre mim, sua boca aberta e meu peito coberto de leite. A buzina disparou. Em seguida, o carro ficou novamente em pé. Saía fumaça do capô da picape como um fantasma. Michael pulou do assento do motorista e, deixando a porta aberta, correu para o lado do carona. Ele ajudou Eric e eu a sairmos da Kombi.

— Jess... Pega a Jess — gritei.

Ele correu para a traseira da Kombi, abriu a porta e tirou Jessica. O rosto de Eric estava azul. Algo não estava certo. Não era assim que ele deveria estar.

— Não, não, não — gritei para Eric. Depois, ele arfou, respirou e o azul se dissipou em cor-de-rosa quando ele gritou. Manquei até a traseira da Kombi e vi Jessica esfregando os olhos sonolentos.

— O que aconteceu? — murmurou ela.

Uma dor intensa irradiava do início da minha nuca até embaixo das omoplatas. Ela não deixava que eu ficasse em pé direito. A picape havia batido em nós, fazendo nossa caminhonete capotar, passando da pista intermediária para a que ia na direção sul. Os quatro pneus tinham explodido e a borracha arrebentou, formando línguas negras irregulares. Ouvi sirenes cada vez mais altas. Isso significava que elas estavam se aproximando?

No hospital, eles tiraram radiografias de minhas costas e descobriram que eu tinha três fraturas que comprimiam minhas omoplatas e uma contusão na nuca. Percebi mais tarde que Jessica fora protegida pelos bichos de pelúcia que colocáramos na mala do carro. O impacto a atirou para todos os lados como uma boneca de pano, mas, felizmente, ela alternou da girafa para o porco e, depois, para o elefante de pelúcia. Disseram-me que Eric estava bem, mas quando ele tinha 4 anos, teve um problema no pescoço que acredito ter ocorrido em função do acidente de carro. Michael usava o cinto de segurança e escapou com apenas uma contusão no pé. O médico me receitou um analgésico e me pediu que marcasse uma consulta urgente com o ortopedista.

Como nossa Kombi estava perdida, Bobby, um dos nossos amigos de São Francisco, foi a Hollister nos pegar. Nós cinco entramos em sua camionete. Jessica sentou no colo de Michael e Eric ficou em meus braços durante as duas horas e meia de viagem. Até mesmo o solavanco mais leve ou a partida fazia meu pescoço gritar, e tomei outro comprimido. Em retrospecto, acho que eu deveria ter perguntado aos médicos se era seguro continuar amamentando Eric enquanto tomava medicação para dor. Felizmente, era seguro, mas não perguntei, pois, na época, pressupus que os médicos sabiam tudo e eram infalíveis.

Chegamos à casa de Bobby e Peggy por volta das 19 horas e me arrastei até a cama. Quando me deitei, olhando para cima, minha nuca desabou no colchão, o travesseiro foi arremessado ao chão e preocupei-me com o quanto meus ferimentos atrapalhariam minha vida sexual. E se eu estivesse tão machucada que fazer sexo seria doloroso demais? E se eu não conseguisse mais me mexer o suficiente para fazer amor? Acordei Michael.

— Hum... o que foi... você está bem? — perguntou ele.

— Estou apavorada. Estou apavorada de não ser capaz de fazer sexo de novo. Então, vamos tentar. Por favor, vamos tentar.

— Agora? Achei que você mal podia se mexer.

Virei de lado. Uma pontada de dor passou por meu pescoço e desceu pelas costas. Apertei os lábios para evitar gritar.

— Tudo bem, fica atrás de mim e, por favor, vamos fazer sexo — arfei.

Michael se colocou em forma de cunha por trás de mim.

— Ai, oooou, ai — sussurrei, e meus olhos nublaram.

— Você está bem? — perguntou Michael.

— Sim. Estou bem.

Voltei meus quadris e levantei a perna um pouco para que ele pudesse deslizar o pênis para dentro de mim.

— Estou com medo de que esta seja a última vez — confessei.

— Esta não vai ser a última vez, Cheryl.

— Eu sei, mas se for...

— Cheryl, não vai ser a última vez.

No dia seguinte, quase não conseguia me mexer e Michael teve de me ajudar a levantar. Peggy encontrou um ortopedista em um hospital nas redondezas que podia me atender naquele dia. Michael passou um vestido reto pela minha cabeça e me ajudou a entrar no carro.

O ortopedista me informou que eu tinha fraturas em três vértebras e uma na nuca, onde ela encontrava meus ombros. Felizmente, minha espinha dorsal não fora afetada. Eu me sentia muito sortuda naquele momento, embora precisasse usar um colete ortopédico por seis meses. O médico desapareceu por alguns minutos e, quando voltou, segurava algo que parecia um espartilho ou uma camisa de força. Era feito de lona e tinha varas que o mantinham reto nas costas. Ele fechava na frente com tiras aderentes e cruzava nas costas com tiras para apertá-lo. Normalmente, ele teria de cobrir meus seios e passar pela base de minha espinha, mas por estar amamentando Eric, eu não podia ter meus seios cobertos. O médico o colocou logo abaixo deles. Arfei de dor quando ele puxou as tiras para apertá-lo em meu corpo.

Apesar do infeliz começo, fizemos o melhor possível para nos instalar na área da Baía de São Francisco. Michael começou a procurar uma casa e rapidamente alugamos um bangalô do outro lado da Baía, em Berkeley. Julius nos enviou dinheiro novamente. Ainda tínhamos várias centenas de dólares que restaram dos mil originais e os usamos para comprar um Cadillac Coupe de Ville modelo 1954. Por ter uma carcaça amarela e um teto preto, o apelidamos de "yellow submarine". Após o acidente, eu não queria arriscar. O carro podia ser antigo, mas era seguro. Sentia-me como se estivesse dirigindo uma fortaleza móvel — exatamente o que eu queria.

Michael enfrentava dificuldades para encontrar um emprego e eu não tinha condições de trabalhar, então, solicitamos auxílio-desemprego. Entre isso e uma injeção ocasional de dinheiro de Julius e Sandie, vivíamos mês após mês no limite. Nossa nova casa ficava em frente a uma escola de ensino fundamental, e matriculei Jessica no jardim de infância. Mobilhei a maior parte de nossa casa com móveis de segunda mão, retomamos contato com alguns amigos que também vieram do Oeste e fiz o máximo para me manter positiva.

O acidente foi terrível e traumático, mas me levou em uma direção boa. Quando 1970 chegou, comecei lentamente a recuperar minhas forças e mobilidade. Passei a fazer aulas de ioga e outros exercícios, mas ainda era inativa em comparação com os dias anteriores ao acidente. Ganhei peso. Desde minha adolescência, sempre me senti muito gorda, e isso só piorou após o acidente. Estávamos na era Twiggy e as curvas estavam fora de moda. Eu nunca estivera clinicamente acima do peso, mas quando fui forçada a ter uma vida mais sedentária, me senti fora de forma. Minha nova figura arredondada agravou as questões com minha imagem corporal e, às vezes, me causava ataques de pânico.

Todas as tardes, eu esperava pela volta de Jessica da escola sentada nos degraus da frente. Ela saía no meio da tarde, acenava para mim do outro lado da rua e olhava para ambos os lados com sua professora e os colegas. Quando era seguro atravessar, ela corria para mim com os braços abertos. Era a melhor hora do dia, e eu quase sempre saía mais cedo do que necessário para esperar por ela.

Minha programação coincidia com a de uma vizinha. Ela era uma mulher corpulenta com uma trança loura pesada que ia até a cintura. Ela sempre chegava em sua bicicleta quando eu me instalava nos degraus com um livro. Ao pedalar, suas largas coxas subiam e desciam e os seios grandes balançavam. Aparentemente, ela não usava sutiã. A cesta de sua bicicleta estava entulhada com pincéis, lápis coloridos e outros utensílios de arte, então imaginei que ela fosse uma estudante da faculdade de artes na vizinhança. Ela parecia ter a minha idade e costumávamos sorrir uma para a outra.

Um dia, quando ela pedalava lentamente rua abaixo, acenei. Ela parou e começamos a conversar.

— Você é artista? — perguntei.

— Estou tendo aulas na escola de arte e também sou modelo — respondeu ela.

Modelo? As únicas modelos que eu vira eram criaturas franzinas com quem eu queria parecer, que vestiam alta-costura e enchiam as páginas das revistas de moda.

Aquela mulher experiente e autoconfiante deve ter sentido minhas dúvidas. Eu esperava não tê-la ofendido.

— Poso nua para estudantes de pintura e escultura e sou mais requisitada do que as modelos magrelas. Eles adoram todas as minhas curvas e dobras — respondeu ela.

De repente, percebi uma oportunidade. Se ela podia ser modelo, então eu podia ganhar algum dinheiro extra e talvez até começar a me sentir melhor com o meu corpo.

— Como você começou a fazer isso? — perguntei.

— Ah, a escola sempre precisa de modelos. É uma ótima maneira de ganhar uns trocados, ainda mais se você não quer ter um emprego fixo.

Reuni coragem e perguntei:

— Você acha que posso fazer isso?

— Claro. Eles vão adorar você.

Com um lápis azul-cobalto, ela escreveu um número de telefone no canto de um pedaço de papel de desenho, rasgou-o e me entregou.

Em um ano, eu servia de modelo regularmente para alunos da escola de arte local e para alguns artistas experientes. Comecei a desenvolver, primeiro, uma aceitação e, posteriormente, uma apreciação por meu corpo. De vez em quando, via lampejos de excitação nos rostos dos artistas, o que me surpreendia e deliciava. Meu corpo não mudara, mas minha percepção dele certamente estava mudando. Quando olhava para suas pinturas e desenhos de mim, via-os através dos olhos dos artistas. As gorduras que julgava tão horríveis, na verdade, começavam a me parecer atraentes.

Manter poses por períodos longos também me deu muito tempo para pensar e comecei a refletir sobre a natureza fluida da beleza. Era difícil não fazê-lo. Estava fazendo as pazes com meu corpo, que eu considerara um infortúnio por muito tempo.

Pela primeira vez em minha juventude, comecei a pensar sobre como a noção de beleza não era fixa e como a ideia de corpo perfeito era totalmente instável. Naqueles dias, o corpo de menininha abandonada era o ideal. Algumas décadas antes, Marilyn Monroe pôde reivindicar ter uma figura perfeita. Fiz alguma pesquisa e descobri Lillian Russell, um símbolo sexual do final da década de 1800 que, algumas vezes, chegou a pesar quase noventa quilos.

Era o início de um processo de libertação dos padrões não realistas e extremamente manufaturados da beleza e da perfeição. As poucos, comecei a perceber que um corpo perfeito, provavelmente, não podia ser confiavelmente definido e, mesmo se pudesse, eu não precisava da perfeição para me sentir bem em relação ao corpo que me carregava pela vida.

Eu não tinha consciência disso na época, mas vários anos depois esse processo me ajudaria a trabalhar com uma das poucas clientes mulheres que tive na minha carreira de terapeuta do sexo.

9.

Passado perfeito: Mary Ann

●●●

Se bem me lembro, o corpo de Mary Ann era quase perfeito. Ela tinha pernas longas, cintura fina e a barriga reta e definida. Apenas os seios, grandes demais para sua estrutura delgada, eram um contraste; isso porque tinham sido aumentados cirurgicamente. Jodie, a terapeuta de Mary Ann, a descrevera como uma mulher estonteante que tinha problemas com sua imagem corporal. E quando ela entrou em meu consultório para nossa primeira sessão, em 1988, essa primeira parte ficou óbvia.

Àquela altura, eu tivera pouquíssimas clientes mulheres. A maioria das heterossexuais que busca os serviços de terapeutas do sexo é encaminhada para homens, pois grande parte do trabalho envolve modelar uma parceria sexual saudável. A dificuldade de Mary Ann entre quatro paredes era causada apenas pelo problema com a imagem corporal, aquele que sua terapeuta acreditava que eu pudesse ajudá-la a abordar. Como terapeuta do sexo, eu ansiava pelo desafio de trabalhar com uma mulher que não lidava bem com uma questão que afeta tantas de nós.

Seria uma dinâmica diferente, e eu teria que adaptar o protocolo para as necessidades dela. Entretanto, ao mesmo tempo, tinha certeza absoluta de que podia ajudar minha nova cliente.

Quando Jodie descreveu Mary Ann, parecia que ela falava sobre uma versão mais jovem de mim. Ali estava uma mulher que era, ao mesmo tempo, profundamente insegura e seriamente desinformada sobre seu corpo. Muitas vezes pensei o quanto eu também me beneficiaria dos conselhos genuínos e acríticos que esperava compartilhar com essa cliente.

Na primeira consulta, Mary Ann sentou-se à minha frente no sofá. Conversamos por alguns minutos antes de eu abordar a preocupação que a levara ao meu consultório.

— Como você sabe, Jodie me forneceu algumas informações sobre a questão que fez você vir aqui hoje. Podemos falar um pouco sobre isso? — perguntei.

— Tudo bem.

Fiquei quieta por um momento para ver se ela continuaria. Como ela não disse nada, falei:

— Questões com a imagem corporal são muito comuns, sobretudo nas mulheres. Eu mesma lidei com elas durante muito tempo.

— Não tenho certeza se é uma questão de imagem corporal ou se há algo muito errado comigo.

— De acordo com o que Jodie me disse, você foi examinada por seu médico e ele não encontrou nenhuma anormalidade, então acredito que possamos presumir que seja uma questão de percepção, e não médica.

— Então, você acha que é normal.

— Eu acho que o que é normal?

— Ter uma vagina assimétrica.

Eu não fiquei surpresa ao ouvir que essa era a raiz das suas dificuldades. Minha única explicação era que ela nunca vira os grandes lábios de outra mulher. Eu queria, no entanto, entender por que ela pensava que a vagina dela era anormal.

— Sim — comecei —, mas você não está falando da sua vagina, mas sim dos grandes lábios, e os de muitas mulheres são assimétricos.

Grande parte do meu trabalho com Mary Ann se concentraria no ensino, começando por anatomia. Expliquei que a vagina é interna e somente pode ser vista com a ajuda de um espéculo. A vulva — que inclui o capuz do clitóris, o clitóris, o vestíbulo, os pequenos e os grandes lábios — é a parte externa da genitália feminina.

Mary Ann estava preocupada porque o lado esquerdo de seus lábios internos era mais comprido do que o lado direito — ou, pelo menos, era nisso que ela acreditava. Mary Ann nunca realmente olhara de perto sua vulva, mas, quando a apalpava, percebia uma assimetria.

Planejei uma série de exercícios para fazer com Mary Ann e lhe mostrar alguns materiais informativos, mas, antes de qualquer coisa, eu desejava entender por que ela estava tão perturbada pelo que considerava uma imperfeição. O que realmente significava para ela ter uma vulva que não fosse "perfeita"?

Quando a questionei sobre isso, ela disse que essa imperfeição a fazia pensar que seu marido, secretamente, a considerava feia e que não ser fisicamente impecável abalava sua autoestima. Mary Ann se orgulhava de manter um corpo bonito. Aos 38 anos, nunca tivera filhos. Jogos de tênis regulares e exercícios de dança haviam moldado seus músculos e esculpido as curvas delicadas de seu 1,73 metro de altura. Obviamente, ela associava muito de sua autoestima à sua aparência, e eu esperava que nosso trabalho conjunto ajudasse a mudar isso.

O trabalho com um terapeuta do sexo pode assumir várias formas. Ele sempre inclui um misto de informação, exploração e jogos sexuais, mas a ênfase em um ou outro muda de acordo com o cliente e suas necessidades. No caso de Mary Ann, minha tarefa seria ajudá-la a entender melhor que os corpos — incluindo as vulvas — têm formatos e tamanhos diferentes, e que ela não era, de modo algum, "anormal" ou "bizarra". Eu queria que Mary Ann entendesse que ela se encaixava confortavelmente no espectro de tipos de corpos e mudasse sua crença de que estava muito longe do padrão normal. Também esperava poder ajudá-la a desligar-se dos padrões de perfeição gerados pela indústria publicitária, mas isso estava, sinceramente, além do escopo de nosso trabalho juntas.

Femalia, escrito por Joani Blank, é um livro que frequentemente cito em meu trabalho. Trata-se de uma coleção extraordinária de fotografias coloridas que mostram as vulvas de 32 mulheres. As diferenças entre elas podem ser desconcertantes à primeira vista. Algumas das modelos têm a vulva cor-de-rosa; outras, marrom. Alguns lábios são longos; outros, curtos; outros, ainda, são simétricos e há também alguns assimétricos.

Retirei o livro da prateleira e sentei ao lado de Mary Ann no sofá.

— Pronta? — perguntei.

Abri-o e, lentamente, passamos por todas as fotografias.

— Uau! — disse Mary Ann enquanto folheávamos as páginas.

Ela me pediu para parar por um momento na fotografia de uma mulher cujos lábios internos pendiam para além dos lábios externos em duas meias-luas.

— Nunca pensei que eles pudessem ser tão compridos — revelou Mary Ann.

Passamos por mais algumas fotografias até chegarmos a uma que mostrava uma mulher cujos lábios internos do lado direito eram mais compridos do que os do esquerdo em cerca de três centímetros.

— Isso é normal? Mesmo? — perguntou.

— Claro que sim. Muitas mulheres têm lábios assimétricos. É apenas uma das muitas variantes naturais da genitália feminina — assegurei.

— Verdade?

— Verdade. E lembre-se de que esse é apenas um grupo pequeno de mulheres. Elas não representam toda a variedade que existe no mundo. Não é mais incomum do que ter um pé ligeiramente maior do que o outro. Provavelmente, você não se sentiria mal se esse fosse o caso, não é?

Mary Ann parou um pouco e olhou para baixo.

— Não, mas pensei que talvez eu tivesse danificado minha vagi... Minha vulva ao me masturbar.

— Não, não danificou. Posso lhe garantir isso. A única diferença é que sua forma é única, e nosso objetivo é ajudá-la a ficar mais à vontade com ela.

Ela tocou a fotografia com as pontas dos dedos como se para se assegurar daquilo que, de fato, via.

Folheamos o restante de *Femalia*. Embora eu tivesse visto esse livro inúmeras vezes, fiquei emocionada, como em geral fico, pela beleza e diversidade das vulvas. Para Mary Ann, era a primeira vez que ela via uma representação real e não clínica da genitália feminina, o que foi tão revelador para ela quanto é para a maioria de nós. Eu esperava que ela começasse a questionar o padrão de perfeição que fixara em sua mente e que a gama de normalidades estivesse se ampliando para ela.

Enquanto víamos a última das mulheres retratadas em *Femalia*, perguntei se ela desejava dar uma segunda olhada em qualquer uma das fotografias. Ela pediu para voltar à da mulher cujos lábios eram irregulares.

— Simplesmente não consigo acreditar. Fico pensando se a minha é assim também — disse ela.

— Podemos descobrir — retruquei.

Expliquei o exercício do espelho. Nesse caso, sugeri que ambas participássemos e que cada uma examinasse intimamente todas as partes do corpo, da cabeça aos pés, e compartilhasse pensamentos e sentimentos. Eu começaria e, depois, seria a vez de Mary Ann.

Esse exercício é excelente por diversas razões. Ele oferece aos clientes uma oportunidade de realmente examinar seus corpos e pensar sobre eles. Para alguns, ele marca a primeira vez em que olharam cuidadosamente para seus corpos por inteiro. Muitas de nossas ideias sobre nosso próprio corpo derivam de fontes não confiáveis. Se somos informados de que determinadas áreas são ruins, ou feias, ou grandes, ou pequenas demais, podemos acreditar nisso sem de fato termos feito um exame para saber se a realidade física se alinha com nossa opinião. Esse exercício promove uma oportunidade para que os clientes comecem a entender o corpo e a comparar suas crenças com aquilo que veem à sua frente. Cada cliente se beneficia de alguma maneira com esse exercício. Pensei que seria particularmente importante para Mary Ann tentar observar seu corpo de modo imparcial, sobretudo após ver as fotografias reveladoras em *Femalia*.

Eu esperava também que, ao ver minhas partes íntimas e examinar cuidadosamente as dela, eu ajudaria Mary Ann a se livrar das crenças arraigadas sobre perfeição física. No entanto, esclareci que não a estava pressionando a se sentir de uma determinada maneira com relação a qualquer parte do seu corpo. Nosso objetivo ali era fazer um inventário honesto — e não havia certo ou errado.

Juntas, fomos para o quarto.

Tiramos a roupa e eu orientei Mary Ann a fazer alguns exercícios de relaxamento.

Depois, chegara a hora de darmos um passeio por nossos corpos.

Posicionei-me diante do espelho montado na porta do armário e perguntei se ela estava pronta para começar. Percebi que minhas pernas estavam um pouco cabeludas e meus seios, inchados, pois estava na terceira semana do meu ciclo menstrual.

Mary Ann se sentou na cama com as pernas cruzadas.

— Não vejo uma mulher nua desde que estava no vestuário da escola — comentou.

— Na nossa cultura, não vemos muita nudez na vida real. Essa é uma das razões que nos fazem ter tantas ideias sobre como supostamente devemos parecer — falei.

Mary Ann sorriu para minha imagem no espelho, e eu sorri de volta. Ao fazê-lo, notei as linhas em formato de vírgula nos cantos da minha boca.

— Então, vamos ao exercício. Conforme combinamos, começarei do topo e descerei — expliquei.

Passei os dedos por meu cabelo, que chegava abaixo dos ombros.

— Atualmente, gosto do meu cabelo. Não gostava quando era mais jovem, porque minha mãe sempre me dizia que ele era fino demais. Ele é macio e adoro o jeito como emoldura meu rosto.

Falei mais sobre o rosto:

— Senti vergonha da minha testa por muito tempo, de novo por causa da minha mãe. Ela sempre me disse que minha testa era grande demais e, quando eu era jovem, ela cortava uma franja no meu cabelo. Quando fiquei mais velha, fiquei mais à vontade com ela e, hoje em dia, gosto muito do meu rosto, incluindo a testa. Minha pele mostra um pouco mais de sardas à medida que envelheço, mas, de maneira geral, gosto da aparência que tenho.

Mary Ann apertou os olhos como se tentasse ver melhor.

— A pele do meu pescoço está começando a ficar um pouco flácida e estou preocupada com o papo debaixo do queixo. Gosto que meu pescoço seja longo e de como ele fica bonito quando uso uma blusa com decote em V e um colar — continuei.

Alonguei os braços.

— Gosto mais dos meus ombros e braços agora que tenho músculos mais definidos. Costumava pensar que meus braços eram gorduchos demais.

Mary Ann cruzou os braços sobre o peito e contraiu os ombros.

— Meu busto é normal. Não penso muito nele. Amo meus seios.

Por um momento, parei um pouco e pensei sobre como os seios de Mary Ann pareciam tão desproporcionais ao corpo. O objetivo aqui, no entanto, não era tentar fazer o cliente sentir algo — seja positivo ou negativo. Tratava-se apenas de um inventário, e, portanto, fui em frente.

— Acho que eles são exatamente do tamanho certo. Os mamilos rosados me lembram da parte interna de uma concha. Eles nunca foram empertigados e isso costumava me aborrecer, porém não mais.

Em seguida, passei para o torso.

— Não gosto do fato de não ter cintura. Se pudesse, gostaria de ter menos barriga, mas isso não me aborrece muito.

"Acho que minha vulva é bonita, mas nem sempre achei que fosse, sobretudo antes de realmente vê-la. Adoro que meus lábios sejam gordinhos. Meus amantes me disseram que tenho uma vulva bonita, e acredito neles. É bom ouvir isso. Quando era jovem, achava meus genitais nojentos, em parte pelo cheiro deles. Não sabia como limpar por baixo do capuz do clitóris e não sabia que as mulheres podem ter sebo, que é apenas uma mistura de suor e células da pele mortas. É fácil limpá-lo. Eu não tinha a menor ideia como fazer isso na época. Só achava meus genitais nojentos."

Mary Ann olhou para baixo, entre as pernas dela, depois para os reflexos do meu monte púbico no espelho.

— Gosto do fato de meus ombros e quadris serem da mesma largura. Acho que isso me dá uma aparência harmoniosa. Por muito tempo, achei que meus quadris e minha bunda eram grandes demais. Eu queria ter menos curvas, mas, agora, adoro a forma que elas me dão.

Talvez Mary Ann esperasse que eu fosse mais crítica em relação ao meu corpo, mas eu esperava estar fornecendo um modelo contagiante de amor-próprio, muito embora esse não fosse o objetivo principal do exercício. Com ela, assim como com todos os clientes, meu propósito, naquele momento, era modelar uma avaliação honesta do corpo e examinar os muitos fatores que contribuem para nossa imagem corporal. Eu chegara a um ponto em que estava à vontade com minha forma física e pensava que seria bom se essa atitude pudesse ser transmitida para a hipercrítica Mary Ann. Eu também tentava integrar permissão, isto é, fazer com que ela soubesse que era permitido apreciar e respeitar um corpo imperfeito.

— Minhas pernas são longas, musculosas e têm um formato bonito. Gosto de minhas coxas serem fortes, mas não gosto que o interior delas seja gorducho. Gostaria que minhas panturrilhas fossem maiores. Elas parecem desproporcionais se comparadas com minhas coxas. Meus tornozelos são finos, mas também bonitos. Adoro o jeito como eles ficam quando estou usando saia e salto alto. Gosto do formato dos meus pés e de como os dedos deles são ligeiramente curvados. No geral, acho que tenho um corpo atraente e forte, e me orgulho disso. Se tivesse que mudar algo, perderia alguns quilos, mas isso não vai acontecer, porque detesto dietas e adoro comer.

Mary Ann e eu sorrimos uma para a outra. Sentei na cama perto dela.

— Pronta para tentar? — perguntei.

Ela confirmou com a cabeça, levantou-se da cama e ficou diante do espelho.

— Muito bem. Quando estiver pronta, comece com o cabelo e vá descendo — expliquei.

Ela pegou seu cabelo longo e preto e disse:

— Estou feliz por ter cabelos naturalmente pretos e brilhosos. Meu marido gosta deles e eu também.

Ela passou as pontas dos dedos ao redor do rosto.

— Acho que tenho um rosto bonito agora. Fiz plástica no nariz, então ele ficou menor, e gosto disso. Já me disseram que as maçãs do meu rosto são altas e bonitas.

O nariz dela parecia um número sete perfeitamente invertido, um formato tão artificial que, mais uma vez, me fez pensar sobre como a noção de perfeição se tornou tão distante da realidade.

— Meu pescoço ainda parece jovem. Queria que fosse um pouco mais comprido. Tenho braços bonitos e gosto do tom de pele do meu peito.

Nesse momento, Mary Ann cruzou o braço direito sobre o peito e apalpou o seio esquerdo.

— Meus seios ficaram lindos após o implante. Antes, eles eram pequenos demais. Quando criança, eu me preocupava se seria uma "tábua", como minha mãe.

Fiquei pensando como era o colo de Mary Ann e a maneira como ela determinara que seus seios eram muito pequenos. Do meu ponto de vista, eles agora eram grandes e desproporcionais ao resto do seu lindo corpo.

— Minha barriga é bonita e reta e adoro minha cintura fina.

Em seguida, ela colocou a mão direita sobre o púbis e a mão esquerda sobre a direita.

— Deste ângulo, minha vulva tem uma aparência boa. Mas estou preocupada por ter que olhá-la mais de perto. Sinto a diferença em meus lábios e tenho medo de considerá-los feios demais quando os vir.

Sugeri que ela respirasse fundo e expirasse lentamente. Ela fechou os olhos. Quando terminou, perguntei se estava pronta para continuar. Ela abriu os olhos e encarou-se no espelho novamente.

— Meus quadris são bem proporcionais à minha cintura porque me exercito muito. Eu queria que minha bunda fosse um pouco maior. Certa vez, meu marido me disse que ele gostaria que eu tivesse mais volume para ele agarrar melhor essa parte. Pensei em fazer plástica. Quando criança, minhas pernas eram longas e magrelas. Pareciam duas varetas, e eu queria que fossem mais curtas. Agora, acho que elas parecem pernas de dançarina. Eu as exercito muito e adoro a forma delas quando uso calças apertadas. Meus tornozelos e pés são estreitos, e gosto disso.

Ela olhou para mim para indicar que concluíra. O olhar em seu rosto era neutro e senti que ela fora honesta na sua avaliação corporal.

— Você foi muito bem, Mary Ann. Aprendi bastante sobre como você se sente em relação ao seu corpo. Isso foi útil para você? — falei.

— Bem, o exercício me fez perceber que realmente gosto de boa parte do meu corpo — respondeu.

Conversamos um pouco mais e, depois, ela colocou as meias-calças, a saia e a blusa, e eu vesti meus jeans e a camiseta.

— Da próxima vez, apresentaremos nossas vulvas uma para a outra — comuniquei. Em seguida, expliquei o exercício Sexológico para ela. Esse exercício seria diferente para Mary Ann. Eu não a convidaria a explorar meus genitais, por exemplo, e, em vez de eu tocar seus genitais, eu a orientaria a explorar a própria vulva.

Quando Mary Ann chegou para a segunda consulta, ela tinha o cabelo preso para trás em um coque e vestia um suéter cinza apertado. Ela estava tão deslumbrante quanto na nossa sessão anterior. Naquele dia, eu esperava que, ao finalmente ver sua vulva de perto pela primeira vez, Mary Ann perceberia que essa parte era tão linda quanto o resto do corpo dela.

Conversamos um pouco sobre como ela se sentia desde a última sessão e ela disse que pensara repetidas vezes sobre as imagens do *Femalia*. Pedi que ela me revelasse alguns dos seus pensamentos, e ela disse que ainda estava chocada com as diferenças entre as mulheres e se perguntava como chegara quase aos 40 anos sem saber disso.

— Não é raro. As imagens que nos acostumamos a ver não são reais. A maioria das pessoas, independentemente da idade, fica impressionada com aquelas fotografias — expliquei.

Perguntei se ela estava pronta para fazer o exercício Sexológico. Ela se levantou, e eu a acompanhei pelo corredor até o quarto.

Fizemos uma série de exercícios de relaxamento. Tiramos as roupas e peguei o espelho de mão e os travesseiros de dentro do armário. Colocamos as pernas uma sobre as da outra, e orientei Mary Ann em um passeio por minha vulva. Puxei o capuz do meu clitóris e passei o dedo ao redor dele.

— É aqui que fica o sebo do qual falamos na última sessão. Você pode limpá-lo facilmente ao puxar o capuz do clitóris quando estiver no chuveiro e passar um pouco de sabão e água ao redor dele. Mas não deixe entrar sabão na vagina. Ela se limpa sozinha, e você não deve alterar o equilíbrio entre o ácido e o alcalino. Essa foi uma grande descoberta para mim, embora pareça extremamente simples. Isso me ajudou a entender que meus genitais não eram inerentemente ruins ou nojentos. Eu podia limpá-los como fazia com qualquer outra parte do corpo e acabar com o odor que eles exalavam.

Convidei Mary Ann a me falar sobre suas reações. Ela disse que achava que meus genitais eram menores que os dela.

— Temos formas diferentes, mas ambas são perfeitamente naturais. Eu até as chamaria de bonitas — comentei.

Quando chegou a vez dela, trocamos nossas pernas de posição para que as de Mary Ann ficassem sobre as minhas. Posicionei o espelho diante da vulva dela, para que ela pudesse vê-la de perto.

— O que você pensa quando vê seus genitais tão de perto? — perguntei.

— O lado esquerdo é um pouco maior, mas não tão assimétrico quanto o daquela fotografia que vi.

— Posso guiar você na exploração da sua vulva?

— Tudo bem — ela concordou, um pouco constrangida.

Pedi que ela afastasse os lábios internos com uma das mãos para que a outra ficasse livre.

— Passe o dedo indicador levemente ao redor da vulva. Um lado é mais sensível do que o outro? — perguntei.

— O esquerdo.

— Interessante. Sentir uma reação maior de um lado do que do outro dos genitais não é, de forma alguma, raro para as mulheres — ou mesmo para os homens. É muito natural. Talvez seja porque o lado esquerdo é mais comprido, ou talvez não. Aposto que as outras mulheres da sua família têm lábios com um formato semelhante.

— Então você acha que é algo hereditário? — perguntou Mary Ann.

— Pode ser.

Lentamente, Mary Ann parecia estar se acostumando com seus lábios, ficando mais confortável com a ideia de que comprimentos assimétricos não sugeriam que havia algo errado.

Pedi que ela inserisse o dedo indicador até o primeiro nó na vagina e explorasse seu ponto G.

— Acho que não tenho um.

— Nem todas as mulheres são extremamente sensíveis nessa área — assegurei. — Fala-se tanto nele que é fácil acreditar que todas as mulheres possuem essa sensibilidade, mas é perfeitamente normal se você não tiver. Não significa que tenha um defeito ou que algo esteja errado com você. Da mesma forma que os genitais podem parecer diferentes, eles podem responder de forma diferente também, apesar do que você é levada a acreditar.

Mary Ann inseriu o dedo na vagina.

— Muito bem. Agora, enganche o dedo na direção do osso púbico. Delicadamente, sinta ao redor e veja se há algum ponto mais prazeroso do que outro. Se não houver, não se preocupe. Não há nada de errado. Repito: nem todas as mulheres apresentam sensibilidade no ponto G.

Mary Ann explorou a si mesma e depois disse:

— Acho que sou uma das mulheres que não têm sensibilidade aqui.

— E não há qualquer problema nisso.

Quando desembaraçamos nossas pernas, Mary Ann se perguntou:

— Será que meu marido alguma vez notou que meus lábios são ligeiramente assimétricos?

— Você acha que tem liberdade para discutir esse assunto com ele?

— Acho que agora sim. Antes, simplesmente achava que ele sabia, mas não queria me magoar.

A perspectiva de Mary Ann mudara um pouco. Achei que os dois exercícios provavelmente tinham sido eficazes.

Quando nos despedimos naquele dia, disse a ela que, se alguma vez sentisse que precisava conversar comigo novamente ou se tivesse mais perguntas para fazer, ela podia me telefonar. Liguei para Jodie naquela noite para atualizá-la sobre nossa última sessão.

Vários meses depois, Jodie me telefonou para falar de outro paciente e me informou que ainda estava atendendo Mary Ann, que, por sua vez, ainda precisaria de mais tempo para resolver suas questões com imagens corporais. Mas, pelo menos, ela não acreditava mais que sua vulva fosse o problema.

10.

Como me tornei uma terapeuta do sexo

Michael e eu não fizemos sexo por quase uma semana. Para alguns casais, isso passaria despercebido; para nós, foi um alerta. Estávamos na Califórnia há quase um ano e, de repente, nossa vida sexual estava indo por água abaixo. Quando tentava beijá-lo ou me aconchegar a ele na cama, Michael me dizia que estava sonolento e virava de costas para mim. Para ele, estar cansado demais para fazer sexo era como um peixe estar cansado demais para nadar. Lembrei-me de quando ele trabalhava dez horas por dia no hospital e depois vinha para casa e passava horas fazendo amor comigo. Nas primeiras noites, tentei me convencer de que ele podia estar mesmo cansado. Talvez precisasse de algum tempo de folga. Mas, quando veio a recusa pela quinta noite seguida, sabia que algo além de fadiga estava acontecendo.

Na sexta noite de abstinência involuntária, fui a uma aula de ioga; no final, enquanto estava deitada na posição de repouso, totalmente relaxada, palmas das mãos viradas para cima e as costas pressionando o tapete de borracha, comecei a chorar. A angústia fluía por mim como uma corrente que não podia ser interrompida. Seis dias sem sexo era certamente um sinal de problema. Seria o primeiro estágio de um distanciamento total? Era essa a forma como Michael saía de fininho de um relacionamento?

— Respire profundamente. Não se esqueça de respirar — disse a graciosa professora de ioga enquanto andava entre as fileiras de alunos deitados.

Eu não conseguia respirar porque meu nariz estava entupido demais por causa do choro. Levantei e fui até à porta da sala onde, do lado de fora, encontravam-se os sapatos alinhados à parede. Calcei os meus e fui embora. Enquanto dirigia para casa, decidi falar com Michael. Precisava saber o que estava acontecendo. Mesmo que meu maior medo se confirmasse, ao menos eu saberia com que estava lidando e poderia colocar um ponto final à especulação que me fazia ficar tão angustiada a ponto de não conseguir relaxar nem mesmo na posição de repouso.

Quando cheguei em casa, Michael acabara de colocar as crianças para dormir e estava lavando louça. Cheguei por trás dele e abracei-o pela cintura. Ele ligou a água para lavar a espuma das mãos e, depois, se virou e se desprendeu de meu abraço. Afastou-se da pia com as mãos para cima e pegou um pano de prato.

— Michael, precisamos conversar — falei.

— Está bem — respondeu ele, sentando-se à mesa da cozinha. Coloquei-me à frente dele.

— O que está acontecendo? Por que não estamos mais fazendo sexo?

Michael explicou que se sentia pressionado a fazer porque eu costumava tomar a iniciativa.

— Quando eu quiser fazer sexo, tomo a iniciativa — disse ele.

Isso me entristeceu. Primeiro, me senti humilhada. Ele estava me dizendo que não queria fazer sexo comigo? Era essa a forma de Michael me acusar de ser tarada, como fizera John, meu namorado na adolescência? Ao mesmo tempo, pensei que estivéssemos rejeitando a tradição. De repente, era errado eu desejar e tomar a iniciativa para fazer sexo? Tentei manter a compostura, mas logo comecei a chorar novamente.

— Lembra, em Boston, quando eu disse que nunca fui monógamo?

Claro que sim. Michael me disse isso na primeira vez em que dormimos juntos. Eu queria acreditar que toda a força do meu amor o transformaria em um homem de uma mulher só.

— Bem, não quero ser monógamo agora. Preciso de mais estímulo — revelou ele.

Mais estímulo? Achei que ia desmaiar. Em seguida, ele apontou para um exemplar do *Berkeley Barb* que estava no topo de uma pilha de papéis sobre a mesa.

— Você viu os anúncios para festas de *swing*?

Imediatamente, entendi que Michael estava propondo um casamento aberto. Meus sentimentos não eram apenas confusos, mas conflitantes. Em 1970, o casamento tradicional era uma das muitas instituições que estavam sendo questionadas pela sociedade. Na verdade, eu tinha curiosidade de experimentar outros homens — eu estava com apenas 25 anos. Finalmente me libertara da culpa e da vergonha religiosa e vivia no centro da revolução sexual, a área da Baía de São Francisco. Uma parte de mim estava feliz por abandonar a clausura do casamento, mas a outra estava apavorada de perder Michael. Porém, e se eu me recusasse? Será que estaria empurrando Michael para fora da minha vida? Fiz um cálculo rápido e quase imperceptível e percebi que a abertura do casamento provavelmente me ofereceria uma probabilidade maior de mantê-lo ao meu lado.

Naquela noite, deitada ao lado de Michael, olhando seu peito subir e descer no ritmo de uma tranquila respiração, pensei sobre nossa vida juntos, sobre o que eu desejava que fosse e sobre o que realmente era. Lembrei-me de uma noite, em Boston, quando Michael, seu amigo Ron e eu passamos a maior parte da noite conversando no meu apartamento. Por alguma razão, começamos a falar de traição. Michael afirmou que se ficasse atraído pela namorada de um amigo, não veria nada de errado em dormir com ela sem que ele soubesse. Ron reagiu dizendo que aquilo era uma traição à amizade, mas Michael se manteve irredutível. Se ambos estavam interessados, por que deveriam se negar isso? Havia inúmeras razões para saber que, independentemente do quanto o amava ou imaginava que nossa relação era especial, Michael nunca se limitaria a mim.

Em uma fria noite de sábado, algumas semanas depois, deixamos as crianças com alguns amigos e nos encaminhamos para Concord, uma comunidade residencial, a cerca de trinta quilômetros a leste de Berkeley, para nossa primeira festa de *swing*. Michael, que raramente vestia algo que não fosse jeans e camiseta, botou calças sociais e uma camisa social de sarja. Ele até mesmo penteou os cabelos para trás. Lembro-me de pensar que meu marido parecia estar saindo pela primeira vez com uma mulher a quem desejava impressionar.

Foi fácil reconhecer a casa em que rolava a festa, por causa dos inúmeros carros estacionados na porta; a rua inteira estava lotada de automóveis. Michael estacionou o "yellow submarine" entre um Lincoln imenso e um Chevy Impala vermelho. Eu queria agarrar o braço dele enquanto caminhávamos para a porta da frente, mas, em vez disso, mantive as mãos enfiadas nos bolsos da saia.

Michael alisou a camisa antes de apertar a campainha. Pelo vidro fosco da porta, o grupo de pessoas em pé na recepção parecia fantasmagórico. Eu tentava calcular a quantidade de homens e mulheres quando nossa anfitriã abriu a porta. Seu cabelo estava preso em um coque alto, do tipo bolo de noiva, cheio de laquê. Ela vestia uma blusa de poliéster azul sobre uma camisa branca que fechava com um imenso laço no pescoço. Consegui detectar uma mudança no tom de sua pele ao longo do maxilar onde terminava a camada grossa de maquiagem que usava. Ela pegou nossos casacos e minha bolsa e nos levou para a sala de estar rebaixada. Rapidamente, examinei a multidão, que classifiquei, quase de imediato, como totalmente cafona. Se Michael esperava uma gruta de beldades boêmias refesteladas, estava totalmente enganado, e fiquei bastante contente com isso.

Virei-me para dizer algo para Michael e descobri que ele já estava no meio do grupo. Enquanto passava entre as pessoas, vários homens, nenhum dos quais achei atraente, olhavam para mim de forma lasciva. Senti-me como um pedaço de carne. Devíamos estar escalando as alturas do aventureirismo sexual e tudo que eu conseguia pensar era: "É assim que um presidiário recém-chegado ao presídio se sente?"

Peguei uma taça de vinho e fingi examinar a coleção de discos da anfitriã. Enquanto mexia na pilha de LPs da estante próxima ao aparelho de som, alguns homens mais audaciosos se aproximaram de mim; porém, fui tão acolhedora quanto um bloco de gelo.

Muitos dos convidados haviam escolhido um parceiro e estavam fazendo sexo no tapete felpudo da sala de estar. Enquanto fingia ler a capa de um disco de Neil Diamond, percebi, com o canto do olho, que Michael conversava com uma mulher que era exatamente seu tipo. Ela era alta, magra e com cabelos pretos que chegavam ao queixo. O nariz era pontiagudo e as maçãs do rosto eram bonitas.

— Está se divertindo?

Desviei o olhar de Michael e encontrei nossa anfitriã ao meu lado.

— Ah, sim. É bem legal. Obrigada por nos convidar — respondi.

— Parece que seu marido encontrou Nina. Você sabia que ela acaba de estrear na Ópera de São Francisco?

— Não, não sabia. Não é maravilhoso?

— É, ela tem uma voz deslumbrante, é soprano.

— Que ótimo.

Engoli o vinho de uma só vez.

— Está na hora de pegar outra taça — falei e fui até o bar, do outro lado da sala.

Então, Michael conversava com uma diva. Naquele momento, eu tinha algumas ideias muito específicas sobre como tornar a voz do meu marido mais aguda em algumas oitavas.

Sentei no sofá e bebi meu vinho devagar. Observei a conversa entre Michael e Nina esquentar. Ele tocou o braço dela. Ela sorriu e mexeu no cabelo dele. Eles se beijaram. Não demorou muitos para eles se juntarem aos casais que se contorciam no chão. Tentei me convencer a parar de olhar, mas praticamente não conseguia piscar. O que realmente me aborrecia era que Michael estava fazendo com ela o que fazia comigo. Ele a chupava e ela se contorcia de prazer. Eu acreditava que esse tipo de intimidade fosse reservado para mim, sua esposa, aquela tão especial a ponto de ele ter se casado. Nenhum dos dois percebeu que eu os observava. Cerca de quatro outros casais estavam esparramados pelo chão e ao menos dois deles faziam sexo. As pessoas passavam de um lado para o outro como se fosse normal ter de passar por cima de casais copulando para chegar ao lado oposto da sala. Era tudo muito vulgar.

Finalmente, levantei-me do sofá e fui até a varanda. Debrucei-me no corrimão de madeira e o ar frio da noite bateu no meu rosto quente. Olhei para a lua e para as montanhas distantes. O mundo era grande, cheio de pessoas. Ver Michael com outra mulher doía, mas lembrei-me de que eu também agora tinha a liberdade para fazer o que quisesse.

Fui embora sem nem mesmo falar com outro homem e fiquei bem quieta no caminho de volta para casa. Sabia que os limites e as regras com os quais havia sido criada nunca funcionariam comigo. Eles tornavam minha vida profundamente infeliz. Porém, não deveria haver um limite? O caráter oposicionista de Michael era, na verdade, apenas um pretexto para seu hedonismo, um veículo conveniente para seu comportamento egoísta? Mais uma vez, me senti dividida. Estava magoada. Não queria dividir Michael, mas, ao mesmo tempo, estava curiosa. Queira estabelecer novos limites. Só que, naquele momento, não tinha a menor ideia de como.

Sempre desejei ter quatro filhos, mas, por causa da nossa situação financeira precária, Michael e eu decidimos parar em dois. Por algum tempo, nos concentraríamos em criar os dois filhos maravilhosos que tínhamos com todo o amor e toda a atenção que pudéssemos lhes dar. Além disso, um casamento aberto já era suficientemente complicado. A última coisa que eu queria era ficar grávida de outro homem.

Tentei tomar pílulas anticoncepcionais, mas elas interferiam em minha disposição para ginástica. Em um momento eu estava animada e alegre, e, logo depois, chorava e tinha crises de desespero. Então, optei por um DIU. Era indolor e eu não precisaria me lembrar de tomar um comprimido todos os dias ou suportar mudanças drásticas de humor.

Um dia, cerca de três meses após a colocação do DIU, eu estava no chuveiro e percebi que os fios ligados a ele estavam mais para fora do que o normal. Enfiei um dedo na vagina e senti algo saindo de meu útero. Tinha uma ponta cega e era tão largo quanto um palito de dentes.

Meu DIU se desprendera. Dei um puxão nos fios e retirei-o. Ao sair, ele retornou ao formato de "S" duplo. Saí do boxe, sequei-me e liguei para um médico.

Alguns dias depois, eu estava sentada em um consultório vestida com um roupão de papel.

— Sim, senhorita... Sra. Cohen — chamou o Dr. Sutton enquanto lia a minha ficha.

— Bem, como mencionei à enfermeira, meu DIU... — comecei.

— Sim, eu soube. O que quer que eu faça?

— Eu estava pensando em colocar outro.

— É mesmo? Bem, não posso prometer que ele não sairá de novo, e como você tem medo da pílula, talvez possamos tentar outra alternativa que economize o tempo de nós dois.

Ele abriu a gaveta e tirou algo que parecia uma palheta de violão com pernas.

— Isto — abanou a mão — é um Dalkon Shield, e não sai de jeito nenhum.

Era possível que o Dr. Sutton simplesmente fosse um grosseirão, que não respeitasse as mulheres em geral, ou que fosse arrogante demais para mostrar alguma sensibilidade com qualquer um dos seus pacientes. Certamente, tudo isso era possível, mas o que acreditei na época (e ainda acredito) é que ele me desprezava porque eu vivia com os benefícios do governo. Eu desconfiava que seus pacientes abastados viam outro lado dele, bem diferente.

— Eu, está bem, acho que sim — concordei.

O Dr. Sutton me disse para eu subir na mesa de exame e colocar os pés nos apoios. Ele abriu minha vagina com um espéculo e enfiou o Dalkon Shield no meu útero. A dor me deixou sem ar. Ele retirou as luvas de borracha e disse:

— Você pode ser vestir agora. — E saiu da sala.

O novo DIU continuou sendo desconfortável. No início, eu achava que talvez fosse porque era novo, mas, três semanas depois, ele ainda doía. Ao contrário do primeiro, eu nunca conseguia esquecer que o Dalkon Shield estava enfiado em meu útero. Após quase um mês, marquei outra consulta com o Dr. Sutton, cuja única resposta foi:

— Bem, era isso que você queria usar, não é? Você não quer tomar a pílula.

Eu estava intimidada demais para questioná-lo, muito embora soubesse que algo estava errado.

O novo DIU também tornou o sexo menos prazeroso, tanto para Michael quanto para meu novo amante, Jeff, o qual eu conhecera através de uma amiga. Jeff era inteligente, artístico e aventureiro. Não era o que se pode chamar de muito bonito, mas sua personalidade era tão forte que sua aparência quase não importava. Ele tinha um Mustang vermelho novo e lustroso, e costumávamos ir a Marin County ou Santa Cruz para encontrar um lugar isolado e fazer amor.

Quase três meses depois de ter colocado o novo DIU, Jeff me pegou em uma tarde de domingo e fomos pela Great Highway até chegarmos a uma praia. Eu vinha sentindo uma dor forte na parte de baixo do abdômen há alguns dias, diferente do desconforto habitual do novo DIU. Eu esperei que passasse e não a levei muito a sério, em parte porque me acostumara a ignorar a dor. Reclinei no banco do carona, coloquei os pés sobre o painel e segurei a mão de Jeff. Olhamos para o oceano e para o sol que se punha dentro dele. Nos beijamos por alguns minutos. Em seguida, me afastei e disse a Jeff que precisava fazer xixi. Fui até a frente do carro e agachei para que as poucas pessoas que estavam no estacionamento não pudessem me ver. Algumas gotas de xixi pingaram, ardendo ao saírem. Olhei para o pequeno círculo de urina sobre o chão perto de mim. De repente, fui golpeada com a dor mais excruciante que já sentira na vida. Foi pior do que um parto, pior do que a dor que senti após o acidente. Era como se alguém estivesse enfiando uma faca na minha vagina. A sensação foi tão forte que não consegui me levantar. Desmaiei por alguns segundos e, quando acordei, consegui agarrar o para-choque do carro e esticar as pernas o suficiente para ir mancando até o lado do motorista.

— Me leva para casa, por favor. Algo terrível está acontecendo — gaguejei.

— Meu Deus! O que houve? — gritou Jeff.

— Me leva para casa. Me leva para casa — implorei.

Ele me deitou no banco traseiro do Mustang e pegou a estrada. Desmaiei novamente. Jeff sacudiu meu braço e, quando voltei a mim, vi sua cabeça virar para a frente, olhando novamente para a estrada.

Quando acordei de novo, Michael estava me tirando do carro de Jeff e me colocando no dele, onde desmaiei de novo e não acordei até chegar ao setor de emergência do hospital. Michael e uma enfermeira me colocaram em uma cadeira de rodas. Fui levada diretamente para a sala de exames, onde entrou a última pessoa no mundo que eu queria ver: o Dr. Sutton. Ele estava de plantão. Naquele momento, a dor era tão forte que eu não conseguia mais respirar.

— Deite-se e abra as pernas. Preciso examinar você — disse o Dr. Sutton.

Ele passou alguns chumaços de gaze em minha vagina, inseriu os dedos e apalpou ao redor. Senti uma dor excruciante durante todo exame. O tempo todo ele conversava com a enfermeira que estava ao seu lado.

— Leve isso para o laboratório e chame o Dr. Ivy — pediu ele, ainda com os dedos dentro de mim.

Depois, sem me dizer uma palavra, arrancou o Dalkon Shield. Gritei tão alto que Michael entrou correndo na sala. Não tinha certeza de quanta dor eu conseguiria suportar.

Fiquei internada e, na manhã seguinte, soube que tivera uma peritonite infecciosa, cervicite (inflamação no colo do útero) e uma doença inflamatória pélvica. Ou seja, uma desgraça. Exames posteriores mostraram que minhas trompas estavam tão escoriadas que era extremamente improvável eu engravidar novamente. Como soubemos mais tarde, esse não era um acontecimento incomum na vida das milhares de mulheres que usaram o hoje famoso Dalkon Shield. Aos 26 anos, fiquei estéril. Embora Michael e eu tivéssemos concordado em ficar apenas com dois filhos, no fundo, eu sempre pensava que tinha tempo para reconsiderar essa ideia.

Morava na Califórnia há dois anos. Já sobrevivera a um grande acidente de carro e, agora, a essa provação. Começava a questionar se algo bom me aconteceria novamente. Talvez eu devesse simplesmente ter ficado em Boston. Comparado com o que eu estava passando naquele momento, meus pais, os invernos da Nova Inglaterra e tudo mais do que sempre reclamava não pareciam tão ruins assim.

Na realidade, não havia como voltar atrás, e também nem tudo fora uma desgraça. Fizera alguns amigos maravilhosos na Califórnia. Eram jovens que haviam vindo de todos os cantos do país, pessoas como eu, que questionavam o que lhes ensinaram e que experimentavam estilos de vida alternativos e novas forma de pensar.

À medida que os anos passavam, eu ficava cada vez mais confiante de que tomara a decisão certa. Claro que tivemos um começo difícil, mas mudar para a Califórnia me proporcionou uma gama de oportunidades e experiências que eu nunca teria tido em Massachusetts. Em 1973, cinco anos depois de me mudar de uma costa para a outra, minha amiga Alison me convidou para um evento que me lembrou do quanto eu me distanciara de Salem. Foi nessa ocasião que fui apresentada à carreira com a qual nunca sonhara antes.

Alison me convidou para participar de uma palestra sobre sexo em uma igreja (uma igreja!) em Berkeley. Três mulheres que tinham acabado de fundar a San Francisco Sex Information (SFSI), uma das primeiras linhas diretas no país a difundir educação sexual de forma imparcial e com base em fatos, iriam se apresentar. "A ignorância sexual não é uma bênção" é o lema da SFSI.

Alison e eu jantamos em uma pequena cafeteria a alguns quarteirões da igreja. Como costumava acontecer, perdemos a noção do tempo com a conversa e só saímos dez minutos antes das 19 horas. Mas nenhuma de nós se importou. Tínhamos apenas um trajeto curto para percorrer a pé. Quando chegamos à igreja, vimos uma fila que dava voltas no prédio. Conseguiríamos entrar? Entramos na fila, surpresas com o número de pessoas presentes. Quando a fila começou a andar, não ficamos muito otimistas de que conseguiríamos lugares para nós. A igreja era pequena demais para abrigar todos que desejavam estar ali. Quando cheguei perto da porta, olhei para dentro e vi uma multidão, muitas pessoas de pé. Alison entrou e eu a segui. Assim que entrei, ouvi o atendente se desculpar com as pessoas atrás de mim que não puderam entrar, pois simplesmente não havia mais lugar algum disponível no salão.

A noite começou com um filme do qual jamais esquecerei. Ele mostrava uma mulher se masturbando e atingindo o orgasmo. O que chocava não era apenas o comportamento dela, mas quem ela era. Sua aparência era comum; seu corpo, imperfeito; e ela parecia estar totalmente à vontade. A estrela do filme era Shirley Lewis.

Quando o filme terminou e as luzes se acenderam, conseguíamos sentir o silêncio sepulcral da sala. Alguns segundos depois, Alison virou-se para mim e perguntou:

— Você faz isso?

Quando confirmei com a cabeça, ela respondeu, em um tipo de sussurro conspiratório:

— Eu também.

Então, outras mulheres também gostavam de sexo? Separamo-nos para formar grupos de discussão e descobri que eu estava longe de ser a única, não apenas em minha vergonha, mas também em minha confusão e raiva com relação à forma como minha sexualidade fora tratada pela Igreja, por minha família e pela sociedade. Essa era a primeira vez em que eu fora encorajada a falar aberta e publicamente sobre masturbação ou qualquer outra prática sexual. Os tempos estavam realmente mudando.

Na manhã seguinte, quando contei a Michael sobre o evento, ocorreu o primeiro de dois acontecimentos surpreendentes. Michael, que estava fazendo um curso no agora extinto Center for Intimacy, conhecia Shirley. Na verdade, ela estava ministrando o curso. Michael contou a Shirley o quanto eu ficara impressionada com ela e soube que, além do trabalho como educadora, ela atuava como terapeuta do sexo. Assim, uma semana depois, minha amiga Elizabeth me deu um exemplar do livro *Surrogate Wife*, de Valerie X. Scott, que fora uma terapeuta do sexo treinada por Masters e Johnson. As coincidências começavam a se amontoar e comecei a imaginar como seria trabalhar como terapeuta do sexo.

Eu não estava mais sozinha. Muitas pessoas tinham dúvidas sobre sexualidade, e talvez eu pudesse ajudá-las. Não precisava mais me desculpar por ser uma mulher que gostava de fazer sexo. Ainda não sabia se gostava daquilo mais ou menos do que as outras mulheres, mas começava a acreditar que não importava se eu gostasse mais que elas. Percebi que talvez eu pudesse até mesmo, de maneira ativa, canalizar uma libido forte para algo que ajudaria as pessoas e (eu esperava) tornar o mundo um lugar melhor.

Entrei em contato com Shirley para saber mais sobre o que realmente era o trabalho de uma terapeuta do sexo. Não, elas não aparecem do nada e fazem sexo com um cliente. Havia um protocolo que durava, em média, de seis a oito sessões. Podia ser menos ou mais, dependendo das necessidades do cliente, e alguns exercícios eram específicos para abordar a maioria dos problemas sexuais mais comuns. Os terapeutas do sexo trabalhavam em conjunto com terapeutas da fala tradicionais e todos os seus clientes eram encaminhados por esses terapeutas. Havia terapia de casal e individual. A maioria dos clientes sofria de ejaculação precoce, ejaculação retardada, disfunção erétil, falta de desejo sexual, pouca ou nenhuma experiência sexual, imagem corporal deficiente, angústia, incapacidade física ou alguma combinação dessas questões. Era preciso ter muita empatia e um forte senso de compaixão, porque, na condição de terapeuta do sexo, você ajuda pessoas a lidar com algumas das questões mais pessoais e angustiantes que elas já enfrentaram. Os potenciais terapeutas do sexo também precisam ter resolvido suas próprias questões sexuais.

A prática do terapeuta do sexo teve início com as pesquisas pioneiras de Masters e Johnson, nas décadas de 1950 e 1960, que popularizaram o estudo da sexualidade humana. William Masters e Virginia Johnson eram casados e foram autores de alguns dos primeiros trabalhos científicos sobre a resposta sexual humana e a disfunção sexual. Seus livros, *A resposta sexual humana* e *A inadequação sexual humana*, foram best-sellers e alguns dos primeiros trabalhos a desmistificar a sexualidade. Em seu centro clínico, em St. Louis, eles treinaram os primeiros terapeutas do sexo e criaram o modelo para o processo usado hoje.

Originalmente, Masters e Johnson trabalharam com casais que lidavam com uma variedade de questões sexuais. Mais tarde, eles ampliaram sua prática para homens solteiros, e assim nasceu a profissão de terapeuta do sexo. William E. Hartman e Marilyn Fithian, outro casal de pesquisadores, desenvolveram outros exercícios e escreveram vários livros reveladores, incluindo *Treatment of Sexual Dysfunction*. Eles trabalharam com terapeutas do sexo na Califórnia, que foram treinados por Caroline e Emerson Symonds, dois sexólogos extremamente respeitados. No Center for Social and Sensory Learning, no Sul da Califórnia,

Barbara M. Roberts, mestre em serviço social, começou a treinar terapeutas do sexo e terapeutas, assim como a oferecer seminários ao público. Shirley me encaminhou para dois terapeutas que trabalhavam bem com terapeutas do sexo e, em poucos dias, tive uma consulta com um deles em Berkeley.

A essa altura, meu casamento era aberto há quase cinco anos, e eu desfrutara de uma quantidade razoável de parceiros sexuais. Michael e eu chegáramos a um acordo sobre como lidaríamos com os relacionamentos fora do casamento. Não os deixaríamos interferir no tempo com nossos filhos. Cada um de nós sairia apenas uma noite por semana e o outro ficaria em casa com Jessica e Eric. Se um de nós chegasse tarde, não podia dormir até tarde no dia seguinte. Levantaríamos à mesma hora na manhã seguinte para fazer o café da manhã e levar as crianças para a escola. Quando conversei sobre minha nova carreira com Michael, ele me apoiou. Não achei que aquela atitude fosse apenas mais um exemplo da perturbadora falta de ciúmes dele. Acho que ele realmente entendia o valor desse trabalho e queria que eu encontrasse uma carreira que pudesse abraçar e gostar. Se Michael, alguma vez, tivera atitudes convencionais com relação a sexo, ele as abandonara havia tanto tempo que não lhe ocorreu fazer uma crítica a essa profissão. Ele também entendia que a visão tradicional de sexo precisava evoluir e, se a terapia com terapeuta do sexo pudesse desempenhar mesmo um pequeno papel para atingir esse objetivo, melhor ainda.

Tom me cumprimentou com um sorriso acolhedor. Ele era um dos poucos terapeutas na área da Baía de São Francisco que treinava terapeutas do sexo e encaminhava clientes para eles. O campo era incipiente, mas o treinamento estava em rápida evolução. Conversamos por duas horas e Tom perguntou sobre o meu histórico pessoal, meu relacionamento com a família e minha atitude em relação ao sexo. Houve uma identificação mútua instantânea. Acho que Tom percebeu imediatamente que, em minha evolução sexual, eu já passara muito do ponto em que demonizaria alguém por ter um problema sexual. Esse seria o primeiro passo do treinamento conjunto. Em seguida, Tom me pediu para fazer algo que me deixou desconfiada.

— Tire a roupa para eu poder ver como você parecerá com seus clientes — falou.

Era essa a maneira dele de me seduzir? E eu não raspara as pernas nem as axilas e fiquei preocupada com o que ele diria. Nosso encontro estava indo bem e eu gostava de Tom, então decidi arriscar. Tirei meu vestido folgado e minha roupa íntima.

— Para mim, você está ótima — disse Tom.

Fiquei aliviada por ele não se insinuar para mim, mas ainda considerava a situação inapropriada. Eu queria ser uma terapeuta do sexo, não uma modelo de passarela. Meu corpo precisava mesmo passar por um teste antes que eu pudesse iniciar o treinamento? Tom nunca mencionou qualquer outra palavra sobre isso; então, se aquilo fora um teste, acho que fui aprovada.

Também comecei a ser uma conselheira por telefone na SFSI. Eles tinham instalado um número gratuito para as pessoas ligarem e perguntarem sobre sexo. Pela primeira vez na história dos Estados Unidos, as pessoas podiam pegar um telefone, fazer perguntas anonimamente, receber informações confiáveis e serem encaminhadas a especialistas. Em minha entrevista inicial com uma funcionária da SFSI, tive de responder a várias perguntas e diversos cenários hipotéticos me foram apresentados. Minha entrevistadora me perguntou, por exemplo, o que eu faria quando alguém dissesse que tinha medo de estar se masturbando demais.

— Eu lhe perguntaria o que significava "demais". Se ele está se masturbando porque está com medo de encontrar alguém ou se isso está atrapalhando suas funções do dia a dia, como ir ao trabalho, eu o encaminharia para um terapeuta. Se ele se masturba por prazer e para aliviar o estresse, provavelmente eu lhe diria que é perfeitamente normal — respondi.

Graças ao treinamento na SFSI me tornei uma atendente voluntária eficaz, e minha formação suplementar como terapeuta do sexo também aumentou. Como parte do treinamento, assistíamos a filmes com pessoas realizando uma série de atos sexuais e, depois, discutíamos nossas reações a eles. Éramos incentivados a falar francamente e a examinar com honestidade nossas respostas e o que elas podiam revelar sobre nós mesmos. Os filmes mostravam sexo entre casais héteros e homossexuais, sejam masculinos ou femininos. Um deles mostrava um casal mais velho — e quero dizer tão velho quanto meus avós — fazendo sexo apaixonadamente. Para minha surpresa, fiquei excitada quando assisti a um filme erótico com homossexuais masculinos. Ao ver um no qual um homem e uma mulher faziam sexo anal, fiquei excitada e enojada. Tabus também podem excitar.

Com as conversas e os debates com meus colegas de treinamento e os funcionários da SFSI, percebi que minha capacidade para eliminar qualquer crítica aos atos consensuais que testemunhara e às pessoas que ligavam para obter informações ou ajuda deveria estar acima e ter mais importância que minhas reações viscerais. Não havia qualquer problema se uma prática específica não me atraísse. O que me tornaria uma educadora e fonte de informações eficaz não era a variedade do meu repertório sexual, mas minha capacidade de demonstrar empatia e manter a objetividade.

Parte importante do treinamento de terapeutas do sexo aconteceu em um workshop de duas semanas com Tom no Departamento de Saúde Pública de Berkeley. Se Tom dera um passo em falso em nosso encontro inicial ao pedir para ver meu corpo, ele se redimiu ao ser muito generoso com seu tempo e conhecimento especializado. O workshop fora organizado por uma dupla de terapeutas casados, treinada por Masters e Johnson. Eles apresentaram os princípios e as práticas da terapia conjunta. Poucos profissionais usam esse modelo hoje em dia, pois o custo não compensa, mas, na época, era uma forma nova e excitante de terapia de casal. Ela era sempre realizada por uma equipe, um homem e uma mulher, e a expectativa era de que ambos os membros do casal sentiriam ter um aliado. No workshop, tivemos um curso rápido sobre anatomia e, pela primeira vez, aprendi sobre a complexidade da genitália masculina e da feminina. Eles nos mostraram o quadro de genitália indiferenciada, que ainda hoje uso em minha prática. Ele revela como o feto se diferencia em masculino ou feminino e as semelhanças no tecido genital. Muito do que Tom e eu aprendemos se tornou parte do meu trabalho como terapeuta do sexo.

Entre meu treinamento para ser uma terapeuta do sexo e meu treinamento na SFSI, meus conhecimentos sobre sexualidade humana cresceram consideravelmente. Percebi quantas pressuposições e quantos conceitos equivocados estavam arraigados em mim. Encontrei pessoas com todo tipo de vida sexual e encarei muitos dos preconceitos que sentia em relação a eles. Sempre achei que as pessoas que se envolviam com sadismo e masoquismo (S&M), por exemplo, deveriam ser bastante repugnantes. Para minha surpresa, aprendi que elas tomavam muito cuidado para não causar quaisquer ferimentos reais ao parceiro durante seus jogos sexuais. Ironicamente, outra lição que aprendi foi que não havia problema em dizer não. As pessoas não tinham de continuar ou de se envolver com uma determinada atividade só porque estavam assumindo uma atitude mais aberta e experimental em relação ao sexo. Isso pode não ser relevante hoje em dia, mas, para alguém que crescera na década de 1950, era uma verdadeira revelação saber que, mesmo sendo mulher, eu tinha o direito de escolher qualquer tipo de sexo, quaisquer que fossem as minhas circunstâncias no momento da escolha.

Também foi extremamente valioso aprender a ouvir. Essa lição foi difícil, porque adoro falar! Tanto no treinamento na SFSI quanto no de terapeuta do sexo, aprendera como não agir de imediato, mas, ao contrário, dar às pessoas o espaço que precisavam para que elas falassem o que desejavam. Isso não apenas me tornou uma terapeuta do sexo melhor, como também uma esposa, mãe e amiga melhores.

Tornei-me parte de uma comunidade de pessoas inteligentes e atenciosas, que questionavam, compartilhavam e buscavam conhecimentos verdadeiros sobre a sexualidade. Eu estava construindo uma carreira significativa, fazendo amizades duradouras e, francamente, me divertindo muito.

Um dos assuntos que não discutimos foi sexo seguro e o uso de preservativos. Em função de meu pesadelo com o Dalkon Shield, o risco de engravidar era muito baixo. Na era pré-HIV, a herpes era nosso principal motivo de preocupação. A maioria das outras doenças sexualmente transmissíveis era curada com uma dose alta de antibiótico. Soube disso não apenas por todo o meu recente treinamento, mas também porque, cinco anos antes, eu pegara uma doença venérea quando, uma semana após a festa de *swing* em Concord, recebemos um telefonema da nossa anfitriã: a diva tinha gonorreia.

11.

Mais do que um cliente: Bob

Em 1979, a Canon AE-1 era um modelo de máquina fotográfica que faria a felicidade de qualquer fotógrafo amador sério. Quando meu cliente Bob me entregou uma, juntamente com seu acessório de *motor drive*, precisei usar as duas mãos para segurá-la. Ela provavelmente pesava cinco vezes mais que minha Instamatic, e suas lentes eram rodeadas por sequências de números que pareciam algum tipo de código.

— Não posso aceitar — falei.

Apenas alguns minutos antes, Bob sentara no banheiro para conversar comigo enquanto eu tomava banho. Quando fechei os olhos para passar xampu nos cabelos, não ouvi um pio sequer. Abri os olhos e ele não estava mais lá. Saí do chuveiro, sequei o cabelo com a toalha e vesti o roupão felpudo.

— Bob? — chamei.

Assim que saí do banheiro, eu o vi caminhando pelo corredor com a câmera na mão.

— Você é generoso demais — expliquei.

Bob controlava as lágrimas.

— Quero muito que aceite isto. Você mudou minha vida, Cheryl, e essa é a forma de eu agradecer. Por favor, me deixe fazer isso.

Eu sabia por que ele escolhera me presentear com uma máquina fotográfica. Em uma de nossas primeiras sessões, Bob me falara sobre seu amor pela fotografia e que montara um pequeno laboratório fotográfico em casa. Mencionei que lamentava não ter capturado muitos momentos preciosos da vida dos meus filhos porque não tinha uma máquina fotográfica confiável ou a habilidade necessária para utilizar a que tinha.

— Bob, isso é muito gentil da sua parte, realmente, mas eu não saberia como usá-la.

— Posso ensinar a você — disse ele rapidamente. — Que tal eu vir aqui no meu dia de folga e lhe mostrar como ela funciona? É fácil. Podemos ir para o parque e tirar fotografias ao ar livre.

— Hummm, acho que sim. Está bem, vamos fazer isso — concordei.

Assim, marquei um encontro fora do consultório com um dos meus clientes. Era a última das oito sessões que fizemos juntos e um relacionamento pessoal florescera timidamente, em conjunto com o profissional, nas últimas semanas do nosso trabalho.

Por causa do emprego que tinha, Bob era quase sempre meu último cliente do dia. Começávamos nossas sessões por volta das 16 horas e ele costumava ficar depois da hora conversando comigo enquanto eu tomava banho e me maquiava no banheiro do consultório antes de me acompanhar até o carro.

Quando me procurou pela primeira vez, Bob tinha 30 anos, quatro anos mais novo do que eu. Seu rosto amigável era emoldurado por cabelos ondulados até os ombros. Ele era bonito de um jeito bem masculino. Talvez fosse o ar pensativo de seus olhos ou o modo como hesitou antes de passar pela porta do consultório, mas, assim que o vi, achei que Bob tinha uma alma nobre.

Senti seu nervosismo no instante em que ele entrou e, por isso, comecei a conversar sobre banalidades. Enquanto conversávamos, vi sua ansiedade diminuir um pouco. Os ombros abaixaram e ele deixou as costas, que mantinha retas como um taco de bilhar, relaxarem a ponto de se recostar na cadeira acolchoada à minha frente.

Durante nossa primeira sessão, pedi que me contasse um pouco sobre sua história sexual.

Bob me revelou que a timidez que percebi era realmente uma característica dele, desde criança. Essa era uma das razões pelas quais ele não namorou no ensino médio. Outra razão eram as cicatrizes no rosto, causadas pela acne, que o tornaram muito inibido. Às vezes, ele parecia ser o único rapaz da escola esquisito demais para conquistar uma namorada. Ele sentia uma atração secreta por várias garotas da escola e, mais de uma vez, ficou observando angustiado algum amigo conquistar uma das meninas que ele gostava.

No final de 1968, assim que fez 20 anos, Bob foi convocado pelo exército; após um ano de treinamento, foi enviado ao Vietnã, onde foi designado para a 101ª Divisão Aerotransportada como responsável pela dobragem de paraquedas. Em outubro de 1970, ele tirou uma licença em Bangkok, onde a prostituição era legal e regulamentada pelo governo. O voo curto para a Tailândia estava repleto de soldados jovens, bagunceiros e cheios de tesão. Bob pensou, com uma excitação secreta, sobre como logo faria algo que sentia que já passara do tempo de fazer: perder a virgindade. Sentia uma combinação de apreensão, expectativa e vertigem com relação ao seu iminente rito de passagem.

Após chegar a Bangkok, fez o registro no hotel, desfez as malas e se encaminhou para a noite sensual. Rapidamente, ele encontrou um motorista de táxi que o levou por uma rota muito frequentada até uma "casa de massagem" nas proximidades. Ao abrir a porta da frente do modesto prédio, Bob foi recebido pela cafetina, que o acompanhou por um corredor pouco iluminado que desembocava em um grande salão. Lá estava uma pequena multidão de soldados com sorrisos largos que olhavam por um espelho unidirecional para várias mulheres quase nuas empoleiradas em arquibancadas forradas com um tapete felpudo. Elas displicentemente liam ou conversavam umas com as outras, cada uma com um número preso à blusa: 15, 12, 8, 17... Os soldados faziam suas escolhas. Era uma cena que ele só podia considerar bizarra e que abalava até as raízes sua sensibilidade de classe média americana. Quando chegou a vez dele, Bob silenciosamente escolheu uma mulher bonita e de aparência madura e pagou à cafetina 25 dólares por 24 horas.

Ele chamou um táxi e voltou para o hotel com a mulher, cujo nome era Chamneon (pronuncia-se Chom-nee-inn). Uma vez no quarto, ela, lenta e confiantemente, começou a se despir, enquanto Bob tentava preencher o silêncio constrangedor com um bate-papo normal. Bob tirou a roupa e os dois foram para a cama. Chamneon era exoticamente bonita. Ele fantasiara durante todo o caminho de volta para o hotel sobre fazer amor com ela. Eles se beijaram suavemente e depois apaixonadamente, suas línguas passando rapidamente por dentro da boca um do outro. Ele apalpou os pequenos seios dela e passou as mãos ao longo de suas costas macias e barriga até chegar à vulva. Ele passou os dedos pelo clitóris e os dedos longos dela pegaram o pênis dele, que, para desalento de Bob, parecia ter adormecido. "O que está acontecendo?", pensou ele. Não se tratava de não poder ter ereções. Ele se masturbava tanto quanto qualquer homem saudável de 20 anos. Por que, agora, com uma mulher disposta e nua ao seu lado, seu pênis permanecia flácido?

Ele pegou o livro de expressões tailandês-inglês e folheou-o freneticamente. Queria dizer a Chamneon que ele precisava apenas de um ou dois minutos. Ele disse umas palavras distorcidas em tailandês para ela, que ficou confusa. Mais tarde, ele percebeu o quão hilariante deve ter sido a situação, mas, na época, ficou constrangido e confuso demais para achar graça. Bob ficou deitado com Chamneon em seus braços. Tentou ficar ereto mais algumas vezes, mas todas as tentativas terminaram em frustração.

Chamneon falava um pouco de inglês. Bob descobriu isso ao conversarem durante quase a noite inteira. Soube que ela tinha 25 anos e era mãe solteira de uma menina de 8 anos. Ela largara o marido que a agredia e agora sustentava a filha e o resto da família com o único emprego possível para ela. Bob começou a sentir afeto e simpatia por ela.

Embora estivesse decepcionado por não ter perdido a virgindade, tentou ver a situação por outros ângulos. Afinal, ele estava em um país estrangeiro, em meio a uma cultura e língua desconhecidas. Estava com uma prostituta que, muito provavelmente, ficara aliviada pelo seu pequeno problema. Ele se daria um tempo e tentaria novamente.

Na noite seguinte, Bob retornou ao bordel. Encontrou alguns dos mesmos soldados da noite anterior, mas, ao contrário deles, não estava lá para experimentar uma mulher diferente. Pagou para ter Chamneon pelo resto da semana. Ele desfrutou de sua companhia enquanto ela lhe mostrava aquela cidade enigmática.

Chamneon levou Bob ao Grande Palácio de Bangkok, ao Templo do Buda Reclinado e às maravilhosas praias do local, onde andaram pela areia. Todas as noites, ao retornarem ao quarto do hotel, ele tentava — sem sucesso — ficar duro e ter relações sexuais. A semana logo terminou e ele voltou para o Vietnã ainda virgem.

— Muitas vezes tento imaginar o que aconteceu com Chamneon — comentou Bob.

— Você tentou novamente com outra pessoa antes de voltar para casa? — perguntei.

— Não, eu estava desmotivado demais. Tirei outra licença na Austrália, mas fiquei longe das prostitutas. Provavelmente, fui o único dos meus amigos que fez isso.

Logo depois, após o fim do seu compromisso de dois anos com o Tio Sam, Bob se viu voando, junto com outros 150 soldados empolgados, de volta para "o mundo". Durante o voo de 14 horas, ele teve bastante tempo para refletir.

— Decidi começar do zero, esquecer minha experiência em Bangkok e apenas focar em encontrar uma mulher que eu pudesse amar. Pensei que o sexo fluiria normalmente. Pensei que tudo que precisava era estar apaixonado por uma mulher para que meu encanamento funcionasse direito. Era só relaxar que aconteceria.

Ele voltou do Vietnã mais maduro e com uma boa dose de autoconfiança. Conseguia lidar com situações difíceis, e saber disso lhe dava a esperança de que superaria seus problemas pessoais. Quando olhava ao redor, via casais por todos os lados. "Se eles podem fazer isso, então também posso", tentava se convencer. E, além disso, ele tinha apenas 23 anos. Talvez alguns dos amigos dele tenham começado antes, mas ele ainda era bastante jovem para que sua virgindade fosse algo extraordinário.

Bob conheceu Jane no trabalho. Ela era majestosa, tinha um lindo rosto emoldurado por longos cabelos negros ondulados. Era sossegada, mas amigável, e ele ficou atraído por ela instantaneamente. Após alguns flertes tímidos, Bob aproveitou a oportunidade e lhe disse que tinha dois bilhetes para ver George Carlin e a convidou para ir com ele. Bob logo percebeu, para sua surpresa e seu deleite, que havia reciprocidade nos fortes sentimentos de afeição.

— Eu me sentia nas nuvens. Finalmente entendi toda aquela conversa sobre a emoção do primeiro amor — revelou ele.

Naquele verão, Jane pediu demissão do emprego para trabalhar em um minúsculo resort perto de Yosemite. Ela incentivou Bob a visitá-la assim que ele pudesse. Duas semanas depois, Bob dirigia pela autoestrada 120, ansioso para ter um fim de semana prolongado em um lugar discreto com Jane. Ele não se lembrava de algum dia ter estado tão feliz.

Ele e Jane caminharam juntos pelas trilhas florestais da encantadora High Sierra. À noite, se recolheram à caminhonete dele, equipada com colchão, e desfrutaram de preliminares espontâneas e deliciosas. Deram prazer um ao outro com a boca e as mãos, mas, quando chegou a hora da relação sexual, Bob travou. Ele sentiu uma sensação familiar de medo invadindo-o. Mais uma vez, não conseguiu ter uma ereção. A doce Jane tentou consolá-lo. Ela assegurou-lhe que isso era apenas uma anomalia e logo teriam relações sexuais tão sublimes quanto as preliminares.

— Eu queria acreditar nela, mas fiquei muito mal e profundamente decepcionado comigo mesmo. Não conseguia mais jogar a culpa no ambiente — comentou Bob.

Ele tentou outras vezes com Jane, mas um infeliz padrão se estabelecera. A intimidade e a excitação cresciam entre eles e, depois, ele entrava em pânico, ficava tenso e pensava novamente em seus outros começos infrutíferos. Por mais que estivesse atraído por Jane e por mais que quisesse fazer sexo e ter intimidade com ela, não conseguia ter uma ereção.

— Tentei tranquilizá-la e dizer que não tinha nada a ver com ela, mas acho que Jane acabou acreditando que eu simplesmente não estava atraído por ela.

Ela simplesmente não sabia como lidar com a situação. Provavelmente, nunca vivera algo assim antes.

Após várias visitas de fins de semana prolongados a Yosemite, Jane perdeu o interesse e começou a evitá-lo. As cartas dele começaram a ficar sem resposta.

Cinco gerações, sentido horário: meu pai, a mãe dele (Vovó Fournier), a mãe dela (minha bisavó) e a mãe de minha bisavó (minha tataravó) comigo no colo no final de 1944.

Minha mãe, aos 19 anos, em dezembro de 1943.

Meu pai, aos 22 anos, em 1943.

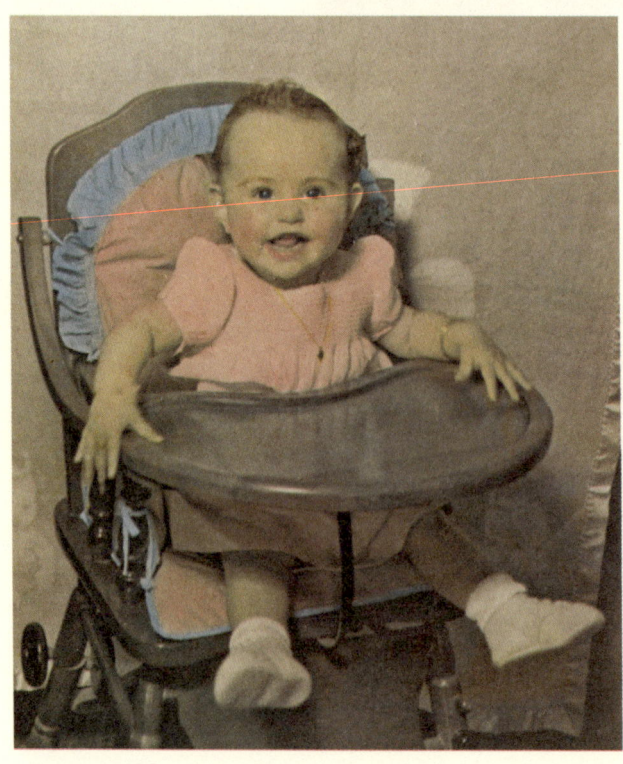

Eu, aos 8 meses, em 1945.

À ESQUERDA:
Eu, aos 3 anos, em 1947.

ABAIXO: Eu, aos 12 anos, e meus irmãos, Peter, aos 2 anos, e David, aos 10.

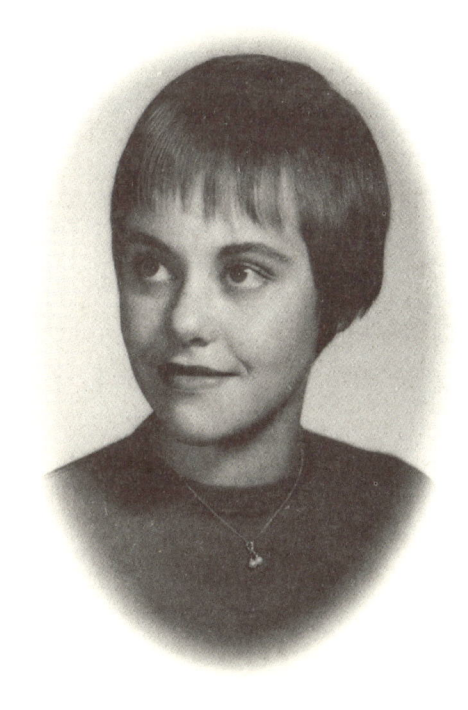

ACIMA: Eu, aos 13 anos, na formatura do St. Mary's Immaculate Conception.

À DIREITA: Eu, aos 17 anos, fotografia do anuário da Salem High School.

À esquerda: Michael e eu no início de 1964.

À direita: Minha mãe e eu no dia do meu casamento, 22 de agosto de 1964.

Abaixo: Jessica e eu no verão de 1969.

Acima: Eric e eu, maio de 1970.

À esquerda: Michael, Eric, Jessica e eu no verão de 1971.

Eu em 1973, ano em que comecei a trabalhar como terapeuta do sexo.

Bob, no Jardim Botânico da University of California, na primeira vez em que saímos juntos, em 1979.

A formatura de meu irmão David em odontologia, em 1980, com meus pais e meu irmão Peter.

Bob e eu em nosso primeiro aniversário de casamento, outubro de 1982.

Minha mãe e eu em 1983.

Acima: Michael e eu em 1983.
Abaixo: Jessica, Vovó Fournier e eu no verão de 1984.

Eu, fazendo trilha nas montanhas do Sierra of Yosemite National Park em setembro de 1992.

Eu no início de 1993.

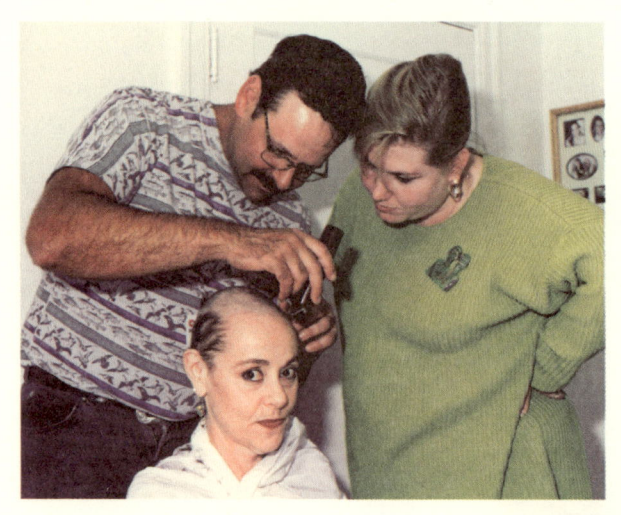

À ESQUERDA: Meu irmão, Peter, auxiliado por Jessica, raspando meus lindos cabelos uma semana após minha primeira sessão de quimioterapia para tratar um linfoma, em agosto de 1993.

ABAIXO: Eu, na metade das seis sessões de quimioterapia, sem muita certeza de qual seria o resultado final.

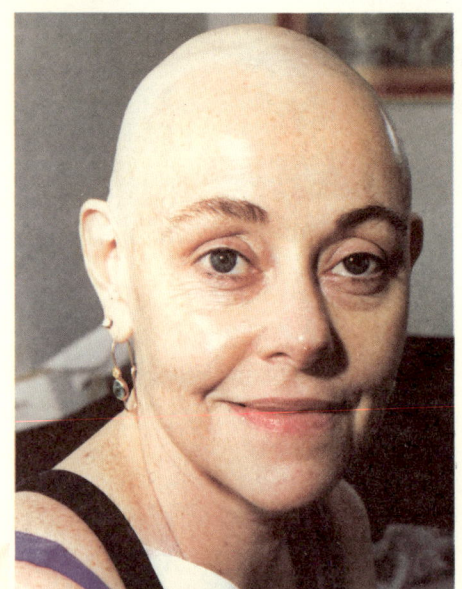

Eu, me sentindo um pouco mais otimista.

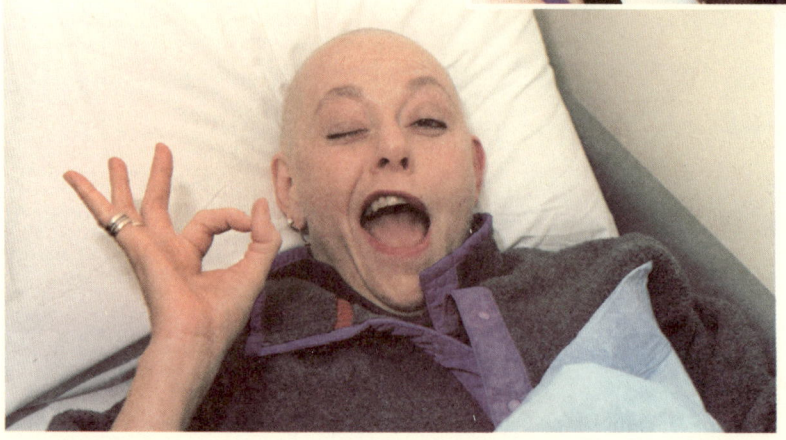

Eu, fazendo um gesto obsceno para o Anjo da Morte na Renaissance Faire de 1993, em Novato, Califórnia, após o segundo tratamento de quimioterapia.

Fim da quimioterapia. Comemorei com meu crustáceo favorito.

Bob e eu nos casamos novamente. Dessa vez, de verdade, em 22 de abril de 1995.

Acima: Meu pai, aos 88 anos, e eu, em junho de 2009.

Abaixo: Meus irmãos, David (à esquerda) e Peter, e eu em outubro de 2010.

Ben Lewin, Bob e eu na festa de encerramento das filmagens de *The Surrogate* (mais tarde denominado *The Sessions* [*As sessões*]), 8 de junho de 2011.

Helen Hunt e eu em 8 de junho de 2011.

Acima: John Hawkes e eu, em 8 de junho de 2011.

Acima, na página ao lado: minha prima Susan e eu antes da festa de lançamento de *The Surrogate* em 23 de janeiro de 2012 no Sundance Film Festival, em Utah.

Abaixo, na página ao lado: Bob e eu na Oyster Fest anual no estreito de Tomales Bay, outubro de 2011.

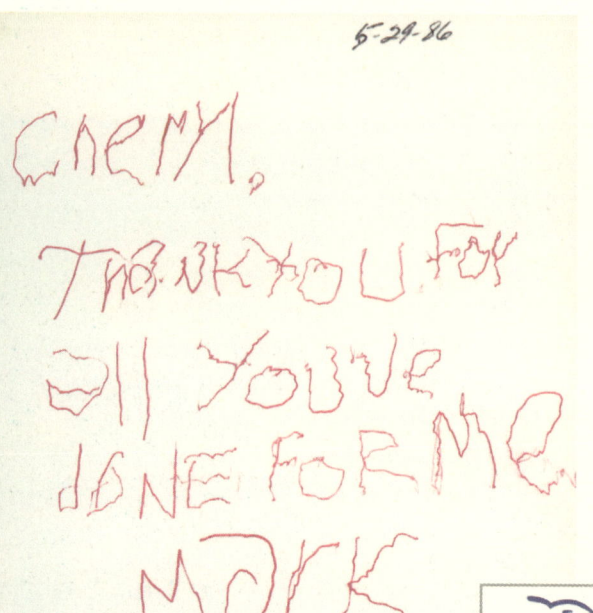

5-29-86

Cheryl,
Thank you for
all you've
done for me
Mark

À ESQUERDA: Mark O'Brien me enviou esse cartão após nossa última sessão. [Cheryl, obrigado por tudo que você fez por mim. – Mark]

ABAIXO: Mark O'Brien me enviou esse cartão de Natal em 1998. Ele morreu em 4 de julho de 1999 de síndrome pós-poliomielite. [Alegria para o mundo. – Com amor, Mark]

Joy to the World
Love
Mark

Minha amiga e confidente por quase meio século, Marshasue Cohen, em 2004.

Bob ficou arrasado e entrou em uma depressão que se prolongou por vários anos. Culpava a si mesmo. Estava preso na solidão e não via saída. Pensava estar em um tipo de confinamento solitário autoimposto. Era seu próprio carcereiro, exceto pelo fato de que não tinha a chave para se libertar.

— Você procurou ajuda profissional para sua depressão naquela época? — perguntei.

— Tive sessões com um psiquiatra por alguns meses, mas não adiantaram. No entanto, na última consulta, ele me deu o número do telefone do Departamento de Sexualidade Humana da University of California de São Francisco. Ele me disse que eles podiam me encaminhar para um terapeuta que trabalhava com terapeutas do sexo. Isso foi há cinco anos. Só agora consegui telefonar.

— O que o levou a finalmente telefonar?

— Sei que preciso mudar. Não posso mais continuar assim. Estou cansado de ficar sozinho e de me odiar. O que tenho a perder agora?

Bob era um caso típico de medo de palco. Ele estava atolado no círculo vicioso que reconhecia existir em si mesmo e meu trabalho era ajudá-lo a sair dele.

Durante todo nosso trabalho juntos, fiz vários exercícios com ele. O Toque Sensual era um dos mais importantes, porque tirava o foco do pênis e voltava a atenção para o resto do corpo. Eu queria que ele experimentasse a sensualidade e o prazer e deixasse o pênis fazer o que quisesse. Fizemos o Sexológico e descobrimos que ele era extremamente reativo e tinha muitas áreas de sensibilidade. Também ensinei algumas técnicas de comunicação e de toque.

Aos poucos, Bob superou o medo de palco e melhorou, atingindo e mantendo a ereção. Em nossa sexta sessão, fizemos sexo e ele finalmente perdeu a virgindade. Essa foi uma vitória imensa, mas um problema ainda persistia. Ele tinha ejaculação retardada. Isso não é incomum entre os homens que lutam contra a ansiedade. Bob não conseguia gozar quando estava dentro de mim ou quando eu o estimulava com a mão ou a boca. Ele só conseguia chegar ao orgasmo se masturbando depois de eu ter gozado.

Durante nossa última sessão, incentivei-o a continuar com os exercícios. Disse-lhe, sinceramente, que, com o passar do tempo, eu acreditava que ele seria capaz de ejacular enquanto estivesse fazendo sexo. Depois, fui para o banheiro tomar uma chuveirada, e ele me seguiu.

✐

Certo dia, após nossa última sessão, Bob me telefonou para dizer que me pegaria na quarta-feira seguinte para tirarmos fotografias no Jardim Botânico da University of California. Como Bob não era mais um cliente meu, foi mais fácil me autorizar a encontrá-lo fora do consultório. Fora muito difícil dar conta do que estava se revelando em nível pessoal entre nós quando ele era um cliente.

Assim como os terapeutas, os terapeutas do sexo devem evitar envolvimento pessoal com clientes. Porém, eu sentia uma ligação tão profunda com Bob que não conseguia ignorá-la. Ele era modesto, inteligente e cuidadoso. Eu podia conversar com ele da mesma forma que conversava com Michael, exceto pelo fato de que não tinha que lidar com um ego enorme ou o medo crônico de que, de alguma forma, eu não bastava para ele. Não via como alguém poderia ficar magoado pelo que estávamos fazendo.

Na quarta-feira, peguei minha máquina fotográfica e esperei por Bob em casa. Michael, que só trabalhava esporadicamente, estava deitado no sofá lendo um livro e, quando Bob tocou a campainha, ele atendeu a porta. Saí do quarto e os encontrei conversando.

— Belo dia para um passeio no Jardim Botânico — disse Michael.

— É, espero tirar boas fotografias. A luz está ótima hoje.

— Pelo visto vocês já se apresentaram — falei.

— Bem, não vou mais segurar vocês aqui — disse Michael, estendendo a mão para Bob.

Em uma de nossas conversas pós-sessão, contei a Bob sobre meu casamento aberto e sobre o fim recente do relacionamento com meu ex-amante. Em função do meu trabalho, ele já suspeitava de que meu casamento não fosse do tipo "classe média normal", mas, quanto mais conhecia Bob, mais desejava que ele soubesse sobre as particularidades do meu acordo com Michael. Se um relacionamento pessoal entre nós estivesse fadado a acontecer, ele tinha de saber que não haveria exclusividade entre nós — pelo menos, em um futuro próximo. Embora não estivesse pronta para admitir, começava a imaginar que era possível, para não dizer desejável, uma vida sem Michael.

A reação de Bob foi a que eu esperava. Ele não fez qualquer crítica, mostrou-se apenas curioso e receptivo. Ele tinha a amável qualidade de ser aberto — até mesmo inocente — e, ao mesmo tempo, ter os pés no chão. Esse era um dos aspectos que eu apreciava cada vez mais nele.

Ver Michael e Bob lado a lado foi uma experiência interessante para mim. Homens de grande porte sempre me atraíram, e Michael estava nessa categoria. Bob, por outro lado, era mais compacto e magro. E as personalidades de ambos também eram diametralmente opostas. Michael era absolutamente seguro de tudo. Era um hedonista que sempre desejou que tudo fosse do seu jeito. Ele tinha uma compulsão para impor sua opinião em todas as conversas. "Michael, você não está proferindo o Sermão da Montanha", eu pensava, às vezes, quando ele falava demais sobre algum assunto. Sim, ele era um homem inteligente, mas sua mania de sempre emitir sua opinião começava a soar pomposa e pedante, e algumas pessoas o consideravam rude. Embora Bob fosse muito menos seguro de si e se sentisse desconfortável em reuniões sociais, era muito mais presente do ponto de vista emocional. Tinha uma honestidade e uma sinceridade que faltavam a Michael. Estar com ele era uma experiência mais compartilhada. E nossos corpos se encaixavam perfeitamente. O sexo com ele era mais doce e íntimo do que com qualquer outra pessoa, inclusive Michael. Bob ainda sofria de ejaculação retardada e só conseguia gozar quando se masturbava após a relação sexual, mas seu medo do palco ficara, definitivamente, no passado. Ambos esperávamos que, um dia, ele conseguisse chegar ao orgasmo dentro de mim. Era particularmente importante para ele superar o que considerava ser o último obstáculo para poder atingir o tipo de intimidade que desejava ter pelo resto da vida adulta.

Enquanto Bob e eu dirigíamos para os morros perto de Berkeley, o ar de agosto ficava cada vez mais quente. Bob estacionou um pouco antes da entrada do Jardim Botânico e penduramos nossas máquinas fotográficas ao redor do pescoço. Pegamos um dos caminhos principais, em que azaleias vermelhas, amores-perfeitos amarelos, peônias brancas salpicadas de marrom e uma tapeçaria de outras flores competiam por atenção. Estava um dia bonito e claro, e a explosão espetacular de cores fazia até mesmo uma fotógrafa novata como eu ficar muito ansiosa para tirar algumas fotografias.

Para alguém que não sabia distinguir o que era uma abertura de lente, logo me vi começando a entender alguns conceitos básicos e a terminologia da fotografia, como velocidade, abertura, comprimento focal e profundidade do campo. Era óbvio que Bob estava gostando do nosso primeiro encontro, e eu estava agradecida pela maneira gentil e paciente com que ele desmistificava minha nova máquina fotográfica.

De todas as fotografias experimentais que tirei naquela tarde, as duas melhores são as que Bob está plantando bananeira na aleia estreita e aquela em que ele está em pé em uma ponte arqueada sorrindo para mim. A primeira mostrava sua jovialidade; a segunda, sua bondade.

Embora não percebesse naquela época, eu estava entrando em uma nova fase da minha vida, dividida entre dois mundos distintos. As sementes da confusão tinham sido semeadas, e um novo cenário emocional se apresentava diante de mim. Logo percebi que estava em uma montanha-russa passional, amando todo o tempo que passava com Bob e, no entanto, ainda desejando fazer meu casamento com Michael funcionar.

Bob e eu adotamos uma rotina regular de nos vermos uma vez por semana. Íamos ao teatro, ao cinema e a museus. Houve mais algumas lições fotográficas e muitas caminhadas longas. Tudo era divertido, mas acho que minha maior felicidade era simplesmente fazer sexo, conversar e estar com ele. Às vezes, Bob olhava para mim com tanto amor e afeição que me emocionava. Talvez o amor fosse mais simples e doce do que eu imaginara.

Bob comprou bilhetes de temporada inteira para algumas companhias teatrais locais e, cinco meses após a primeira vez que saímos juntos, planejamos ver *She Loves Me*, um musical romântico sobre dois colegas de trabalho que não se dão bem pessoalmente, mas que se apaixonam um pelo outro por meio de cartas anônimas. Na manhã fria de dezembro em que íamos ver a peça, fui à casa de Bob e tivemos uma daquelas tardes bem tranquilas em que fizemos amor e conversamos muito.

Envolvemo-nos tanto nas diversões do dia que ficamos surpresos quando, de repente, nos demos conta de que a peça começaria em apenas noventa minutos. Passáramos horas absorvidos no sexo maravilhoso e delicioso que me levou ao orgasmo várias vezes. Tínhamos planejado jantar antes da peça, mas Bob estava insaciável. Ainda tínhamos que tomar banho e nos vestir, e, é claro, poderíamos adiar o jantar para depois do teatro.

Eu esperava algo fantástico, mas o que tive foi o sublime. Com os olhos e membros colados em um abraço passional e os cabelos e o corpo grudentos de suor, Bob e eu gozamos juntos pela primeira vez. Foi a primeira vez que ele conseguiu gozar enquanto fazia sexo. A metamorfose estava completa. Agora, Bob não apenas superara sua incapacidade de ter uma ereção como também resolvera sua questão com a ejaculação retardada.

Assim como acontece com outros homens com esse problema, seu primeiro orgasmo dentro de uma parceira ocorreu de forma totalmente inesperada, quando estava despreocupado e livre de inquietações, fazendo amor com alguém que amava e em quem confiava.

Naquela noite, enquanto Bob e eu assistíamos aos atores principais, Georg e Amalia, se apaixonando um pelo outro sem perceberem, nos demos as mãos e trocamos olhares amorosos. A música era linda; as letras, inteligentes; e o desempenho dos atores, fabuloso. Começar um relacionamento amoroso com um ex-cliente era arriscado, mas nossos caminhos se cruzaram, o momento era certo e, sem dúvida alguma, valeu a pena correr o risco.

12.

Uma segunda família

●●

Quando a década de 1980 começou, Michael e eu estávamos o mais perto da monogamia que jamais estivéramos. Os primeiros anos após a abertura do nosso casamento constituíram uma época de experiências intensas para nós dois, mas, por fim, trocamos casos passageiros extracurriculares por relacionamentos externos regulares e mais confiáveis. O meu era com Bob, e o de Michael com alguém que ele conhecera em 1976 na SFSI.

Meg não era o tipo de Michael. Ele tinha uma queda por tipos como os que encontramos nas pinturas de Rubens, com personalidades tão voluptuosas quanto os corpos. Ele adorava mulheres curvilíneas, extrovertidas e divertidas. Meg era baixa e magra. Tinha cabelo louro curto e um jeito um pouco masculinizado. Como gostava de correr e andar de bicicleta, tinha um corpo torneado, musculoso e quase sem gorduras. Também era tranquila e pensativa. Quando a conheci, pensei que seria apenas um dos casos passageiros de Michael.

Eu me conformara com nosso acordo. Houve, inclusive, momentos em que nossas vidas paralelas pareciam ter atingido um equilíbrio confortável. Michael e eu conseguíamos ter amantes e continuar honrando nosso compromisso principal com os filhos e a família que formáramos. Às vezes, eu me sentia vingada por isso, como se tivesse provado aos meus pais e à geração deles que eu estava certa. "Viu só", eu queria dizer, "infringi todas as regras e me sai muito bem", Tinha uma profissão que adorava, muitos amigos leais e, apesar da excentricidade, um casamento que durara mais do que muitos haviam previsto. No fim das contas, eu estava orgulhosa pela forma como Michael e eu forjáramos nosso próprio caminho pela vida, livrando-nos da convenção e da tradição, cujo prazo de validade expirara, e preservando aquilo que mais interessava.

E o mais importante: meus filhos eram felizes e saudáveis. Michael continuava a ser um pai amoroso e construíra um vínculo forte e duradouro com Jessica e Eric. Eu não conhecia muitas crianças que discutiam seus pensamentos, seus sentimentos, suas preocupações e seus sonhos com os pais da forma como meus filhos faziam. Eu adorava o jeito como Michael os ouvia — realmente ouvia —, com respeito e atenção. Não desejo que todas as mulheres tenham um marido como Michael, mas desejo que todo filho possa ter um pai como ele.

Meus sentimentos com relação ao casamento aberto ainda eram conflitantes. Nunca me senti feliz em compartilhar Michael com outras mulheres e sentia uma pontada de ciúme sempre que ele saía com Meg. Ao mesmo tempo, meus relacionamentos extraconjugais haviam enriquecido minha vida de tal maneira que eu sentia algo parecido com gratidão por Michael ter me libertado para desfrutá-los sem culpa ou trapaças.

O único perigo agora era que alguém acabasse desejando mais do que aquilo que um casal com filhos poderia dar a uma relação secundária. As emoções e os vínculos precisavam ser administrados na medida certa para se encaixarem no esquema que construíramos. No centro, estava Michael, eu e nossos filhos. Os outros relacionamentos orbitavam ao redor disso, e as coisas poderiam funcionar bem, contanto que todos na periferia continuassem felizes.

Foi em um frio dia de outono, em 1978, que descobri que Meg não estava mais feliz. Ela pedira para que Michael e eu a encontrássemos em seu apartamento em Berkeley em uma manhã de sábado. Marcamos um horário cedo demais para um fim de semana, mas havíamos planejado um dia cheio de atividades com nossos filhos e eu queria tirar logo esse compromisso do caminho. Senti o aroma de panquecas e café assim que entrei no minúsculo apartamento de quarto e sala. Se as circunstâncias fossem outras, meu apetite provavelmente teria despertado. No entanto, quando Meg me passou um prato de comida e uma caneca de café, eu sabia que eles iriam para o lixo.

Os olhos de Meg estavam avermelhados e ela parecia não ter dormido a noite inteira.

— Como vai voce, Meg? — perguntei.

— Estou bem.

Pela força do hábito, quase respondi que também estava bem, mas parei quando percebi que ela não perguntara como eu estava.

Sentamos na sala de estar e somente Michael começou a comer.

— Sei que isso é esquisito, mas precisava de...

Meg caiu em prantos. Michael colocou o garfo sobre o prato e passou-lhe um lenço de papel.

— O que vocês estão fazendo? — perguntou ela com voz embargada.

— Como assim? — retruquei.

— Você sabe o que tive de fazer, Cheryl?

Fitei-a sem entender nada. Não fazia a menor ideia sobre o que ela estava falando.

— Tive de fazer um aborto. Michael me engravidou e eu tive de fazer um aborto.

Michael a engravidou? Eu achava que ele estava tomando precauções para que isso não acontecesse. Ele me escolhera exatamente porque pensava que eu seria uma boa mãe e sempre disse que a única razão por que casamos era para que tivéssemos filhos. "Filhos precisam de dois pais amorosos e envolvidos." Ele disse essa frase inúmeras vezes. Com certeza, Michael entendia que não poderia ser um bom pai para duas famílias ao mesmo tempo. Esse fora apenas um deslize?

Michael colocou as mãos na cabeça.

— Meg, lamento por você precisar fazer isso, mas...

— Vocês dois entendem a forma como usam as pessoas?

Senti-me mal por Meg, mas, ao mesmo tempo, estava com raiva. Ela era uma adulta que entrara em um relacionamento com Michael sabendo que ele era casado e tinha dois filhos. Sim, era um casamento aberto, mas, ainda assim, um casamento. As responsabilidades dele comigo e com os filhos estavam em primeiro lugar. Ninguém mentira para ela. Ela não iniciara um relacionamento sobre premissas falsas. Não fora enganada. Além disso, quem ela achou que sustentaria a criança? Michael não tinha emprego. Eu era a única provedora da família. Meg tinha uma renda precária como professora. E por que diabo eles não estavam usando anticoncepcionais?

— Vocês entendem? Vocês entendem isso? — perguntou Meg.

— Espera um pouco. Quantos anos você tem? — disparei de volta.

— Você é uma mulher adulta. Sabia no que estava se metendo. Lamento que esteja magoada, Meg, mas Michael foi claro com você desde o início.

Meg continuou a choramingar. Fiquei remexendo a comida no prato e Michael olhava para baixo como se tentasse decodificar algo cifrado no tapete ao seus pés.

— Não está certo — soluçou ela.

Michael levantou-se e colocou a mão nas costas de Meg. Ela o abraçou e ele a embalou em seus braços enquanto olhava para mim com um pedido de desculpas nos olhos. Eu espumava de raiva e mal conseguia esperar para ficar a sós com ele. Peguei o prato e a caneca de café, levei-os até a cozinha, lavei-os e sequei-os e depois lavei alguns pratos que estavam na pia. Quando voltei para a sala de estar, Meg já estava suficientemente calma para nos despedirmos de forma civilizada.

— Que diabo está acontecendo? — perguntei assim que fechei a porta do carro. — Como você a engravidou? Vocês não estavam usando nenhum tipo de anticoncepcional?

— Ela estava tomando anticoncepcionais, mas você sabe que a pílula não é totalmente eficaz. Foi puro azar. O que posso fazer? — respondeu Michael.

— Vou dizer a você o que deve ser feito em uma situação como essa. Use um preservativo. Faça vasectomia. Diga a ela para usar um diafragma. Não confie apenas na pílula. Cubra todas as possibilidades, Michael.

— Eu sei. Eu sei. Vamos resolver isso. Não vai acontecer de novo. Prometo.

Acreditei nele. Relações extraconjugais, tudo bem; famílias extraconjugais, não. Nós dois sabíamos disso.

Não vi Meg novamente até quase um ano depois, em outubro de 1979. Na época, meu relacionamento com Bob continuava firme e eu acreditava que os limites tivessem ficado suficientemente claros para Meg — e para Michael — naquele constrangedor café da manhã. O dia em que ela veio até nossa casa, eu falava ao telefone com meu irmão, que ainda vivia na Nova Inglaterra, quando a campainha tocou. Deixei o telefone fora do gancho e, quando abri a porta, vi Meg em pé à nossa porta. Nos encaramos por um momento, ambas ligeiramente surpresas. Finalmente, eu disse "oi". Ela me contou que estava lá para pegar uma vitrola que Michael guardara para ela em nosso porão. Para meu alívio, ouvi a porta de nosso quarto se abrir e Michael logo me resgatou daquele momento constrangedor.

Peguei o telefone novamente e conversei com meu irmão por quase uma hora. Alguns minutos antes de desligarmos, olhei pela janela da frente e vi Meg abrir a porta do carro e Michael colocar a vitrola no banco de trás. "Algo está diferente nela", pensei. Então, ocorreu-me que ela vestia um macacão. Essa era uma escolha estranha no caso de Meg, que normalmente vestia roupas atléticas. Calças leggings apertadas e camisetas compridas eram quase seu uniforme.

Pensei que era estranho, mas por que me incomodar com aquilo? Tinha algo melhor para fazer do que ponderar sobre a bizarra escolha de vestuário de Meg.

Em 1980, minha filha tinha 14 anos e meu filho, 11. Eles passavam pela pré-adolescência e pela adolescência, completamente permeados da angústia típica dessa idade, e eu estava determinada a ajudá-los a passar por essas fases com a sensibilidade e a compaixão que não recebera dos meus pais. Tentei ser a mãe tranquila, sensível e amiga que a minha jamais fora. Eu queria que meus filhos pudessem me procurar por qualquer motivo, sem nunca temerem minha reação.

Eu ainda sentia raiva dos meus pais, mas tentava diminuir a distância entre nós, tanto por mim mesma quanto pelos meus filhos. Meus pais adoravam os netos e eu queria que meus filhos tivessem o maior número possível de adultos que os adorassem. Eu pagara um preço alto por guardar rancor com relação a eles por todos aqueles anos, e superar esse sentimento foi algo em que trabalhei aos poucos, na terapia e na vida. Pelo menos duas vezes ao ano eu voltava a Salem para uma visita. O relacionamento dos meus pais com Michael melhorara um pouco, mas não o suficiente para ele querer ir comigo na maioria das vezes. No início de 1980, decidi que voltaria a Massachusetts em maio para visitar meus pais.

Logo após confirmar as datas da viagem, recebi um telefona do meu amigo Brendan, um advogado bem-sucedido em São Francisco. Ele tinha reservas para passar um fim de semana no Ahwahnee Hotel, em Yosemite, que incluía jantar em seu maravilhoso restaurante em ambas as noites, mas não poderia ir. A reserva era para o início de maio. Michael e eu desejávamos aproveitá-la?

O Ahwahnee Hotel é uma maravilha arquitetônica que combina vários estilos clássicos e modernos, dispondo, ainda, de um deslumbrante restaurante com vista para as indescritíveis paisagens da imensidão de Yosemite. Michael e eu jamais teríamos como pagar por um fim de semana lá, mas, graças a Brendan, repentinamente tínhamos essa oportunidade — e seria em alto estilo. Michael estava tão ansioso pela viagem quanto eu.

Eu ficava um pouco angustiada sempre que ia visitar meus pais, mas agora sabia que, uma semana antes de visitá-los, eu poderia relaxar e reabastecer minhas energias em um dos lugares mais tranquilos e lindos da Terra. Resolvi comprar um vestido novo para o jantar no Ahwahnee. Havia muito tempo que não fazia uma extravagância assim, que fosse só para mim. Ao contrário da maioria das roupas que eu tinha, compradas em lojas de segunda mão, aquele vestido seria estreado por mim.

Levantei cedo naquela manhã de sábado de fevereiro e fui a São Francisco. Passei o dia entrando e saindo de grandes lojas de departamentos e butiques em busca do vestido certo. Claro, ainda era cedo. A viagem estava marcada para meses depois, mas eu estava mais do que precisando fazer uma extravagância. Finalmente encontrei um vestido de seda verde, sem mangas, com cintura marcada e contas costuradas ao redor da gola. Experimentei-o e virei o espelho para me olhar de todos os ângulos. Era perfeito. Eu pareceria tão sofisticada quanto qualquer outra hóspede do exclusivo Ahwahnee. Comprar o vestido significava abrir mão dos duzentos dólares que juntara nos últimos meses, mas tinha poucas oportunidades para desfrutar de uma viagem suntuosa como aquela e queria aproveitar tudo ao máximo.

Aguardei ansiosamente o momento da viagem por meses. Cumpri as tarefas do cronograma enlouquecedor de qualquer mãe que trabalha fora, lembrando-me que meu fim de semana luxuoso estava se aproximando. Às vezes, após um dia difícil, eu dava uma olhada no vestido pendurado no armário ou o experimentava e me lembrava de que logo teria um intervalo na minha vida cotidiana. Também ansiava por algum tempo — muito necessário — em que pudesse ficar sozinha com Michael. Raramente tínhamos uma oportunidade para ficar juntos sem as crianças e, quando tínhamos, nos lembrávamos das razões pelas quais nos apaixonamos. Nos últimos anos, sentia que estávamos nos afastando, e eu esperava que nosso passeio reavivasse a intimidade entre nós.

Na quinta-feira, antes de nos aprontarmos para ir para Yosemite, tirei uma tarde de folga do trabalho. Ainda precisava ir à agência de viagens para pegar os bilhetes para a viagem que faria à Costa Leste ainda naquele mês e queria ter bastante tempo para fazer as malas. Fiquei no quarto olhando para a mala aberta. Tentava encontrar uma maneira de dobrar meu elegante vestido de forma que ele não amassasse. Decidi não arriscar. Em vez de colocá-lo na mala, eu o manteria pendurado e o colocaria no banco traseiro do carro. Tudo que precisava fazer era cobri-lo com uma capa protetora de plástico que eu lembrava ter em algum lugar, e o vestido chegaria imaculado ao hotel.

Na época, Michael e eu tínhamos uma cama construída sob medida que ficava em cima de uma plataforma com gavetas. Michael a construiu logo após mudarmos para nossa casa. Embora eu não gostasse a princípio, tive que admitir que, em nosso quarto — que mais parecia um closet um pouco maior —, ter uma penteadeira e uma cama acopladas fazia sentido. Procurei nas gavetas do meu lado da cama, mas a capa não estava em lugar algum. Passei para o lado de Michael. "Que bagunça", pensei, ao olhar ao redor. Como sempre, o lado dele do quarto estava coberto de papel de bala, jornais e lenços de papel usados. Uma garrafa meio vazia de refrigerante estava perto do abajur sobre a mesa de cabeceira. Havia muito tempo que eu desistira de manter o lado dele arrumado. Abri a gaveta de cima e puxei os suéteres e as camisetas que estavam lá dentro. Foi quando descobri as cartas no fundo da gaveta.

Havia aproximadamente 25 cartas, todas de Meg para Michael, enviadas de uma cidade na região Noroeste dos Estados Unidos. Tirei-as da gaveta e as coloquei sobre a cama. Depois, arrumei-as em ordem cronológica, com o coração disparado e as mãos tremendo. Tive vontade de fugir. Precisava ler aquelas cartas, mas precisava sair e pegar os bilhetes também. Minha pele parecia tão apertada quanto uma cela de prisão. "Tenho que pegar meus bilhetes", pensei. No entanto, o impulso me dominou. Peguei uma bolsa velha, reuni as cartas para não tirá-las da ordem e as enfiei nela.

Dirigi vários quarteirões e entrei em um estacionamento perto da agência de viagens. Abri a bolsa e passei o dedo pela pilha de cartas. Meus braços pareciam pesados e meu maxilar doía de tanto apertá-lo com força. Uma por uma, li as missivas que detalhavam a gravidez de Meg. Ela contava sobre o quanto seus pais estavam animados por terem um neto a caminho; sobre as visitas ao médico e os possíveis nomes; e o quanto sentia a falta de Michael e do sexo enlouquecedor que faziam e também que ele lhe deu a criança que ela tanto desejava. "O médico diz que ele pode nascer a qualquer momento agora", escreveu ela em uma de suas últimas cartas.

É difícil descrever a profusão de emoções que eu sentia enquanto lia. Ansiedade, raiva e desespero se apoderaram de mim. Era o equivalente emocional ao acidente de automóvel que sofremos na viagem rumo à Costa Oeste. Eram sentimentos de uma intensidade incrível, e eu não conseguia afastá-los tanto quanto não consegui evitar as forças físicas envolvidas na batida do carro. Ambas as forças eram grandes demais para que eu pudesse escapar delas.

Fiquei sentada no carro por quase uma hora, tentando me recompor para entrar na agência de viagens e pegar os bilhetes de avião para

Boston. Tirei minha carteira e contei o dinheiro para pagá-los. Fiz isso mais duas vezes para evitar ter de olhar para qualquer pessoa. Coloquei o dinheiro de volta no envelope e saí do carro. Quando me dirigi à saída, um homem alto caminhava na minha direção a passos largos. Acho que foi nessa hora que deixei cair o dinheiro e o homem deve ter se abaixado e pegado. Tudo que sei é que quando entrei na agência de viagens eu não tinha quatrocentos dólares.

Ao chegar em casa, estava agradecida por duas coisas: primeiro, por não ter tido nenhum acidente e, segundo, porque a casa ainda estava vazia. Atirei-me na cama e chorei. Essa traição era diferente de qualquer outra que eu experimentara. Chorei por muitas razões. Estava furiosa, humilhada e ferida. O que tornava a dor insuportável era que Michael acabara com o significado do nosso casamento. Ele não estava mais tendo filhos apenas comigo. Aparentemente, ele achava que Meg seria uma mãe tão boa quanto eu, e a única reivindicação de exclusividade que eu poderia fazer deixara de existir. Nosso casamento todo fora uma farsa? Voltei àquele dia de outubro quando vira Meg de macacão. Ela já estava grávida. Era por isso que ela vestia aquilo, percebi com uma clareza rápida e terrível.

Eu não sabia exatamente o que fazer com essa nova informação, mas não ia reprimi-la. Era devastador demais para eu fingir que não sabia. Simplesmente não sabia como iria iniciar a conversa e, por mais que insistisse comigo mesma que precisava ficar calma, tinha certeza de que não ficaria.

Eu precisava me acalmar. Logo as crianças chegariam e, provavelmente, Michael também. Enxuguei o rosto e assoei o nariz, esperando que esses gestos impedissem lágrimas de brotar. Dobrei as cartas e as enfiei nos envelopes. Coloquei-as de volta na gaveta, lastimando-me o tempo inteiro.

Quando ouvi a porta abrir, sabia que eram Jessica e Eric chegando da escola.

— Oi! Tem alguém aí? — chamou Eric.

Corri para o banheiro.

Respirei fundo e gritei:

— No banheiro.

Tentei, mas não consegui esconder o choro na voz.

— Você está bem? — perguntou Eric.

— Sim... está tudo bem. Acabei de tirar uma soneca. Estou entrando no chuveiro.

Liguei o chuveiro, tirei as roupas e tomei o segundo banho do dia. Era a única maneira de ganhar algum tempo e me recuperar para que meus filhos não vissem a histérica em que me transformara.

Após o jantar, Michael ainda não tinha chegado. Fui para a cama e tentei ler, mas passei a maior parte da noite chorando. Por volta das 22 horas, ouvi-o abrir a porta. Desliguei a luz, virei para o outro lado e fingi que estava dormindo.

Ouvi Michael mexendo em alguma coisa na cozinha e ligando a televisão. Um pouco mais tarde, ele entrou no quarto. "Ele não faz ideia alguma de que sei", pensei. Olhei seu vulto escuro enquanto tirava as calças e colocava as do pijama. Senti-me como uma *voyeuse* observando um estranho.

Mais tarde naquela manhã, Michael e eu carregamos o carro, beijamos Jessica e Eric e começamos a viagem de três horas e meia de carro até Ahwahnee. Michael estava ao volante. Ele pegou a I-580 e se embrenhou no trânsito.

— Bom, vou para Salem em breve — comecei a falar.

— Eu sei — respondeu Michael.

— Vou voar para o outro lado do país. É uma viagem longa. Tudo pode acontecer. E se o avião cair? Há algo que você gostaria de me dizer?

— O quê? Do que você está falando?

— Você sabe. Se eu morrer de repente, há algo que você gostaria que eu soubesse?

— Não. Claro que não.

Paramos para almoçar quase duas horas depois e, quando voltamos ao carro, ouvimos música e fiquei pensando sobre como arrancaria o segredo dele.

Chegamos a Ahwahneee por volta das 16 horas, famintos e cansados. Fomos para o quarto do hotel e descansamos um pouco. Depois, tomei um banho, coloquei o vestido que comprara para a ocasião, arrumei o cabelo e me maquiei um pouco. Olhei-me no espelho e pensei sobre o quanto descobrira desde que comprei aquele vestido de seda verde elegante. Agora eu me sentia uma idiota por tê-lo comprado. Agira de forma irrefletidamente feliz, sem saber do desastre iminente. Ao sair do banheiro, Michael sorriu para mim.

— Você está muito bonita — elogiou ele.

Forcei um sorriso e peguei a bolsa.

Michael vestiu um paletó e fomos para o restaurante do Ahwahnee. O local era espetacular. Tinha teto alto e janelas imensas que descortinavam um cenário suntuoso. Passou pela minha cabeça que, em outra situação, eu teria apreciado muito tudo aquilo. Pedimos o jantar e uma garrafa de vinho. Rapidamente, fiquei um pouco inebriada e joguei a isca de novo para ver se conseguia fazer Michael confessar.

— Você tem certeza de que não há nada que queira me contar? Imagine que essa é sua última chance de falar comigo.

— O que você quer dizer com isso? O que está acontecendo com você?

— Só acho que deveríamos ser totalmente honestos um com o outro, porque nunca se sabe o que pode acontecer.

Eu reunia todas as forças que tinha para evitar o confronto com ele. Estava com tanta raiva que deseja levantar e gritar: "Eu sei o que está acontecendo!"

— Não tenho nada para contar.

Na manhã seguinte, decidi que pararia de tentar arrancar o segredo dele. Ele não ia mesmo confessar, então, se eu desejava um acerto de contas, teria de tomar a iniciativa diretamente. Tentar usar artimanhas com Michael era perda de tempo. Eu ainda fervia de raiva e teria que me esforçar muito para manter minhas emoções sob controle.

Caminhamos quase o dia inteiro. Exigi o máximo que pude do meu corpo para liberar parte da raiva e da ansiedade que me consumiam. Michael ganhara peso ao longo dos anos e respirava tão profundamente que não conseguia manter uma conversa enquanto marchava pela trilha. Isso foi um grande alívio. Eu achava que não conseguiria suportar uma conversa corriqueira naquele momento. Ao voltarmos para o início da trilha, Michael e eu queríamos descansar e fomos para o quarto.

Jantamos no restaurante novamente e, embora eu tivesse tomado uma taça de vinho, precisei me conter para não sondar Michael na tentativa de obter uma confissão. Voltamos para o quarto. Fiz amor com ele apaixonadamente. Minha intenção era lembrá-lo do que perderia se eu não estivesse em sua vida. Estava exausta de ter que controlar minhas emoções a viagem inteira. Mesmo que Michael nunca soubesse, isso me deu uma maneira de extravasá-las — ao menos de uma forma passivo-agressiva. Quando terminamos, ele dormiu nos meus braços. Fiquei acordada por algumas horas e depois, finalmente, adormeci.

Acordei na manhã seguinte assim que o sol começou a pintar o céu de rosa. Olhei para o teto e, por um momento, lamentei a perda da minha ignorância. Que delícia esse fim de semana teria sido se eu não soubesse de nada. O que eu faria? Esse era um segredo que eu não poderia manter, uma força destruidora da qual não poderia me esquivar. Ergui-me apoiada em um cotovelo e olhei para Michael. Seu peito subia e descia, e ele roncava baixo. Observei-o por alguns minutos. Depois, ele abriu os olhos e olhou para mim.

— O que foi? O que está acontecendo? O que você está fazendo? — perguntou.

— Eu sei, Michael. Sei sobre o bebê.

Seu queixo caiu.

— Que bebê? — perguntou.

— Você sabe muito bem de qual bebê estou falando, Michael. Sei que Meg está grávi...

Minha voz falhou e as lágrimas brotaram dos meus olhos.

— Não sei como lidar com isso — choraminguei.

Michael ficou calado.

— Como você acha que estou me sentindo, Michael?

— Achei que você não fosse se importar — respondeu.

O quê? Ele achou que eu não me importaria? Essa era a última coisa que eu esperava que ele dissesse. Não era apenas a resposta errada — era louca demais. Como ele podia pensar que eu não me importaria? Eu meio que esperava o tema de *Além da imaginação* começar a tocar. A realidade estava de cabeça para baixo.

— Quem é você? Quem você acha que eu sou? Eu confiava que você me conhecesse melhor do que qualquer pessoa neste mundo e você não sabe nada sobre mim.

— Achei que você enfrentaria bem essa situação.

— O quê? — gritei. — O que fez você pensar que eu enfrentaria bem essa situação? Qual era o plano? Quando você ia me contar?

— Bem, pensei em esperar até a criança entrar na adolescência.

— Você só pode estar brincando.

Michael desviou o olhar.

— Quero dizer, você está falando sério mesmo? Estamos juntos todos esses anos e, então, um dia abro a porta para um adolescente misterioso que se revela como seu filho. E depois o quê? Você me apresentaria para ele e continuaríamos a vida normalmente?

— Cheryl, não importa. Você é minha mulher, não a Meg. Ela teve o bebê há algumas semanas e eu nem estava lá. Estava com você.

Isso deveria servir de consolação para mim? Essa era a forma distorcida de Michael me dizer que eu era especial para ele?

— Se não era nada importante, por que manteve isso em segredo? — perguntei.

Michael respirou fundo e colocou a mão na cabeça.

— Que diferença faz? Você é minha mulher, não a Meg.

Sentia vontade de vomitar. Levantei e fui até a janela. Puxei a cortina para um lado e olhei para a paisagem. O que parecera tão bonito para mim antes, agora parecia uma confusão, um caos incoerente e desordenado que engolia as pessoas e escondia todo tipo de perigo.

— Ela teve o bebê. E qual é o sexo, Michael? Você tem outro filho ou outra filha? — perguntei, ainda olhando pela janela.

— Uma menina. Ela teve uma menina.

Virei-me e o encarei.

— Como você deixou isso acontecer? Você prometeu, após o primeiro acidente, que tomaria mais cuidado.

— Meg queria muito ter um filho e estava ficando velha. Ela me disse que eu lhe devia isso após ter feito o aborto, mas, Cheryl, não vou me envolver nisso. Não estarei presente na vida delas.

— Você devia isso a ela? Você não lhe disse que isso era loucura? E você se sente bem em não ter nada a ver com essa criança?

Eu certamente não me sentia bem, longe disso.

— Ela está com a mãe dela. Meg tem uma família grande. Eles a apoiam. Eles ficaram felizes quando souberam que ela estava grávida. A criança será bem cuidada.

Não sei como não caí dura no chão. O homem que eu considerava um modelo de pai, que falara com tanta seriedade sobre como os filhos precisam de atenção e afeto de ambos os pais, agora me dizia que planejava se isentar da responsabilidade de criar um filho.

— Não, Michael. Se vamos continuar juntos, você não vai abandonar essa criança. Você vai passar tempo com ela. Você a visitará duas ou três vezes por ano. Como você pode pensar em sua filha não conhecer o pai? E mais uma coisa: acabou. Você não vai mais fazer sexo com mulher alguma. Não agora que fez outra família.

— Tudo bem. Tudo bem. Posso fazer isso — concordou ele.

Michael aceitava tudo com demasiada facilidade. Era quase como se minha demanda realmente não exigisse qualquer mudança maior no que realmente já estava previsto.

— Você não tem escolha agora.

Disse tudo isso como se meus desejos fossem importantes para ele. O mais insano é que, apesar de tudo, eu ainda o amava. Eu amadurecera bastante para conceber uma vida sem ele, mas não o suficiente para desejar isso. De muitas formas, Michael era um salafrário. Passei a vê-lo cada vez mais dessa forma, não apenas por causa de suas ações, mas por um hábito que adquiri no último ano: compará-lo com Bob.

Bob permanecia sendo o mesmo homem leal, solidário e doce por quem eu me apaixonara um ano antes. Eu o vi logo após a viagem para Ahwahnee. Contei-lhe sobre a nova família de Michael e ele me consolou enquanto eu derramava lágrimas suficientes para fazer um navio boiar. A única preocupação de Bob era comigo. Ele não atacou Michael nem tentou usar a situação a seu favor. Outro homem podia ter aproveitado a oportunidade e me incentivado a deixar meu marido, que, mesmo naquele contexto de casamento aberto, poderia ser chamado de infiel. Não foi essa a atitude de Bob. Ele simplesmente não pensava de maneira oportunista, sobretudo comigo. Se eu decidisse deixar Michael, ele me apoiaria, mas eu também sabia que ele permaneceria ao meu lado se eu não o fizesse. Ele simplesmente me amava e queria que eu fosse feliz. Quando compartilhei as novidades devastadoras, ele me colocou na cama e acariciou minha cabeça enquanto eu chorava. Sentia uma pena horrível de mim mesma, mas ao secar as lágrimas e ver o rosto preocupado de Bob, também me perguntava como conseguira ser tão sortuda.

13.

E se...?: Bradley

Vários anos após Michael ter virado meu mundo de cabeça para baixo, tive uma experiência profissional que, pela primeira vez, realmente me assustou.

Bradley foi encaminhado para mim por Pamela, uma terapeuta local com quem eu já trabalhara.

Ele não era um cliente comum. Sua patologia era muito mais profunda e infinitamente mais perturbadora do que a de qualquer outra pessoa que eu já tratara. Bradley acabara de sair da prisão. Ele cumprira uma sentença de cinco anos por molestar uma menina de 7 anos. Antes de concordar em atendê-lo, tive uma longa conversa com Pamela sobre o que esse trabalho envolveria. Ela trabalhava em conjunto com um colega especialista no tratamento de pedofilia. Eles testavam a ideia de que poderiam, com a ajuda de uma terapeuta do sexo e outros tratamentos, redirecionar os impulsos sexuais de homens como Bradley para mulheres adultas. E este não era o primeiro cliente com quem eles tentaram essa abordagem. Havia alguns outros que apresentaram resultados encorajadores. Pamela esperava que esses casos fossem a base para um tratamento pioneiro que, por fim, serviria para tornar mais segura a vida das crianças.

Não foi fácil concordar em trabalhar com Bradley. Eu admirava os esforços de Pamela para reabilitar uma pessoa que cumprira sua sentença e estava retornando à sociedade, mudado ou não. Por outro lado, eu trabalharia com ele e estaria vulnerável a alguém que era culpado por um dos crimes mais hediondos que um ser humano pode cometer. Como mãe, ficava enojada ao pensar no que Bradley fizera; no entanto, também sentia que, se pudesse fazer algo para proteger as crianças, deveria fazê-lo. Decidi aceitá-lo como cliente. Talvez possa parecer ingênuo ou idealista, mas pensei que, se minhas habilidades como terapeuta do sexo pudessem ajudar profissionais como Pamela a desenvolver um modelo de tratamento capaz de atenuar esse perigoso distúrbio, eu precisava fazer a minha parte.

Não é possível aumentar ainda mais o papel que a compaixão exerce na terapia com terapeuta do sexo. Meu trabalho é repleto de compaixão. Se não fosse assim, acredito que não teria alcançado sucesso profissional. Com Bradley, eu teria de fazer um esforço adicional consciente e concentrado para permanecer compassiva. Isto não significava, é claro, que eu estava confortável com o que ele fizera. Tive de lutar com unhas e dentes para controlar meu medo e abordar Bradley com a mesma postura aberta que teria com qualquer outro cliente. Foi difícil, mas consegui, pois, ao aceitar um cliente, me comprometo a fazer o melhor que posso para ajudá-lo a resolver seu problema, e a melhor solução é fruto da compaixão, não do desprezo.

Quando marquei a consulta com Bradley pelo telefone, ele não foi difícil ou defensivo. Porém, fiquei com a sensação de que ele estava apenas cumprindo uma exigência, apenas fazendo aquilo que lhe mandaram fazer.

Nos dias anteriores à nossa primeira consulta, fiz o melhor que pude para controlar o medo e a agitação. Tive que me lembrar muitas vezes do objetivo final do trabalho. Pamela e eu tivemos outra conversa sobre Bradley no dia anterior à minha consulta com ele. Falamos sobre como eu alteraria meu protocolo para adequá-lo ao tratamento. Decidimos que, como ele fazia terapia intensiva específica com Pamela, eu não investigaria a infância e a história sexual inicial dele com a mesma intensidade que costumava fazer com outros clientes.

Assim como muitos pedófilos, Bradley fora sexualmente abusado na infância por um membro da família. Pamela vinha trabalhando com ele por três meses. Ele concordara com o tratamento, reportava-se ao funcionário que acompanhava sua liberdade condicional regularmente e não havia indicação de que cometera outro crime. Bradley estava vivendo perto da irmã e mantendo um emprego fixo como técnico em um laboratório na vizinhança. Ele parecia estar fazendo tudo certo e, no entanto, Pamela não o vira expressar qualquer compreensão ou remorso pelo que fizera. Seria possível que alguém como Bradley fosse realmente reformado e transformado, ou a patologia era enraizada e profunda demais para ser tratada por um terapeuta do sexo ou qualquer outra modalidade de terapia então disponível?

Marquei a consulta de Bradley para a parte da manhã, esperando terminá-la no início do dia e limitar o número de horas de ansiedade que eu inevitavelmente teria antes da consulta. Levantei mais cedo do que o normal e fiz alguns exercícios de respiração e relaxamento valiosos, que eu aprendera durante o treinamento como terapeuta do sexo. Quando ele chegou, eu já controlara grande parte da minha apreensão e estava determinada a fazer o melhor que podia.

No entanto, ao abrir a porta e ver aquele homem magro e de cabelos negros, senti calafrios. Ele era, em uma palavra, horripilante. Meus dedos começaram a formigar e minha respiração acelerou. Senti-me como se uma corda estivesse apertando meus ombros e meu peito. Comecei a falar imediatamente em uma tentativa de conter o medo.

— Obrigada por vir — falei.

Bradley acenou com a cabeça e entrou no consultório. Sua pele era vermelha e o cabelo preto era oleoso, dando a impressão de não ter sido lavado ou que talvez tivesse sido recentemente pintado.

Fiz algumas perguntas superficiais. Ele me contou um pouco sobre sua experiência limitada com mulheres, que envolvia a impossibilidade de manter uma ereção e dificuldades de permanecer em um relacionamento por mais de algumas semanas. A última vez em que ele tivera uma namorada fora oito anos antes, quando tinha 22 anos. Bradley parecia distante e impenetrável, de um jeito que jamais vira antes em alguém. Descrevi o processo da terapia com terapeuta do sexo e expliquei como envolvia um aprofundamento gradual da intimidade e troca regular de informações.

Em seguida, chegou a hora de ir para o quarto. Senti um frio no estômago e, por isso, respirei fundo enquanto o acompanhava pelo corredor. Quando nos despimos, observei que sua pele tinha uma coloração arroxeada. Não queria que ele deitasse em meus lençóis, embora soubesse que era exatamente isso que faríamos. Ao deitarmos ao lado um do outro, comecei a fazer vários exercícios de relaxamento, tanto para mim quanto para ele. Pedi que ele fechasse os olhos e respirasse profundamente várias vezes. Ele me ignorou e começou a conversar sobre sua vinda de carro até ali, a comida na prisão, a viagem de pesca que ia fazer, sua crescente aversão pelo chefe e vários outros tópicos aleatórios. Todas as vezes em que eu tentava incentivá-lo a focalizar calmamente seu corpo e respirar profundamente, ele parava de falar por alguns segundos e, depois, começava a divagar novamente.

Deitar ao lado dele era difícil e, pela primeira e única vez em minha carreira, decidi não fazer a Respiração em Conchinha. Simplesmente não conseguia suportar ficar tão perto dele. Começamos pelo Toque Sensual. Ajoelhei no chão e comecei a tocar os pés dele. As unhas estavam grandes demais e havia muita sujeira por baixo delas. Uma voz em minha cabeça gritava: "Saia daí imediatamente." Se ao menos eu pudesse... Naquela época, passara o consultório para a minha casa. Se fugisse, teria de deixá-lo lá. Continuei a subir pelo corpo dele. Sua pele era fria e úmida e a parte de trás dos joelhos era cheia de microvarizes. Ele cheirava a suor e cigarro.

Bradley não calava a boca e, enquanto eu passeava pelo seu corpo, ele começou a falar sobre coisas que deixaram meus cabelos em pé. Ele me contou sobre Gina, a criança que molestara. Ela tinha 7 anos e era filha do seu ex-patrão.

— Bradley, é importante que você tente se concentrar no seu corpo agora. Simplesmente siga minhas mãos e preste atenção ao tipo de sensações que sente quando eu o toco.

— Gina me traiu — disse ele, ignorando totalmente meu recente pedido de calma. — Theresa nunca faria isso.

— Theresa? — perguntei.

— Minha vizinha com cabelos louros cacheados — respondeu. Minhas mãos estavam tocando a parte de trás de suas coxas vigorosas.

— Theresa vai lá em casa depois da escola para me ver usando um short especial. Daqueles com que ela consegue me ver.

Tirei as mãos dele e coloquei-as nos meus joelhos.

— Ela adora me olhar enquanto fico cada vez mais duro e dá risadas quando meu pau escapa do short. Ontem, toquei o cabelo dela pela primeira vez. Muito em breve, será hora de convidá-la para entrar. Mas ainda não.

Lembrei-me de Pamela me contando que não havia indício algum de que Bradley estivesse cometendo mais crimes. Por que ele estava me dizendo aquilo? Ele não percebera que eu tinha a obrigação de reportar isso às autoridades? Ele não sabia que eu o faria? Comecei a entrar em pânico. E se ele me atacasse? Se eu tivesse que defender minha vida, eu lhe daria uma joelhada na virilha com toda a força, mas seria suficiente? E se ele me dominasse? E se fosse mais rápido do que eu? Não havia ninguém por perto, então meus gritos não seriam ouvidos. E se ele saltasse e me agarrasse pelo pescoço? Meu temor pode ter sido um pouco exagerado, pois ele não demonstrava qualquer sinal de agitação. Na verdade, ele não demonstrava emoção alguma.

Levantei lentamente, comecei a me vestir e pedi que Bradley fizesse o mesmo. Disse-lhe que chegáramos ao fim da primeira sessão.

— Bradley — falei —, foi um prazer conhecer você. Não tenho certeza de que a terapia com terapeuta do sexo o ajudará a resolver as questões com as quais está lidando, então me deixe conversar com Pamela antes de marcarmos nossa próxima sessão.

Ele fechou as calças, vestiu a jaqueta jeans e saiu. Observei-o entrar no carro e seguir pela rua. Errei o telefone de Pamela duas vezes e quando falei com ela minha voz falhava.

— Cheryl? — atendeu Pamela.

— Sim, sou eu. Desculpe. Acabei minha sessão com Bradley. Alguém precisa impedi-lo.

Contei a Pamela o que ele revelara e perguntei se ela ligaria para a polícia ou se eu deveria fazê-lo. Pamela prontamente desligou e chamou a polícia.

Minha sessão com Bradley foi, sem dúvida alguma, o incidente mais apavorante da minha carreira. Após essa experiência assustadora, tirei alguns dias de férias. Fui lembrada do quão vulnerável ficava no meu trabalho. Estava tão acostumada a considerar meus clientes como aqueles que correm riscos e tomam a coragem necessária para fazer mudanças que raramente pensava no perigo físico envolvido na minha profissão.

Certa manhã naquela semana, enquanto tomava café na cozinha, decidi arrumar meu arquivo de clientes, lotado de fichas. Abri a primeira gaveta e tirei tantas quantas pude carregar até o sofá. Comecei a folheá-las. Havia tantos sucessos, tantas pessoas boas e decentes que haviam me consultado porque desejavam ter mais intimidade, mais amor e vínculos mais profundos com um parceiro atual ou futuro. Esses eram meus clientes. Isso era exatamente o que eu precisava para poder ver a provação que passara com Bradley sob outra perspectiva. Fui lembrada, novamente, da razão pela qual faço esse trabalho.

14.

Uma nova e assustadora doença

••

"**Q**ual a diferença entre você e uma prostituta?"
Esta e a pergunta que mais ouço. Às vezes, ela é feita timidamente; outras, soa como uma acusação disfarçada de questão. No início da minha carreira, pensei muito sobre a melhor maneira de respondê-la. Eu sabia exatamente qual era a diferença, mas não sabia o nível de detalhe que eu poderia apresentar na resposta para os clientes e nem sabia como responder por que uma profissão como a minha era necessária.

Steven Brown, um terapeuta do sexo que se tornou meu amigo no final da década de 1970, resolveu esse problema para mim com uma analogia que uso até hoje. Procurar uma prostituta é como ir a um restaurante. Você escolhe algo do cardápio, come e, depois que vai embora, o proprietário espera que volte e recomende o lugar aos amigos. Consultar um terapeuta do sexo é como ir a uma escola de culinária. Você aprende as receitas, desenvolve suas habilidades, amplia seu paladar e, em seguida, sai pelo mundo com seu conhecimento recém-adquirido. Se tudo correr bem, você cria refeições deliciosas repetidas vezes para degustadores selecionados.

— É exatamente isso! De certa forma, sou mais Julia Child do que Xaviera Hollander — comentei quando Steven me apresentou essa analogia pela primeira vez.

Pode me chamar de mestre-cuca feliz.

Steven era um dos poucos terapeutas do sexo masculinos, e a maioria de seus clientes era homossexual. Gostei dele assim que nos conhecemos. Com seu cabelo escuro, rosto angular e corpo alto e esguio, ele não tinha problema algum em encontrar parceiros sexuais. Ele e eu conversamos sobre nossos amantes e rimos das nossas proezas. Também falamos sobre nosso trabalho, e isso nos ajudou a nos tornamos terapeutas do sexo melhores. Quando você é um terapeuta do sexo, não pode contar as histórias que vive no trabalho nas reuniões de pais de alunos da escola, e, por isso, eu apreciava poder contar com um confidente da mesma profissão, que conhecesse os desafios e as recompensas inerentes a ela. Steven e eu nos apoiávamos como verdadeiros amigos. Às vezes, ele brincava dizendo que deveríamos nos casar, mas eu já tinha dois maridos.

Em 31 de outubro de 1981, Bob e eu fomos de carro até Reno e nos casamos. A cerimônia aconteceu no prédio da prefeitura e foi realizada por uma juíza de paz. Ela leu uma bênção de casamento dos índios nativos americanos que parecia haver sido escrita para nós.

— Agora, vocês não sentirão mais a chuva, pois serão o abrigo um do outro. Agora, vocês não sentirão mais frio, pois serão o calor um do outro — começava ela.

Esse era o tipo de carinho mútuo que abastecia nosso relacionamento.

— Tratem-se com respeito e lembrem-se com frequência daquilo que os uniu. Deem prioridade à ternura, ao carinho e à gentileza que o vínculo de vocês merece — continuava.

Eu não fazia a menor ideia de que essa seria a crença que regeria nosso futuro juntos. Quando ela acabou a oração, Bob e eu trocamos alianças e saímos da capela para o frio ar de outono.

Fomos para o hotel Harrah's e o sexo foi um dos melhores das nossas vidas. Éramos agora marido e mulher, e nossa relação sexual era uma celebração da profunda união que tínhamos. Foi uma lua de mel em cama de dossel. Senti o tipo de alegria que temera não mais ser mais capaz de sentir após os eventos do ano anterior. Eu ainda podia amar e ser amada. O compromisso que Bob e eu tínhamos um com o outro era inabalável e, agora, oficial — bem, mais ou menos. Não podia ser legal porque eu ainda estava casada com Michael.

Mas não me importava. Bob e eu nunca poderíamos ter filhos, pois eu ficara estéril e ele fizera uma vasectomia. Então, quando ele me pediu em casamento, só entre nós dois, aceitei porque confiava muito nele e o amava. A cerimônia nunca pretendeu ser, de forma alguma, oficial, mas apenas um comprometimento de devoção pessoal um ao outro. Bob explicou que ele sabia que eu era o amor da vida dele e que me ter em sua vida em meio expediente era melhor do que ter outra pessoa em tempo integral.

Ao saber como eu passara o Halloween, Michael ficou furioso, mas não me importei. Eu sofrera a humilhação de saber sobre sua família extraconjugal e, para mim, se ele estava zangado porque eu me casara pela segunda vez, azar o dele.

— Você vai precisar tolerar isso, Michael. Assim como eu tive de tolerar você ter constituído uma família com Meg — declarei.

Michael deu um telefonema rápido para um amigo advogado. Sua esperança, tenho certeza, era de que ele ouviria que eu colocara o futuro financeiro da nossa família em risco.

— E se ele nos processar? Ele pode tomar tudo de nós! — urrou Michael.

Ele nunca explicitou que manobra legal específica ele temia, e eu também nunca perguntei. Bob nunca faria algo assim e nem Michael nem eu podíamos conceber a base legal na qual ele se apoiaria caso essa fosse sua intenção. Sabíamos que se tratava de uma tentativa de infundir medo, arrependimento e culpa em mim — e ambos sabíamos que não funcionaria. A ameaça vazia de Michael não me assustou e ele rapidamente a abandonou.

A dedicação de Bob em relação a mim nunca diminuiu. Em 1983, Michael atirou outra bomba em nosso relacionamento. Meg estava grávida de novo. Se eu ficara impressionada por Bob não criticar Michael, fiquei igualmente surpresa por ele não me criticar. Não o culparia se exigisse saber o que estava errado comigo. Por que eu continuava com alguém que usava meu coração como capacho? O amor tem uma lógica própria. Bob sabia disso e acho que ele também sabia que a melhor forma de me ajudar era me amando sem restrições. Nunca conhecera uma adoração tão pouco egoísta. Sem ele, é provável que eu tivesse me considerado realmente indigna de ser amada, insuficientemente boa para merecer a dedicação de alguém. Bob me deu provas do contrário. Porém, eu continuava a viver com Michael, e era para ele que eu voltava quase todas as noites.

Eu não estava pronta para deixar Michael. Meu amor por ele parecia uma lei da natureza. Não o escolhi mais do que escolhi ficar firmemente plantada no planeta por força da gravidade. Não conseguia explicar em detalhes para mim mesma ou para qualquer outra pessoa porque o amava — e isso me apavorava. Eu o avisara de que destruiria o amor que eu tinha por ele se continuasse a me machucar. O sentimento não acabou, mas começou a parecer irracional e eu passei a me ressentir disso. Às vezes, quando estava sozinha, sentava calmamente e tentava imaginar como seria voltar a sentir a afeição que sentira por ele no início do nosso relacionamento. No entanto, por mais que eu pensasse, não conseguia encontrar uma forma de voltar a ter aquele sentimento. Tudo que conseguia ver era que a imaginação tem limite.

Não era apenas minha vida pessoal que estava agitada no início da década de 1980. Nessa mesma época, o mundo da terapia com terapeuta do sexo foi abalado pelo medo de uma nova e assustadora doença que virou tema permanente da mídia. Não tínhamos certeza de como ela era transmitida e tampouco havia uma pista de que uma cura ou um tratamento existisse. Ela costumava afetar homens homossexuais, mas fora diagnosticada em heterossexuais também. No início, Steven conhecia uma pessoa contaminada, depois soube de mais duas e, em seguida, cinco, sete. O medo se espalhou pelas saunas de São Francisco frequentadas por ele e por seus amigos. As pessoas falavam em tom solene sobre o que começava a parecer uma epidemia. Era uma síndrome que fazia as pessoas definharem, e suas vítimas eram atacadas por infecções recorrentes, linfomas, sarcoma de Kaposi, aftas, pneumonia e outras doenças graves. Steven vira amigos seus passarem de um corpo robusto a esquelético enquanto a doença atacava brutalmente seus organismos e suas vidas. A Aids fazia sua terrível estreia.

Os terapeutas do sexo e outros trabalhadores da indústria do sexo estavam tão confusos quanto o público em geral — e, provavelmente, ainda mais apavorados. Em 1983, os meios de comunicação divulgaram que a doença fora diagnosticada em mulheres heterossexuais. Não faltavam hipóteses com relação aos meios de transmissão da doença. Era possível contaminar-se com um beijo? Ao compartilhar um cigarro? Era transmitida por via aérea? Assim como os outros terapeutas do sexo que conhecia, eu tentava encontrar informações confiáveis e verdadeiras em meio a um turbilhão de rumores e especulações. Eu também me perguntava se poderia continuar nessa profissão. Pensei em suspender minha prática. Talvez fosse hora de procurar outro trabalho. Eu fizera um curso de massagem terapêutica. Achava que podia fazer isso, mas e se eu tocasse em alguém que estivesse suado? Eu poderia pegar Aids assim? Para evitar que minha preocupação aumentasse progressivamente e se transformasse em pânico, eu precisava de informações com urgência.

O Centro de Controle de Doenças emitiu uma declaração sobre a transmissão da Aids em 1983 dizendo, em parte, que ela "muito provavelmente, era causada por um agente transmitido por meio de contatos sexuais íntimos, agulhas contaminadas ou, com menor frequência, inoculação percutânea de sangue ou produtos de sangue contaminados". Também foi dito que não havia indícios de que ela fosse propagada por via aérea ou que o contato casual representasse um risco maior. O cenário ficou menos embaçado. Eu não precisava mais me preocupar se eu ou meus filhos poderiam contrair Aids como resultado de um aperto de mão ou uma tosse. Ainda assim, precisava de um plano para me proteger ao máximo. Os terapeutas do sexo começavam a abandonar a profissão, e eu decidira que não faria o mesmo. Adorava o meu emprego. Era o trabalho da minha vida e simplesmente não o abandonaria. Jurei que reuniria a maior quantidade de informações possível sobre a Aids e mudaria minha prática para limitar minha vulnerabilidade à doença.

Em 1984, Steven, alguns outros terapeutas do sexo na área da Baía de São Francisco e eu nos enfiamos em uma caminhonete e fomos para Palm Springs, para a conferência da Society for the Scientific Study of Sexuality, onde haveria muitas palestras sobre a Aids e sua transmissão. Havíamos participado dessas conferências antes e, embora sempre fosse uma ocasião para discussões sérias, elas também eram festivas. Era uma oportunidade para pessoas com ideias semelhantes se reunirem e conversarem com velhos amigos. Passávamos os dias aprendendo, trocando ideias e opinando sobre as questões mais importantes em nosso campo de atuação. As noites eram dedicadas à diversão. Reuníamo-nos para jantar, beber e dar risadas, e a socialização costumava estender-se até altas horas da manhã.

Não podia ser mais evidente que uma nova era se inaugurava na conferência daquele ano. Até mesmo o arejado hotel do Sul da Califórnia, com suas paredes curvadas em tons de azul, não conseguia disfarçar o estado de espírito. As pessoas choravam e lembravam-se de amigos e membros da nossa comunidade que tinham sido levados pelo flagelo que, agora, ameaçava a todos nós. A angústia era grande. Havia terapeutas do sexo e outros educadores sexuais, terapeutas, médicos e vários outros profissionais. Muitos estavam consternados pelas perdas e todos estávamos confusos com relação a qual seria o melhor conselho para as pessoas que nos procuravam pedindo ajuda. As conferências anteriores pareciam um encontro festivo de ex-alunos. Esta parecia um enterro.

Foi a primeira vez que me lembro de ter ouvido o termo "sexo seguro", que mais tarde deu lugar ao termo mais preciso de "sexo mais seguro". Nossa comunidade podia estar de luto, mas também precisava se tornar mais informada muito rapidamente. Entrávamos em uma nova era, na qual os velhos medos de doenças sexualmente transmissíveis — que até então eram tratáveis — e da gravidez tornaram-se inócuos se comparados com o que passamos a enfrentar. As mensagens sobre prevenção que levamos da convenção eram inequívocas. O uso de preservativos, agora, era obrigatório. Pela primeira vez aprendemos sobre como usar barreiras dentais e películas de plástico para o contato oral. Se desejássemos permanecer seguro, precisaríamos dizer adeus ao sexo anônimo e desprotegido. Uma nova era nos fora impingida e as alternativas estavam muito claras. Nosso pensamento poderia se manter tão progressista quanto antes, mas nossas ações precisavam se tornar mais conservadoras.

Quando retornamos para a Baía de São Francisco, inscrevi-me em uma aula sobre látex no uso do sexo no Institute for the Advanced Study of Human Sexuality. Aprendemos como transformar preservativos, barreiras dentais e outros dispositivos de prevenção em brinquedos sexuais. Além de nos fornecer informações que poderiam salvar nossas vidas, a aula era uma prova de que a educação sexual podia ser divertida. Treinamos a colocação de preservativos com a boca e inventamos formas criativas de fazer sexo sem penetração. Também aprendi a verificar eroticamente se um preservativo permanecia no lugar em meio a uma relação sexual vigorosa. Desde então, mantive um estoque de preservativos em meu consultório. Usá-los é obrigatório — e divertido. Comecei a modelar não apenas sexo bom, mas sexo mais seguro.

15.

Passando para a oralidade: Kevin

••

Assim como muitas pessoas, morri de rir com o episódio de *Seinfeld* em que Jerry finalmente revela "sua jogada" para George. Pode ter sido muito divertido para mim, porque as pessoas às vezes acham que ensino "técnicas" que infalivelmente darão prazer a todas as mulheres (ou homens). Mas eu não as ensino, e elas não existem. O que leva uma pessoa ao êxtase pode levar outra a trocar de canal na televisão.

No entanto, a técnica que ensino — e que tem um histórico de sucesso comprovado — é a comunicação. Em algumas ocasiões, pode ser a comunicação sobre sérias questões subjacentes, mas, na maior parte das vezes, trata-se simplesmente da capacidade de falar sobre o que nos dá prazer e o que não dá. É difícil para alguns de nós revelar cuidadosamente para o parceiro que não gostamos do que ele ou ela está fazendo e sugerir uma alternativa. Temos medo de ferir egos ou sentimentos e tendemos a evitar conversas sobre assuntos com os quais nos sentiremos desconfortáveis. É tentador acreditar que não falar sobre um problema, de alguma forma mágica, o fará desaparecer, mas todos nós sabemos que isso não funciona. Essa atitude faz o problema desaparecer de vista, mas ele sempre piora, e se transforma em uma questão mais séria do que seria se fosse discutido abertamente.

Falar honesta e respeitosamente sobre o que funciona e o que não funciona embaixo dos lençóis é a melhor forma que conheço para construir uma vida sexual excitante. Muitos clientes já me provaram isso, mas o maior exemplo foi Kevin, que me procurou em meados da década de 1980.

Kevin sofria do que ele chamava de "impotência". Ele tinha uma namorada, Diane, a quem adorava, mas regularmente perdia a ereção quando fazia sexo com ela. Diane começara a acreditar que ele não tinha atração por ela ou que ela o entediava, e isso o levara a procurar pela terapia. Ele não entendia como podia ter tanta atração por aquela mulher maravilhosa e não conseguir manter uma ereção com ela. Ele temia que houvesse algo radicalmente errado com ele ou que era simplesmente um péssimo amante e que Diane acabaria trocando-o por outro.

A determinação de Kevin em mudar ficou clara na primeira sessão. Ele tinha um desejo imenso de entender e tentar resolver seu problema. Tinha também um nível de frustração consigo mesmo que não combinava com a abordagem racional que adotara. Sabia que se sentir culpado não resolveria o problema, mas não conseguia deixar de fazê-lo.

Pedi que falasse sobre o motivo que o trouxera ao meu consultório.

— Eu não entendo. Tentei examinar o problema de todos os ângulos e mesmo assim não consigo — começou ele.

Ele tirou os óculos de aro fino e os colocou sobre os joelhos.

— Quer dizer, amo minha namorada, ela me excita e, no entanto, quando tentamos fazer sexo, perco a ereção — continuou.

Ao contrário de muitos outros clientes, Kevin conseguia falar sobre sexo sem constrangimento. Muitos clientes consideram palavras como "ereção" difíceis de serem ditas, mas não consegui detectar qualquer alteração em sua atitude quando ele a pronunciou.

Perguntei se ele tivera alguma experiência semelhante no passado.

— Nunca. E Diane é a primeira mulher que amo de verdade — revelou.

— Você fica parcial ou totalmente flácido quando perde a ereção?

— Totalmente. É como se eu nem tivesse ficado excitado.

Perguntei a Kevin se o sexo entre ele e Diana era sempre feito do mesmo jeito. Eles começavam com preliminares ou iam direto ao ato? Como se tocavam? Quem costumava tomar a iniciativa?

— Quando começamos a nos ver, na maioria das vezes, era eu quem tomava a iniciativa, mas agora tenho tanto medo de fracassar que não tomo mais. Por algum tempo, Diane tomou a iniciativa, mas agora ela também está apavorada. Quando estávamos... hum... tentávamos fazer sexo, começávamos com preliminares, o que adoramos. Nós nos beijávamos e acariciávamos o corpo inteiro um do outro. Depois, fazíamos sexo oral. É exatamente aí que o problema começa. É o momento em que fico mole e tudo acaba.

— Vocês dois gostam de sexo oral?

— Sim, eu gosto de ser chupado e de chupar, e Diane também.

Como os dois gostavam de sexo oral, era curioso que o clima costumasse mudar nesse momento. Seria importante prestar muita atenção à reação de Kevin quando eu fizesse sexo oral nele durante o Sexológico. Talvez isso nos desse algumas pistas com relação ao que minava a vida sexual dele.

— Kevin, a culpa não é sua ou de qualquer outra pessoa. Tentaremos entender melhor o que está por trás do seu problema fazendo alguns exercícios, mas algo que certamente ajudará é tentar parar de se culpar. Vamos começar com você tentando ser compassivo consigo mesmo e não interpretando isso como um fracasso da sua parte. Combinado?

— Tudo bem. Combinado — respondeu Kevin, relutante.

Expliquei o Toque Sensual e perguntei se ele estava pronto para começar.

Ele se levantou. Kevin era baixo, provavelmente não tinha mais de 1,60 metro. Era magro, exceto por um pequeno pneu de gordura que mal se projetava sobre o cinto.

No quarto, tirei a blusa, as calças e a roupa íntima e o convidei a se despir e a deitar na cama.

Começamos com a posição de conchinha e respiramos juntos. Pedi que ele deitasse de lado e dobrasse as pernas. Depois, aconcheguei-me a ele e coloquei a mão sobre seu abdômen.

— Respire como normalmente faz, e eu o acompanharei — falei.

Ele inspirou e expirou calma e regularmente. Imitei sua respiração e logo nos harmonizamos e entramos em um ritmo estável de inspiração e expiração. Senti seu abdômen se expandir e contrair suavemente.

— Você está indo muito bem, Kevin — incentivei.

Inspirar e expirar, inspirar e expirar, assim continuamos por vários minutos. Em seguida, a respiração dele acelerou e seu corpo ficou mais quente.

— Como você se sente? — perguntei.

Kevin respondeu que estava bem.

Lentamente, levantei-me e fiquei ao lado da cama. Vi que Kevin tinha uma ereção.

— Uma ereção nesse ponto, em geral, sugere que você está relaxado, o que é o melhor estado em que você poderia estar neste momento. Se estiver pronto, por favor, vire de bruços no meio da cama, mas encontre uma posição bem confortável — orientei.

Devagar, Kevin se virou e ajeitou o pênis endurecido.

Ajoelhei no chão e peguei os pés dele. Quando pressionei os arcos, ele começou a rir.

— Você sente cócegas aqui — comentei.

— Desculpe.

— Tudo bem, não há nada de errado nisso. Qualquer reação ao meu toque é boa. Vou aplicar um pouco mais de pressão, para não fazer cócegas, mas não tem problema se acontecer.

Pressionei os polegares nos arcos dos pés de Kevin fazendo círculos.

O corpo de Kevin reagiu quase imediatamente ao meu toque. À medida que subi pelas pernas, a tensão nelas se dissipou sob os meus dedos e sua respiração ficou mais profunda.

Lentamente, passei as palmas da mão sobre as nádegas dele, que estavam rígidas. Pedi que ele inspirasse e focalizasse sua atenção em minhas mãos. Ele inspirou profundamente, e seus quadris relaxaram quando expirou.

Fui subindo pelo corpo dele até atingir o topo da cabeça.

Os olhos de Kevin estavam fechados e cada inspiração era tão profunda que pensei que ele pudesse estar adormecido.

— Kevin? — falei baixinho.

Ele pareceu ter levado um susto.

— Como se sente?

— Estava quase cochilando. Isso é tão relaxante.

— Ótimo. Fico feliz que esteja relaxado. Vou trabalhar descendo por seu corpo novamente.

Aos poucos, fui passando da cabeça aos pés dele.

Depois, pedi que ele inspirasse profundamente e, quando estivesse pronto, virasse de barriga para cima.

Seu pênis estava quase em pé e assim permaneceu durante todo o tempo em que toquei a frente do corpo dele.

O fato de Kevin não ter qualquer problema em manter uma ereção comigo, sobretudo na nossa primeira sessão, me deixou mais curiosa para saber sobre a dinâmica entre ele e Diane. À medida que continuamos a nos ver, consegui observar um padrão. Ele ficava ereto quase imediatamente após ficarmos nus e, embora pudesse amolecer um pouco, a ereção nunca desaparecia totalmente.

Em nossa quarta sessão, quando fizemos o Sexológico, Kevin permaneceu duro o tempo inteiro. Foi no período de avaliação, após eu o estimular com a mão e a boca, que o mistério do porquê de ele conseguir manter uma ereção comigo, mas não com Diane, foi resolvido, o que reforçou mais uma vez a importância da comunicação básica.

Perguntei a Kevin o que ele mais gostava.

— Com certeza, quando você me chupa. Eu tinha esquecido o quanto gostava disso.

Fiquei surpresa com a resposta dele, porque me lembrava de ele ter dito que Diane fazia sexo oral nele e que era nessa altura que ele costumava perder a ereção.

— Diane não gosta de chupar você?

— Ela chupa, mas me machuca.

— Machuca como?

— Ela usa os dentes, e eles arranham meu pênis.

— Você já falou isso para ela?

— Não, não posso.

— Por que não?

— Não quero magoá-la.

— Kevin, você tem como falar com ela sobre isso sem magoá-la. Você gostaria que ela o avisasse se fosse o contrário, não é?

— Sim, mas... e se ela pensar que estou criticando?

— Bem, não posso saber com certeza como ela vai reagir, mas existem técnicas de comunicação que podem ajudar a limitar as chances de ela considerar seu comentário uma crítica.

Perguntei a Kevin se Diane estaria disposta a falar de sexo abertamente.

— Sim. Ela quer muito entender o que está nos impedindo de fazer sexo. Diane brinca muito sobre sexo e não fica tímida na cama. Ela ficou feliz quando lhe disse que estava vindo aqui porque quer, bem, transar.

— Esse é um ótimo ponto de partida.

Sentei perto dele na cama e lhe ensinei algumas das melhores técnicas de comunicação que conheço.

— Comece explicando que você deseja falar sobre isso porque a ama, porque se sente atraído por ela e quer que a vida sexual de vocês seja mutuamente satisfatória. Se você ajudá-la a ver o objetivo fundamental da conversa, é mais provável que ela deseje se envolver nela.

Kevin ouviu atentamente.

— Use afirmações que comecem com "eu". Nada de acusações ou repreensões. Você pode dizer algo como: "Eu adoro quando você me chupa, mas quando você aperta meu pau com os dentes, sinto dor, e isso diminui minha ereção."

— E se ela ficar constrangida?

— Lembre-a de que você deseja saber se está fazendo algo que ela não gosta. Dê a ela a mesma oportunidade que ela está dando a você.

— Fico me perguntando se também não costumo fazer algo do qual ela não gosta — revelou Kevin.

— Falar honesta e abertamente um com o outro é a única maneira de descobrir. Diga a Diane que você deseja que as linhas de comunicação permaneçam abertas. Seus gostos podem mudar, e os dela, também. Vocês precisam conversar sobre isso ao longo da sua vida juntos.

Pela primeira vez, Kevin ficou enrubescido e desviou o olhar. Ele parecia constrangido.

— Como você se sente? — perguntei.

— Bem, meio bobo, para ser sincero.

Quando eu perguntei o motivo, ele respondeu que era porque a solução para o problema estivera lá o tempo todo e agora parecia tão simples.

— Pode parecer simples, mas lembre-se: poucos recebem orientação sobre como se comunicar quando o assunto é sexo — comentei.

— Por alguma razão, eu simplesmente... simplesmente achei que não podíamos falar sobre isso.

— Você só precisava de incentivo e ser lembrado de que pode fazer. Não precisa fazer mágica alguma nesse caso. São técnicas simples que você pode aprender. Vai tentar falar com Diane hoje?

— Não sei. Parece fácil, mas fico apavorado quando penso em falar com ela.

Kevin e eu ensaiamos algumas situações que poderiam ocorrer entre eles. Como um bom aluno, ele ampliava cada vez mais sua capacidade para falar sobre suas preocupações sem fazer críticas à medida que praticávamos.

Tivemos mais duas sessões. Na última, ele me disse que finalmente tinha reunido coragem para falar com Diane.

— Ela ficou muito feliz por eu ter falado. Disse que queria que tivéssemos conversado antes — ele comentou alegremente.

Pela primeira vez em meses, eles tiveram relações sexuais.

Eu fiquei feliz por Kevin finalmente ter conseguido voltar a fazer sexo com Diane, mas fiquei ainda mais feliz por ele ter estabelecido um canal de comunicação aberta entre ele e sua namorada e construído as bases para um relacionamento sexual contínuo e satisfatório. Ele aprendera um dos segredos fundamentais dos melhores amantes.

16.

Aquela não é a sua filha?

O retrocesso era iminente. Em 1986, estávamos no meio do segundo mandato de Ronald Reagan, e os Estados Unidos se moviam cada vez mais para a direita. Os avanços da Revolução Sexual e de outros movimentos sociais estavam sendo colocados em risco por um alinhamento das forças conservadoras tradicionais e da Direita Religiosa. Parecia que estávamos voltando para um tempo em que a sexualidade era "coisa do demônio" e os temas sexuais, reprimidos.

Reagan permaneceu calado com relação à Aids até 1987, após centenas de vidas já terem sido ceifadas por ela. A Moral Majority e outras organizações ativistas de direita fizeram da doença uma arma política e a apontaram na direção da comunidade gay, um dos seus bodes expiatórios favoritos. As táticas incluíam culpar as vítimas descaradamente e condená-las com veemência através de organizações fundamentalistas, púlpitos das igrejas e as grandes redes nacionais dos veículos de comunicação — às quais as autoridades governamentais tinham acesso.

— Os homossexuais declararam guerra à natureza e, agora, a natureza está cobrando uma retribuição medonha — declarou Pat Buchanan, diretor de comunicações de Reagan, para o *New York Post* em 1986. O tempo era propício para um ataque aos direitos reprodutivos, às minorias sexuais e às mulheres: a marcha para trás começara.

Eu era ingênua, mas, às vezes, especulava que, se esses intimidadores detestáveis simplesmente ouvissem um dos membros da legião de pacientes soropositivos que eles sumariamente amaldiçoavam, veriam que estavam falando sobre seres humanos reais, e não sobre uma massa de demônios sem nome. Se pudessem ouvir meu querido amigo Steven Brown, por exemplo, talvez mudassem seu ponto de vista.

No início da década de 1980, Steven e eu havíamos nos tornado figuras de destaque da equipe de treinamento da San Francisco Sex Information. Nós nos encontrávamos duas vezes ao ano para treinar novos grupos de voluntários que traziam dinamismo à organização.

No inverno de 1986, preparamos um curso de treinamento para cinquenta pessoas. No primeiro dia, Steven, eu e outros professores nos revezamos dando palestras para o grupo, respondendo a perguntas e analisando as dezenas de situações hipotéticas com as quais eles talvez se deparassem como voluntários ao telefone.

Na hora do almoço, uma chuva imprevista desabou e nem Steven nem eu tínhamos um guarda-chuva. Colocamos nossos casacos por cima da cabeça e fomos a um restaurante chinês a poucos quarteirões do local de treinamento da SFSI. No meio do caminho, começamos a correr e, no momento em que abrimos a porta do restaurante aquecido, estávamos sem fôlego e rindo como crianças.

Nós nos apertamos em uma bancada de vinil vermelha e o garçom colocou um bule de chá fervendo entre nós. Steven serviu uma xícara para mim e, depois, uma para si mesmo. Segurei a xícara de cerâmica para aquecer as mãos. O chiado de fritura que vinha da cozinha se misturava aos odores apetitosos de pimenta e alho. Percebi que estava faminta. Fizemos o pedido e tomamos chá enquanto esperávamos pela refeição.

— Um ótimo grupo dessa vez — comentei.

— Sim, a cada ano eles parecem chegar mais bem-preparados.

— Lembra de quando começamos nos anos 1970? Como a maioria de nós sabia tão pouco?

Steven não disse nada. Ficou virando sua xícara e remexendo seus talheres. Em seguida, fitou-me.

— Cheryl, tenho algo para lhe dizer.

Sua expressão tornou-se séria e senti um medo repentino.

— Fiz o teste — começou ele.

"Ah, não", pensei.

Nossos pastéis chegaram, olhamos para eles e, em seguida, um para o outro.

— Sou HIV positivo.

— Ah, Steven... — suspirei, e senti meu peito apertar.

Quanto tempo mais ele viveria? Era um pensamento assustador. O que ele falara era que era HIV positivo. O que eu ouvira era que ele morreria em breve. Imaginei seu rosto bonito se tornando emaciado e pálido.

— Steven, eu...

— Cheryl, tudo bem. A verdade é que não fiquei chocado ao ouvir o resultado.

Steven tivera muitos parceiros. Talvez eu também não devesse ter me chocado, mas simplesmente fiquei sentada lá sem conseguir falar nada.

— Estou aprendendo o máximo possível sobre como manter a saúde. Lutarei contra essa doença o quanto puder, e não estou sozinho — disse ele.

Apertei a mão de Steven.

— Não, você não está sozinho mesmo. De forma alguma.

Ao retornarmos para o treinamento naquela tarde, admirei-me pela forma como Steven mergulhou de volta em seu trabalho sem hesitação. Nunca ninguém teria imaginado que algo estava errado, pois ele contava piadas e discursava para a turma com o mesmo jeito de sempre, animado e dinâmico. Steven lutava contra uma doença impiedosa, mas a enfrentava com o mesmo espírito positivo e determinado que fez com que eu e muitos outros nos apaixonássemos por ele.

Conforme prometera, Steven tornou-se um perito leigo em HIV e Aids. Ele se instruiu e instruiu seus amigos sobre como se cuidar após o diagnóstico. Antes de se descobrir portador da doença, Steven frequentava saunas, onde homossexuais se encontravam para fazer sexo casual. O que restara da cena das saunas agora incluía patrulhas voluntárias de sexo mais seguro, e ele se inscrevera para fazer parte delas. Tornou-se parte de uma equipe que monitorava a sauna Sutro para garantir que todos estavam sendo mais cuidadosos. Além de tomar um coquetel de remédios, Steven mantinha um estilo de vida saudável e uma atitude positiva. Ele continuou a trabalhar como terapeuta do sexo e fazia questão de falar para todos os clientes, desde o início, sobre sua doença e sobre o uso de camisinhas e outras medidas para fazer sexo mais seguro.

Na maioria dos dias, parecia que eu observava passivamente os triunfos tão duramente conquistados durante as décadas de 1960 e 1970 se tornarem os alvos dessa nova era. A única ação que me restava era falar — publicamente. Poderia, pelo menos, tentar apresentar meu ponto de vista, que estava sendo soterrado pelos gritos agudos dos puritanos e críticos profissionais ressuscitados e energizados. Eu já tinha sido entrevistada pela televisão local e pela mídia impressa antes. Queria que as pessoas entendessem o que os terapeutas do sexo faziam, mas também queria fazer minha pequena parte, desmistificando e acabando com o estigma do sexo ao torná-lo parte da discussão pública. Àquela altura, isso assumia uma nova importância.

Muitas vezes, Steven e eu nos apresentávamos juntos na mídia. *O show de Steven e Cheryl*, como o batizamos, começou em meados da década de 1980, quando aparecemos em um programa local da área da Baía de São Francisco chamado *People Are Talking*. Muitas vezes, produtores que encontravam com um de nós pediam para serem apresentados a outros terapeutas do sexo. Alguns jornalistas lidavam com nosso trabalho de forma ponderada; outros publicavam os melhores aspectos. Era sempre um risco, e eu não tinha certeza de qual era a melhor maneira de me proteger. Valia a pena que um excelente artigo para promover o objetivo maior de mudar a discussão pública fosse publicado ou aquilo simplesmente reforçava as mesmas narrativas e mitos bolorentos e equivocados?

O show de Steven e Cheryl teve sua primeira oportunidade para aparecer em rede nacional quando o programa de televisão *Larry King Live* nos agendou para uma entrevista em 1989. Esse foi um dos primeiros programas nacionais a abordar o trabalho dos terapeutas do sexo, e eu fiquei nervosa. Larry King era uma lenda da televisão. E se meus pais ficassem sabendo? Eles tinham apenas uma vaga ideia do meu trabalho e a última coisa que fariam era me pressionar para saberem mais detalhes. Sabiam que o que eu fazia envolvia sexo e sexualidade, então, não poderia ser bom.

Os produtores do programa conseguiram filmar a entrevista em um estúdio de Los Angeles para que não precisássemos viajar até Washington, onde o programa era normalmente filmado. Ao contrário de outros programas dos quais eu participara, eu precisava chegar ao estúdio já maquiada e arrumada, "pronta para as câmeras". Steven e eu fomos levados rapidamente para a sala de maquiagem assim que chegamos para gravar. Quando fiquei pronta, minha cara estava com tanta maquiagem que temi parecer ridícula.

— Não se preocupe, você ficará maravilhosa na tela — assegurou-me a maquiadora.

Dei mais uma olhada no espelho e torci para ela estar certa. Eu me sentia e parecia como se estivesse usando uma máscara.

Em seguida, um assistente me levou a um estúdio onde Steven já esperava por mim. Fazia dois anos que ele recebera o diagnóstico e ainda era bonito e tinha uma aparência saudável. Os médicos se surpreendiam com o estado de Steven, e eu estava eternamente grata por isso.

— Ei, Bruce Willis foi a última pessoa a se sentar nesta cadeira — disse um Steve abobalhado para mim.

— Sério? Quem sentou aqui pela última vez? — perguntei a um dos membros da equipe, apontando para a minha cadeira.

— Zsa Zsa Gabor — respondeu ele.

— Uau! Zsa Zsa foi a última bunda a tocar este assento. O que você acha disso? — perguntei para Steven.

— Bruce, Zsa Zsa, Steven e Cheryl. Isso estava predestinado — disse Steven.

Rimos até o engenheiro de som vir colocar os microfones em nossas roupas.

Havia três câmeras apontadas para nós e o produtor explicou que uma luz vermelha indicaria qual delas estava gravando. Deveríamos olhar para a câmera ativa durante todo o programa. Respirei fundo algumas vezes e tentei convencer-me a ficar calma e confiante. Em seguida, Larry apareceu em um monitor e, em poucos minutos, estávamos no ar. King fez perguntas razoáveis e nos deixou responder em detalhes. Somente uma das perguntas de um telespectador foi hostil. Quando terminou, Steven e eu sentimos como se tivéssemos recebido uma grande oportunidade para explicar o que fazíamos e por que nossa profissão era importante.

Ao chegar em casa assisti à gravação que Michael fizera do programa. A maquiadora estava certa! Dessa vez, eu ficara bem na TV.

Alguns dias depois, telefonei para os meus pais. O que eu mais temia acontecera. Um amigo do meu pai me reconhecera e ligara para ele.

— Bob — disse o amigo pelo telefone —, aquela não é a sua filha no *Larry King Live*?

"Pronto", pensei quando meu pai me disse que assistira a entrevista. Para minha surpresa, ele simplesmente disse:

— Então, é isso que você faz?

— Sim, papai. Eu instruo as pessoas sobre sexualidade e as ajudo a se sentirem mais confortáveis com ela — confirmei.

Eu poderia explicar a resposta inesperadamente natural de meu pai de várias formas. Sem dúvida, ele amadurecera com a idade, mas eu sentia que havia algo mais profundo em jogo. Acho que meu pai decidira manter um bom relacionamento comigo, e isso significava que precisava me aceitar como eu era. O pai com quem eu cresci teria ficado mortificado com a revelação que eu fizera em rede nacional de televisão. Embora não tenha pedido a ele que o confirmasse, também achei que ele podia ter percebido o valor do meu trabalho. Quando King me perguntou o que eu fazia para ajudar as pessoas em meu trabalho como terapeuta do sexo, respondi que poucos de nós somos criados com qualquer tipo de educação sexual bem-embasada. Nossas ideias sobre a vida sexual eram derivadas de conversas com amigos, de filmes, livros e pornografia — fontes que todos reconhecemos como pouco confiá veis. Com esse tipo de informação errada, não é de admirar que tantas pessoas fiquem confusas e angustiadas. Expliquei que grande parte do meu trabalho era orientar as pessoas para que tivessem expectativas mais realistas em relação a elas próprias e aos outros. A geração do meu pai, aqueles que chegaram à maturidade na década de 1930 e a minha, da década de 1950, careciam de qualquer educação sexual confiável. Fôramos criados em uma época em que sexo era tabu. Eu estava tentando compartilhar o que aprendera para que as gerações seguintes não chegassem à idade sexual em um vácuo informativo. Talvez ele realmente pensasse que valia a pena. De qualquer modo, terminou a conversa com:

— Avise-nos da próxima vez que for aparecer na televisão.

Minha mãe se manteve em silêncio até minha visita seguinte, quatro meses mais tarde. Alguns anos antes, meus pais haviam se mudado de Massachusetts para New Hampshire. Quando cheguei, no início do verão, fazia tanto calor que passei a maior parte do tempo dentro de casa, onde a temperatura era quase congelante por causa do ar-condicionado espremido na janela da sala de estar. Eu esperara que minha mãe falasse sobre o programa, mas no terceiro dia de minha visita percebi que, se desejasse discutir o assunto, teria de dar o primeiro passo. Eu estava orgulhosa por minha participação na entrevista e achava que Steven e eu oferecemos uma descrição realista do trabalho dos terapeutas do sexo. Certa noite, enquanto minha mãe assistia ao noticiário, sentei-me ao lado dela no sofá. Perguntei se ela havia assistido ao programa de *Larry King* com papai, embora eu tivesse quase certeza de que ela o fizera. Ela confirmou com a cabeça e sentou-se um pouco mais reta. Pensei em simplesmente deixar o assunto de lado, mas continuei. Começaria a explicar meu trabalho para minha mãe. Se eu estava preparada para revelar e defender minha profissão diante do povo americano, poderia fazê-lo também para minha mãe.

— Estou feliz por você ter assistido — comecei, apostando, talvez de modo pouco realista, que nossa conversa seria boa.

Mamãe não disse nada.

— Acho que consegui explicar bem o que é o meu trabalho — continuei.

Eu queria que ela concordasse comigo, ou discordasse, ou me dissesse para calar a boca, ou nem dissesse nada. Em vez disso, ela apenas me encarou fixamente, o olhar resolutamente neutro.

— Estou tentando ajudar as pessoas a se sentirem menos envergonhadas e confusas em relação à própria sexualidade. Não viemos de uma cultura que aborda esse assunto com naturalidade. Raramente falamos sobre isso, e os pais não aprendem a conversar com os filhos sobre ele. Não há nada de que eu goste mais do que ajudar as pessoas a se sentirem mais confortáveis com sua sexualidade e a terem mais informações do que eu tive.

Parei aí, porque não queria que parecesse que eu a acusava de algo. Estava cansada de lutar contra minha mãe.

— Você não tem de falar sobre essas coisas. Elas simplesmente acontecem naturalmente — ponderou ela.

Até que enfim ela dissera algo. Estava errada, mas começara a se manifestar e, pelo menos, parara de me ignorar.

— Não, mamãe, não acontecem. Nossos cérebros são complexos demais para que isso aconteça naturalmente. Vivemos em uma cultura que tem uma postura negativa em relação a esse assunto. Não abordamos a sexualidade com um olhar informado, e costumamos receber mensagens conflitantes sobre o tema. O sexo pode ser natural, mas não acontece naturalmente.

Olhei para a minha mãe, tentando avaliar se ela estava entendendo um pouco do que eu dizia, mas ela manteve seu semblante inexpressivo. Continuamos sentadas e nos olhando por alguns segundos. Embora estivesse sendo bastante fria, eu tinha de reconhecer que ela não estava gritando comigo ou me acusando de ter um comportamento escandaloso.

— Você se lembra de quando eu disse a Larry King que trabalhava com pessoas portadoras de necessidades especiais? Bem, essa é uma das partes mais recompensadoras da minha profissão, e consigo trabalhar tão bem com essas pessoas por sua causa.

— Minha?

— Sim, sua. Você se lembra de Greta, a nossa vizinha?

Greta era a moça com problemas de aprendizado que minha mãe sempre tratou com muita dignidade e respeito. Certa vez, cheguei em casa e encontrei Greta, na época com 12 anos de idade, sentada em nossa escada da porta dos fundos, chorando. O sangue escorria por suas pernas formando duas listras vermelhas e finas. Minha mãe fez Greta entrar, ajudou-a a tomar banho e lhe deu um absorvente. Ela fez a menina se sentar à mesa da cozinha e lhe deu uma xícara de chá, o tempo inteiro falando com ela com uma voz tranquilizadora, embora não maternal. Havia um menino com uma deformidade facial que trabalhava no ponto de ônibus que, às vezes, usávamos. Minha mãe sempre o saudava e sorria para ele exatamente da mesma maneira que fazia com qualquer outra pessoa.

— A forma como você os tratava me ensinou uma lição sobre respeitar todo mundo. Essa forma também me ensinou a olhar além do que se vê. Penso muito nisso quando trabalho com pessoas portadoras de necessidades especiais.

Continuamos a nos olhar fixamente. Eu não estava disposta a dizer mais nada. Ela teria de quebrar o silêncio.

— Não sei o que você quer dizer com isso. Você é diferente de todos dessa família — comentou ela.

Pelo menos agora ela estava me chamando de diferente. No passado, ela me chamara de nomes muito piores. Talvez esse não fosse um momento de carinho e ternura entre nós, mas já era um progresso.

Eu ainda tinha dúvidas sobre os tipos de mídia com os quais deveria me envolver e quais emissoras evitar. Nessa época começou a onda da "televisão baixaria" e vários programas de entrevista diurnos competiam para ser os mais chocantes do dia. Um ano antes, Geraldo Rivera entrara na disputa com *Geraldo*. Eu assisti ao programa algumas vezes e sabia que ele era descaradamente sensacionalista, e precisei levar isso em conta quando eles me chamaram alguns meses após minha participação no *Larry King Live*.

Marty Klein, um terapeuta que eu conhecia da SFSI e de outras organizações, acabara de publicar *Your Sexual Secrets: When to Keep Them, When and How to Tell*, e Geraldo estava planejando um programa com base nesse tema. Anos antes, eu confessara o que acreditava ser um segredo para Michael: que eu, às vezes, me masturbava para atingir o orgasmo se o sexo com ele não me levava ao clímax. Eu achava que estava respeitando os sentimentos dele e protegendo seu ego ao esperar que ele adormecesse antes de começar a me masturbar. Quando lhe contei, ele não mostrou qualquer reação. Na verdade, ele disse que não era um grande segredo, pois ele nem sempre estava dormindo quando eu achava que estava. Eu contara isso a Marty e, quando o produtor de Geraldo lhe perguntou se ele conhecia um casal que tivera que lidar com um segredo, ele o mandou me procurar.

Eu sabia que não poderia esperar uma discussão ou um debate profundo naquele programa, mas, mesmo assim, era uma oportunidade para falar abertamente sobre sexo em um fórum nacional. Pensei em Brian, meu cliente cuja esposa o deixou porque ele se masturbava. Se pudesse falar abertamente sobre isso e sobre outras práticas sexuais, talvez pudéssemos minimizar o sofrimento de pessoas como Brian, sem falar da sua ex-esposa. Então, embora soubesse que não receberia o tratamento mais apropriado, fui a Nova York com Michael para gravar o episódio. Lembrando-me do pedido de papai, avisei-os de que seria entrevistada na televisão novamente.

Além de Marty Klein, Michael e eu, a lista de convidados incluía uma prostituta cuja clientela era principalmente composta de pessoas com infantilismo, um cliente dela que secretamente era adepto dessa prática e uma mulher que mantinha oculto seu exibicionismo.

Não foi uma surpresa que o episódio fosse concebido e direcionado como um espetáculo de transviados, uma coleção de indivíduos excêntricos expostos para o divertimento do grande público. O convidado com infantilismo, um distúrbio pouco compreendido no qual a pessoa fica excitada ao ser tratada como um bebê, sentou-se atrás de uma tela e falou sobre como gostava de ser alimentado com mamadeira e de usar fraldas. A exibicionista revelou que gostava de fazer sexo em cabines de telefone e outros lugares públicos. Eu devo ter parecido uma chata de galochas comparada com eles. Eles habitavam as margens da sexualidade humana. Eu era apenas Cheryl Cohen, Masturbadora Secreta, ou pelo menos foi assim que a legenda me identificou para a plateia que me assistia. Décadas após eu me masturbar em segredo por causa da culpa e da vergonha, eu revelava ao mundo que era uma masturbadora secreta. O que as freiras de St. Mary's diriam? O que os padres diriam? O que minha família diria? A resposta para essa última pergunta chegou logo em seguida.

— Queime isso.

Essa foi a resposta de minha amada avó quando minha prima Jean lhe mostrou a fita VHS em que gravara o programa. Conversei com minha prima ao telefone cerca de uma semana após ele ter sido exibido e rimos com as respostas da Vovó Fournier, mas o tom foi muito menos jocoso no que dizia respeito aos meus pais. Eles não disseram uma palavra sequer sobre o programa e ninguém ousou lhes perguntar. Eu programara uma viagem à Costa Leste para visitá-los alguns meses depois. Eles quebrariam o silêncio ou não, e eu não tinha certeza de qual das duas reações me preocupava mais.

A maioria dos integrantes do meu círculo de amigos e conhecidos respondeu ao programa de uma forma uniformemente neutra. A maior reclamação deles era que tinha sido uma pena que a oportunidade de uma conversa em rede nacional sobre assuntos que eram tabu tivesse sido reduzida a um exercício de voyeurismo. Decidi que evitaria as emissoras que eu considerava sensacionalistas e que não estavam dispostas a fazer pelo menos um esforço simbólico para apresentar uma discussão séria e educativa.

Quando conversei com minha mãe ao telefone, senti raiva em sua voz. Se eu achava que progredira um pouquinho quando conversamos sobre a entrevista de Larry King, agora suspeitava de que estávamos a ponto de dar um passo para trás.

Em uma atitude rara, Michael decidiu ir comigo à Costa Leste. Poucos dias antes da partida, precisamos comprar alguns itens para a viagem e, no sábado antes de partirmos, dirigimos até Berkeley para comprar suprimentos. Quando nos aproximamos de um sinal de trânsito, um carro da polícia emparelhou ao meu lado e o motorista buzinou.

— O que será que eles querem? Não fizemos nada — comentei com Michael.

O policial ao volante fez um sinal para que eu abaixasse o vidro. Meu estômago revirou enquanto abria a janela do carro até a metade. Havia dois policiais no carro e ambos sorriam.

— Ei, vocês não apareceram no *Geraldo*? — perguntou o motorista.

— Ótimo trabalho — disse o outro, e ambos nos mostraram o polegar para cima.

Michael e eu suspiramos aliviados. Um encontro desses só poderia acontecer em Berkeley. Adoro morar em um lugar em que policiais aplaudem você por revelar um segredo sexual em rede nacional, e onde poucas pessoas não entenderiam minha missão, mesmo achando que ir ao programa não a tenha tornado mais fácil.

Quando Michael e eu chegamos à casa dos meus pais, lembrei-me de como Berkeley é um lugar diferente. A acolhida de minha mãe foi gélida desde o início. Ela não conseguiu nem mesmo sorrir quando passamos pela porta. Foi uma pena. Ela estava envelhecendo. Tinha rugas finas marcadas ao redor da boca e ao longo da testa. Faríamos as pazes antes que fosse tarde demais? Felizmente, Michael e eu chegamos à noite, por isso nos desculpamos e fomos direto para a cama.

No café da manhã do dia seguinte, tentei manter a conversar com tópicos que agradariam meus pais. Contei como Jessica e Eric estavam bem. Michael falou apenas sobre o clima. Comemos ovos e torradas rapidamente e, assim que terminamos, seguimos cada um para o seu lado. Michael e eu saímos correndo para dar uma caminhada no lindo outono da Nova Inglaterra. Os carvalhos e os bordos pareciam estar pegando fogo com sua variedade de tons de amarelo, laranja e vermelho. Caminhamos de mãos dadas até o centro da cidade.

— Bem, até agora foi bastante divertido — disse Michael sarcasticamente.

— Eu sei. É o programa. Tenho certeza de que isso tem a ver com o *Geraldo* — comentei.

Já havia passado quatro ou cinco meses desde a exibição do programa e a raiva da minha mãe não diminuíra.

— Vou conversar com ela sobre o assunto quando voltarmos. Estou cansada de pisar em ovos. Se ela tiver de atacar, que seja logo.

— Tudo bem, mas talvez seja melhor eu não me meter — replicou Michael.

— Claro.

O revigorante ar de outono estava permeado pelo cheiro de lenha queimando. O aroma era reconfortante e caseiro. Eu só queria estar me dirigindo a algum outro lar.

Ouvi o som da televisão ao passar pela porta. Dei uma olhada na sala de estar e vi mamãe sentada no sofá. Meu pai saíra, provavelmente para comprar alguma coisa. Michael me beijou e foi até a cozinha.

Diminuí o volume da televisão e me sentei perto da minha mãe no sofá revestido por um forro marrom.

— Mamãe, eu sei que você assistiu ao programa e está zangada — falei.

Ela olhou furiosa para mim.

— Eu participei porque queria que as pessoas deixassem de ficar envergonhadas com algo do qual não deveriam se envergonhar.

Minha mãe enrubesceu.

— É uma vergonha. É repugnante a forma como você se comporta! — gritou ela.

Agora, eu estava irritada, não apenas com ela, mas comigo também. Minha mãe, mais uma vez, conseguira me enfurecer, e eu estava frustrada por permitir que ela fizesse eu me sentir dessa maneira.

— Não, mamãe, não é. Não fiz nada de errado e você precisa entender isso. O que é repugnante é fingir que existe algo errado em fazer sexo.

Fiquei de pé e comecei a caminhar de um lado para o outro no tapete estendido em frente ao sofá.

— Isso é culpa dele. Não sei por que você deixa Michael controlá-la dessa forma — acusou minha mãe.

— Do que você está falando? — perguntei.

— Sei que você só fez isso porque ele queria que fizesse.

Agora eu não estava apenas furiosa, mas insultada e magoada. Ela acreditava mesmo que eu era apenas um brinquedo nas mãos de Michael? Eu era uma tola que não conseguia pensar por conta própria?

— Você está errada. Se me conhecesse direito, saberia disso!

Saí da sala de estar batendo os pés.

— Vamos embora daqui! — gritei para Michael.

Enfiamos nossas roupas na mala, a fechamos com raiva e fomos para o motel mais próximo.

Só não pegamos o primeiro avião de volta para a Califórnia porque eu planejara visitar Vovó Fournier no dia seguinte. Ela estava agora com 87 anos de idade. Seu cabelo estava salpicado de cinza e ela mancava por causa da artrite que tomara seu corpo, mas ainda estava tão lúcida como antes. Sua alegria de viver a levara intacta por uma vida repleta de dificuldades.

— É você? — gritou Vovó Fournier quando bati na porta do seu apartamento em Salem.

— Sou eu — respondi.

Ela abriu a porta e estendeu os braços.

— Cheryl! — gritou.

— Vovó! — gritei de volta, e dei um grande beijo em seu adorável rosto.

Abraçamo-nos e, em seguida, ela se apoiou em mim enquanto caminhávamos até a cozinha. Tirou um bolo da geladeira e ligou a chaleira para fazer chá.

Fofocamos sobre os membros da família e brincamos sobre ela ter perdido a silhueta que costumava adornar com a última moda. Mesmo assim, Vovó Fournier tinha uma aparência muito mais moderna do que a maioria das mulheres da mesma idade. Ela continuava a usar batom e passara a usar uma peruca. Era como se eu nunca tivesse ido embora. Ela me contou, pela enésima vez, a história do meu querido, mas um tanto burro, tio, o qual ela vira em uma tarde de verão sentado em um bordo, serrando um galho que precisava ser aparado. Ele se esquecera de que sentara no próprio galho que cortava até desabar no chão junto com ele.

A história nunca envelhecia, ainda mais na forma como Vovó Fournier a contava.

Se eu não tivesse mencionado minha presença no *Geraldo*, sei que ela nunca teria puxado o assunto. Eu queria falar sobre aquilo, porque desejava que ela soubesse que eu me importava com a opinião dela e queria uma chance de me explicar.

Cortei uma segunda fatia de bolo e olhei para minha avó.

— Vovó, sei que você viu o programa de televisão em que fui entrevistada.

— Cheryl, eu não podia acreditar — falou.

— Por quê?

— Por quê? Por causa do tema que você abordou. É um assunto pessoal. Você não deveria falar sobre isso em público.

— Não, vovó. Precisamos falar sobre isso. Precisamos parar de ficar envergonhados com a sexualidade e precisamos parar de mantê-la em segredo.

Vovó deu uma mordida em seu bolo e olhou para mim, sorrindo.

— Você não ficou brava comigo, ficou? — perguntei.

— Com você? Não posso ficar. Nada que você faz me deixa zangada. Se você estivesse caída em uma sarjeta, eu iria até lá e me deitaria ao seu lado — respondeu.

Meu coração parecia que ia explodir. Quando eu era criança, achava que se minha avó soubesse o quanto eu pecava, se viraria contra mim. Eu não tinha ideia alguma na época em que era uma masturbadora secreta que seu amor era tão incondicional.

17.

A fantasia: Derek

— **E**le é diferente dos outros clientes que já encaminhei para você — explicou Samantha.

Estávamos no escritório dela em um final de tarde no inverno de 1990. Samantha e eu trabalháramos juntas diversas vezes nos últimos anos e, sentada à sua frente, tentei imaginar o que poderia haver de tão incomum naquele cliente em potencial.

— Em que sentido? — perguntei.

— Ele está lutando contra uma fantasia obsessiva que está causando sérios problemas em seu casamento e com a esposa.

— Que tipo de fantasia?

— Começou com uma experiência que ele teve na infância. Quando tinha uns 8 anos de idade, teve uma babá, uma menina da vizinhança de 12 ou 13 anos. Ela costumava amarrá-lo a uma árvore no quintal e esbofeteá-lo ou dançar ao redor dele, ridicularizando-o.

— Acho que já sei como a história acaba.

Samantha sorriu.

Não é raro que as preferências eróticas sejam moldadas pelas experiências infantis, e eu tinha uma sensação de que este era o caso de Derek, — o cliente que Samantha descrevia.

— Ele fica excitado com a ideia de ser amarrado. Contou à esposa sobre isso e ela o chamou de "doente". Ela não cogita colocar a fantasia dele em prática e, neste exato momento, isso é o que mais o excita — continuou Samantha.

— Ele consegue fazer algum tipo de sexo com a esposa?

— Sim, mas se sente como se estivesse fazendo, na maioria das vezes, apenas para dar prazer a ela. O tempo todo ele fantasia sobre estar amarrado e, depois, se sente culpado. Acho que, se pudesse colocar a fantasia em prática, isso poderia ajudá-lo a acabar com a obsessão.

Esse não era um trabalho comum na função de terapeuta do sexo e significava quebrar o protocolo. Eu não estava totalmente à vontade com isso, mas também confiava no instinto de Samantha e sabia que estaria segura com Derek.

Samantha e eu conversamos mais sobre o que meu trabalho com ele envolveria. Eu poderia fazer os exercícios normais, mas nosso foco principal seria colocar a fantasia em prática, na esperança de que isso enfraquecesse a obsessão dele. Eu estava insegura, não somente por precisar ir muito além dos meus limites, mas também porque meus gostos são muito "convencionais" no que diz respeito ao sexo, e não gosto da ideia de excitar alguém ao ridicularizá-lo.

Quando deixei o escritório de Samantha naquele dia, ela me disse que passaria as minhas informações de contato para ele. No dia seguinte, ele me ligou para marcar uma consulta.

Derek tinha quarenta e poucos anos. Era alto, musculoso e com cabelos castanhos. O fato de que desejava desesperadamente continuar com a esposa ficou evidente quase imediatamente em nossa primeira conversa.

— Não quero perder minha esposa, sobretudo, não por esse motivo — começou a dizer.

Pedi que ele falasse um pouco sobre a discussão que tivera com a mulher, Melanie, sobre sua fantasia.

— Ela gosta de sexo e muitas vezes toma a iniciativa, mas a ideia daquilo, bem, com que estou obcecado, isso realmente não a excita. Ela diz que não consegue humilhar alguém que ama. Antes de eu começar a me consultar com Samantha, tivemos uma briga enorme por causa disso.

— Foi por essa razão que você começou a fazer terapia?

— Sim, foi o que ela disse a respeito das minhas fantasias que me fez começar.

Pedi que ele descrevesse a briga.

— Ela queria fazer sexo, e eu não estava muito interessado. Quero dizer, não consigo ficar excitado a menos que fantasie sobre estar amarrado, e eu estava tentando evitar isso. Tentava afastar a fantasia da minha cabeça e ficar excitado com os beijos dela, mas ela sentiu que eu não estava a fim

Derek parou por um momento e desviou o olhar para o lado.

— Ela ficou furiosa e disse que eu deveria simplesmente achar uma amante que me amarrasse ou encontrar uma pessoa que fizesse isso por dinheiro. Eu lhe disse que não queria isso e que a amava. Ela começou a gritar comigo e disse que eu era doente. Após se acalmar, ela se desculpou e falou que não queria ter dito aquilo, mas fico pensando se ela não está certa.

Derek me encarou com um olhar que expressava algo entre expectativa e desespero. Ele desejava ouvir que não era "doente".

— Derek, a sexualidade é uma questão muito complexa e, às vezes, as experiências infantis podem determinar o que desejamos mais tarde na vida — expliquei.

Como Derek não se sentia satisfeito com a esposa, considerei que talvez ele estivesse envolvido em outras atividades. Quando perguntei sobre isso, ele apertou os braços da cadeira e confirmou com a cabeça.

— Que tipos de coisas você faz? — perguntei.

Derek fechou os olhos e inspirou profundamente.

Em seguida, ele me disse que, quando a esposa e os filhos não estão em casa, ele abre uma caixa que mantém escondida no sótão. Nela, há um espartilho e uma meia-calça que são de um tamanho menor do que o dele. Vestir-se com esses itens simula a sensação que ele tivera na infância quando a babá o amarrava. Ele sente o pênis endurecer pela pressão da meia-calça apertada e, quando está prestes a ejacular, ele a tira. Às vezes, ele se masturba, mas, outras vezes, goza sem qualquer estímulo direto.

— Sinto como se tivesse construído essa vida paralela em torno da minha fantasia e guardo muitos segredos por causa disso. Uma vez, quando minha esposa e meus filhos foram passar o fim de semana na casa dos pais dela, passei o tempo todo na garagem trabalhando em um... um... dispositivo — revelou Derek.

— Um dispositivo? — perguntei.

— Sim, eu o montei há algum tempo. Está escondido na minha garagem.

— E para que serve?

— É algo que poderia me amarrar. Eu também tenho cordas.

— Você já o utilizou antes?

— Não, mas... espero que possamos usá-lo juntos.

Derek perguntou se poderia trazer o tal dispositivo para nossa próxima sessão. Fiquei um pouco apreensiva, mas concordei em examiná-lo.

Conversamos um pouco mais. Ele descreveu detalhadamente sua fantasia. Ele tinha, inclusive, escrito um roteiro para explicar o que cada participante diria e faria, e perguntou-me se poderia mostrá-lo.

Ele queria que eu o amarrasse, dançasse ao redor dele e, em seguida, gentilmente tocasse seu pênis, mas sem masturbá-lo ou levá-lo ao orgasmo. Ele também disse que desejava ter relações sexuais logo em seguida. Quando Derek terminou sua descrição, eu tinha uma imagem clara do que ele esperava vivenciar. Ele deixou o roteiro comigo, para que eu pudesse analisá-lo antes da próxima consulta. Decidimos que nos encontraríamos uma vez por mês pelos cinco meses seguintes.

Quando abri a porta e deixei Derek entrar para a segunda sessão, vi uma geringonça que tinha cerca de 1,70 metro de altura envolta por uma lona preta. Vi duas pontas voltadas para cima e separadas cerca de um metro uma da outra. Ele a ergueu com ambas as mãos e a carregou para dentro do escritório.

— Eu trouxe o dispositivo — disse ele.

— Estou vendo.

Conversamos por algum tempo. No último mês, a fantasia de Derek continuara a atrapalhar sua vida. Ele ficava imaginando se as mulheres atraentes que via nas ruas estariam dispostas a amarrá-lo. A esposa estava ficando frustrada com a falta de progresso dele. Ele se esforçava ao máximo para fingir interesse em fazer sexo com ela, mas não conseguia ejacular, a menos que se imaginasse amarrado. Ele não dissera nada a ela, mas esperou ansiosamente pela nossa consulta desde o momento em que saiu da primeira.

— Você está pronto para ir ao quarto? — perguntei a Derek.

Ele ergueu o misterioso objeto com ambas as mãos e me acompanhou pelo corredor até o quarto. Ele precisou virar o aparelho de lado para que pudesse passar pela porta.

Antes de pedir que ele se despisse, solicitei que ele retirasse a lona que cobria sua invenção. Ele a retirou, e lá estava! Era muito bem construída, em um tipo de madeira que parecia cedro. Tinha duas hastes altas ligadas por uma treliça. As pontas inferiores das hastes eram mais largas e havia sapatas de borracha ao redor delas para evitar que escorregassem. Ao longo das duas hastes, havia alças de metal grandes, parecidas com colchetes. Derek abriu o zíper da bolsa de ginástica que trouxera e retirou uma bobina de corda branca. Ele me mostrou como a corda passaria pelas alças de metal.

— Parece que você pensou e trabalhou muito na construção deste objeto — comentei.

— Sim, é algo sobre o qual pensei durante muitos anos.

Despimo-nos e passamos por uma rodada de Respiração em Conchinha. Eu o ensinei algumas técnicas de relaxamento. Em seguida, quando normalmente eu sugeriria o Toque Sensual, perguntei a ele se gostaria de colocar em prática a fantasia com a qual sonhara por décadas.

Ele se levantou e balançou os braços.

— Mal posso acreditar que isso está mesmo acontecendo — disse.

"É uma novidade para mim também", pensei.

Minha apreensão começava a diminuir um pouco. Eu lera o roteiro aquela manhã e ficara aliviada porque poderia usar aquilo como um modelo. Ridicularizar alguém não fazia parte do meu repertório — seja profissional ou pessoal. Tinha amigos que gostavam desse tipo de brincadeira, mas esse simplesmente não era o meu estilo. Pensei no roteiro e, silenciosamente, agradeci a Derek por estar tão bem preparado.

Derek se aproximou da sua invenção, pressionou suas costas contra a treliça, a qual eu agora podia ver estendida da parte de trás das panturrilhas até logo acima dos ombros dele. Passei a corda pela alça esquerda inferior. Derek me ensinou a fazer um nó bem forte para garantir que ele ficaria firmemente ancorado à estrutura. Fui até o lado direito e enfiei a corda pela alça correspondente; em seguida, fui subindo pelo segundo conjunto de alças, pela terceira e pela quarta, até a corda ter feito um zigue-zague por toda a frente do corpo de Derek.

— Mais apertado — pediu ele quando puxei a corda pela última alça e dei um nó.

Puxei um pouco mais forte e ele sorriu.

— Assim mesmo — confirmou.

Derek estava agora preso entre a treliça e a corda. Perguntei se ele estava pronto para o próximo passo. Sua respiração acelerou, o rosto e o corpo ficaram ruborizados.

— Sim — falou ele, quase sem poder respirar.

Fiquei a cerca de um metro de distância e comecei a andar ao redor dele.

— Isso é bom? — perguntei. — Espero que sim, porque vou deixá-lo aqui por dias.

A cada volta, eu me aproximava mais, até estar tão próxima que podia tocá-lo se esticasse o braço.

Rocei levemente os dedos por seu peito e remexi-os enquanto os passava pela pele quente. Derek ficou me olhando enquanto eu dançava nua ao seu redor. Por alguns segundos, eu me senti constrangida. Para me trazer de volta àquele momento, pensei nas longas noites com Bob, quando passávamos horas experimentando e nos tocando, fazendo carinhos e masturbando um ao outro. Algumas vezes, na mesma noite, fazíamos amor três ou quatro vezes e, ao me lembrar disso, comecei a me sentir mais excitada, e meu desconforto desapareceu.

Belisquei os mamilos de Derek, suavemente a princípio e, em seguida, com um pouco mais de força.

— Uuuu, o que está acontecendo aqui embaixo? — falei, olhando para seu pênis endurecendo.

Derek soltou uns gritinhos.

Logo depois, recuei e comecei a dançar em volta dele novamente.

— Você quer me beijar? — perguntei.

Derek acenou positivamente com a cabeça.

Aproximei meus lábios dos dele e, depois, recuei.

— Você terá de ser mais rápido do que isso — provoquei.

Derek arquejou. Os lábios ficaram inchados e vermelho-claros.

Passei a língua em torno dos mamilos dele e, depois, pelo peito e pela garganta.

— O que é isso? — perguntei enquanto limpava o pré-gozo na ponta de seu pênis.

Untei os lábios dele com a secreção.

— Você gosta disso? — instiguei.

Derek lambeu os lábios.

Esfreguei meus seios em seu abdômen.

— Estou deixando você excitado?

Ele tentou colocar as mãos no pênis, mas elas estavam muito bem-amarradas.

— O que você está tentando fazer? — perguntei.

Dancei em torno dele algumas vezes.

— Se eu não fosse mais esperta que você, pensaria que está tentando tocar o seu pau.

Passei o indicador ao redor do pênis dele.

— Oh, ahhhh — gemeu Derek.

— Pronto? — perguntei.

Ele acenou positivamente com a cabeça. Desamarrei a corda, começando por cima. Retirei-a rapidamente da primeira alça e, em seguida, fui descendo até a última, fazendo com que a corda caísse no chão, produzindo um som seco.

Ele passou o braço ao redor dos meus ombros e me beijou enquanto íamos até a cama. Rapidamente, coloquei uma camisinha nele e deitamos um ao lado do outro. No minuto seguinte, ele estava em cima de mim e fazíamos sexo. Após gozar, ele deitou ao meu lado e suspirou:

— Obrigado, obrigado, muito obrigado.

Coloquei o braço ao redor dele e o orientei a respirar profundamente. Esse era um momento importante para ele, e eu desejava ser o mais acolhedora possível. Nosso trabalho não foi uma experiência tão compartilhada quanto a que eu tinha com a maioria dos meus clientes, e foi também mais simples e direta. Não estávamos explorando nem trocando informações. Estávamos juntos apenas para realizar a fantasia de Derek, para que ele pudesse começar a se libertar dela.

Em cada uma das nossas quatro sessões remanescentes, Derek e eu colocamos em prática sua fantasia. Também fizemos alguns dos exercícios-padrão utilizados na terapia com terapeuta do sexo. Apesar do foco alternativo do nosso trabalho, eu ainda acreditava que os exercícios pudessem ajudá-lo a descobrir e cultivar outras fontes de excitação sexual. Fiquei mais à vontade com meu papel na fantasia de Derek, sobretudo quando comecei a perceber uma mudança nele.

Samantha e eu ficamos curiosas para ver se sua teoria estava correta. Será que a concretização da fantasia seria capaz de ajudar Derek a diminuir sua obsessão? Na quarta sessão, ele revelou, pela primeira vez, que sua fixação em ser amarrado estava diminuindo e que não ficava excitado com tanta rapidez quanto nas primeiras consultas. A ideia de ser amarrado ainda o excitava, mas não estava atrapalhando tanto sua vida, e ele já conseguia desfrutar mais do sexo com Melanie. Quando conversei com Samantha após minha última sessão com Derek, ela contou que ele e Melanie começaram a encontrar fontes mútuas de excitação e que, embora ele ainda mantivesse a fantasia, ela não mais monopolizava seu desejo.

Trabalhar com Derek fez com que eu me lembrasse da necessidade de flexibilização no trabalho com terapeuta do sexo. A sexualidade é uma questão complexa, e alguns clientes se beneficiam quando rompemos o protocolo. Quando conheci Derek, eu já trabalhava como terapeuta do sexo por quase duas décadas e nunca imaginei que teria esse tipo de interação com um cliente. O fato de ele ter respondido tão bem me fez lembrar do valor do trabalho com participação ativa, mesmo quando sua forma ultrapassa os parâmetros usuais. Mais uma vez, tive a certeza de que a combinação entre a terapia tradicional e o trabalho com terapeuta do sexo pode ser realmente poderosa.

18.

Monsieur Morte

· ·

Os dois filhos de Michael com Meg costumavam passar algumas semanas no Norte da Califórnia conosco todo verão. Eram crianças encantadoras, que se deram tão bem com Jessica e Eric que conquistaram meu coração. Aos 48 anos, ter dois filhos mais jovens maravilhosos, e que eu não precisava sustentar, era uma alegria. Além da filha, Michael agora tinha um segundo filho. Ao final da década de 1980, os dois estavam maduros o suficiente para viajar sem Meg e, quando o verão chegava, iam conosco para o Berkeley Tuolumne Camp, próximo a Yosemite, onde fazíamos longas caminhadas, nadávamos e realizávamos outras atividades divertidas como uma família nada comum.

Michael ainda visitava regularmente os filhos no Pacific Northwest, mas, quando a menina tinha 4 anos, ele perguntou se ela poderia nos visitar e eu não pude dizer não. Por mais que estivesse zangada com Michael, não poderia negar à filha dele uma chance de ver o pai e participar mais ativamente do cotidiano dele, mesmo que fosse apenas algumas vezes ao ano. Mais tarde, o menino também começou a fazer essas viagens. Em pouco tempo, eu não apenas autorizava as visitas, como também ansiava por elas.

Meus filhos também se davam bem com seus meios-irmãos. Contar a eles que seu pai fizera um bebê com outra mulher não foi fácil. Após o nascimento da filha de Michael, sentamo-nos com os nossos filhos uma noite e explicamos que eles tinham acabado de ganhar uma irmãzinha. A primeira preocupação deles foi comigo. Admiti que não estava feliz com o pai deles, que se manteve atipicamente silencioso nessa reunião familiar. Porém, ressaltei que o novo bebê merecia ser amado. Eu não tinha raiva da menininha, e esperava que eles também não tivessem. Quando a segunda criança nasceu, a preocupação deles, novamente, foi comigo. Jessica e Eric foram criados em um ambiente doméstico atípico, então essas novidades provavelmente não foram tão chocantes para eles quanto poderiam ter sido para outras crianças. Eles conheciam Meg e até mesmo viajaram com Michael algumas vezes para visitá-la.

Até onde sabia, Meg estava feliz em ter um marido e pai em meio expediente para seus filhos ou, pelo menos, era isso o que dizia a mim mesma. Michael nunca disse o oposto — mas ele sabia que era melhor não conversar sobre Meg comigo. Era um dos muitos tópicos que poderiam provocar uma briga.

Ao longo de quase todo o nosso casamento, tive sentimentos dúbios em relação a Michael. Eu o adorava e o amava, mas, ao mesmo tempo, às vezes, dava vazão à raiva e ao ressentimento que, silenciosamente, fermentavam dentro de mim. Tinha que ser assim. Eu o amava demais e estava tão agradecida por ele ser meu marido que não podia arriscar perdê-lo. Isso mudou, no entanto, quando ele formou sua segunda família. A raiva se tornou um desprezo difícil de ser camuflado. Eu sentia que ficava mais amarga, nutria um sentimento que poderia envenenar não apenas meu casamento, mas também minha vida. O menor golpe poderia liberar um dilúvio do sarcasmo que estava em ebulição silenciosa e secretamente.

Na verdade, isso não acontecia apenas em relação a Michael. Sem dúvida, eu também mudara. Alguns anos antes de chegar aos 50, eu era mais confiante e tinha mais autoestima do que jamais tivera a vida inteira. Merecia mais do que o desrespeito que Michael me impingira. A combinação do comportamento descuidado e insensível dele e minha confiança duramente conquistada me fez ver Michael de outra forma. Ter um parceiro amoroso e incentivador como Bob também aumentou minha autoestima. Ele me amava incondicionalmente — e esse fato mudou a forma como eu via a mim mesma.

Estava cansada de nunca ser boa o suficiente para Michael e de lutar contra e por ele. A vida sem ele não mais parecia uma sentença de morte. Na verdade, eu conseguia me imaginar vivendo muito bem sem tê-lo como marido. Minha confiança pode ter chegado tarde, mas não havia dúvida de que chegara. Nessa época, Jessica estava com 27 anos e Eric, com 24. Eles estavam muito ocupados construindo as próprias vidas e podiam manter o relacionamento com o pai sem que eu precisasse continuar casada com ele.

Eu sabia que o processo de separação seria difícil. Afinal, Michael estava profundamente arraigado na minha vida. Eu passara a maior parte da minha existência com ele. Não tinha certeza de que seria capaz de olhar para Michael e dizer-lhe que tudo acabara. Quando pensava nisso, ficava com lágrimas nos olhos. Nosso relacionamento estava em terapia intensiva, mas isso não significava que desligar os aparelhos fosse fácil.

Em 1992, Michael e eu fomos a Boston para participar da trigésima reunião da minha escola de ensino médio. Em público, Michael assumiu a personalidade charmosa que eu o vira cultivar durante anos. Sorria e olhava em meus olhos enquanto dançávamos juntos. Qualquer um que nos visse teria pensado que nosso casamento era sólido, tão duradouro quanto uma montanha. Se ao menos eles tivessem nos visto no avião, ou alguns dias antes, quando Michael agiu como se estivesse me fazendo um favor ao falar comigo... Eu achei que sua frieza tivesse algo a ver com Andrea, sua nova namorada.

Michael conheceu Andrea na SFSI, no mesmo lugar em que conhecera Meg. A primeira vez que os vi conversando tive certeza que estavam dormindo juntos e, quando perguntei, ele não se preocupou em negar. Lá se ia minha declaração de Ahwahenee de que Meg seria a única mulher com quem ele se relacionaria além de mim. Ele tinha, então, Andrea e Meg, duas mulheres ao seu lado — que eu soubesse. Descobrir que ele me traíra mais uma vez me magoou, mas não foi surpresa alguma. No entanto, foi um alívio ele não sentir necessidade de negar o fato, uma vez que isso me poupou o esforço de fazê-lo revelar o que estava acontecendo, além de ser mais um sinal de que o casamento era cada vez mais frágil.

No voo de volta a Berkeley, Michael mal falou comigo. Quando pedi para ele pegar minha mala e colocá-la no bagageiro do avião, ele me olhou irritado e arrancou-a da minha mão. Não me lembro de termos trocado mais do que dez palavras durante toda a viagem. Ao nos aprontarmos para dormir, eu estava extremamente irritada.

— Qual é o problema, Michael? — reclamei.

— Nada.

— Ah, fala sério. Você tem me ignorado desde que saímos de Boston.

Michael ficou quieto por uns segundos, como se estivesse ponderando o que ia dizer.

— Quer saber qual é o problema? Estou com saudades de Andrea. Sinto saudades dela desde o momento que partimos. Nunca me senti assim em relação a ninguém, nem a você. Sinto algo por ela que nunca senti nem nunca sentirei por você.

Era o fim. Alguns anos antes, isso teria acabado comigo. Naquele instante, me enfurecia.

— Levante-se. Saia da minha cama agora e vá para Andrea. Não estamos mais casados. Não sou mais sua esposa. Este casamento acabou — falei.

Michael não se moveu.

— Saia, Michael! — gritei.

Ele saiu enraivecido e foi para a sala de estar, batendo a porta. Pulei da cama e fechei a porta para que ele não pudesse voltar. Eu estava zangada demais para dormir. Andei em círculos por nosso pequeno quarto. Olhei para a gaveta onde, anos antes, descobrira as cartas de Meg. "Elas foram o início do fim", pensei. Depois, comecei a chorar. Aquelas eram lágrimas de tristeza. Estava de luto por um casamento que não tinha mais volta e, sem sombra de dúvida, estava morto. Por volta das 3 horas da manhã, finalmente cai em um breve e interrompido sono.

Quando acordei, o alarme do relógio marcava 5h15 e o amanhecer envolvia o quarto com uma luz fraca. Eu estava triste, mas também aliviada. Agora, tudo estava exposto, e quaisquer dúvidas remanescentes ou esperanças equivocadas sobre salvar nosso relacionamento estavam extintas. Eu casara com uma fantasia em mente, sobre como meu casamento seria e aonde chegaria. Na minha cabeça, transformei Michael no que gostaria que ele fosse, não em quem era de fato. Tivemos momentos maravilhosos, é claro. Criáramos dois filhos afáveis, inteligentes e lindos, e, em algum nível, eu sempre amarei Michael. Porém, após três décadas juntos, eu tinha de enfrentar o fato de que o casamento nunca fora o que disse para mim mesma que era e de que Michael nunca fora o marido que eu criara na minha mente. Aquilo tudo era uma ilusão criada por mim, e eu estava pronta para abrir mão dela.

Entrei na sala de estar e encontrei Michael sentado no sofá. Ele se virou para mim ao ouvir meus passos. Tinha olheiras escuras e o cabelo parecia ter passado por um ciclone.

Quase senti pena dele, mas não estava disposta a desistir.

— Cheryl, eu não quis dizer aquilo. Só estava tentando magoar você.

— Qualquer pessoa que fizesse isso comigo... falasse comigo daquele jeito após todos os anos em que estivemos juntos. Não consigo mais continuar com você, Michael.

Olhei para fora da janela na direção do chalé que tínhamos na nossa propriedade. Ele já existia quando compramos a casa, em 1978. A única pergunta agora era quanto tempo demoraria para Michael se mudar para lá. Naquela mesma semana, ele empacotou seus livros, seus discos, suas roupas e outros pertences e se instalou lá.

Em abril de 1993, Michael e eu vivíamos como vizinhos por quase um ano e estabelecêramos um tipo de amizade. Bob ficava comigo diversas noites na semana e Andrea vivia intermitentemente com Michael. Quando Jessica e Eric nos visitavam, nos juntávamos na casa da qual eu agora assumira completa posse e jantávamos, assistíamos a filmes ou batíamos papo. À medida que me distanciava de Michael, também conseguia ver as coisas com mais clareza. Michael trouxera seus próprios problemas para o casamento. Eu não acreditava mais que ele era incapaz de me amar porque eu não era boa o suficiente. Em vez disso, eu via como ele sempre se digladiara com seus próprios demônios e inseguranças. Eu não tinha certeza se ele tinha a capacidade de amar qualquer mulher. Isso me ajudou a sentir um pouco de compaixão por ele e a diminuir a raiva a ponto de permitir que fôssemos amigos.

Nossa situação financeira impedia que Michael se mudasse do bangalô no fundo do jardim. Na verdade, ri quando o juiz na audiência de separação me perguntou se eu tinha certeza de que não queria receber pensão de Michael. Eu só esperava que ele não pedisse pensão para mim. Ele não o fez e, quando chegou a hora de repartir os poucos bens que eu juntara, por ser a principal fonte de renda da família, ele exigiu pouco. Se íamos ser vizinhos, tentaríamos ser bons vizinhos para nosso próprio bem-estar e pelo bem dos nossos filhos.

Acho que teria me sentido muito bem se não fosse pela dor quase constante que agora sentia no estômago. Quando ela começou, achei que era causada por estresse. Havia dias em que ela era tão intensa que eu mal conseguia comer. Tinha emagrecido alguns quilos, que antes teriam sido difíceis de perder, e, embora me sentisse horrível, estava ficando com o corpo que almejara por anos. "Se ao menos eu pudesse manter a dieta que a dor agora me obrigava a seguir quando ela passasse, eu poderia continuar magra na minha quinta década", pensei. O problema é que a dor não passou. Ela me mantinha acordada durante a noite e me impedia de trabalhar. Após um dia particularmente ruim em julho de 1993, quando não consegui levantar da cama e mal conseguia beber um copo de água, liguei para minha médica e disse que precisava de uma consulta imediatamente.

— Parece diverticulite — disse a Dra. Sanders, que, na época, estava grávida de sete meses.

Ela prescreveu antibióticos e disse que me indicaria um gastroenterologista se eu não melhorasse.

Uma semana depois, eu ainda sofria, e liguei novamente para a Dra. Sanders. Ela estava em licença-maternidade, mas a secretária me deu o nome e o telefone do Dr. Jedson, um gastroenterologista nas proximidades, que tinha um horário vago já naquela tarde.

O Dr. Jedson tinha um jeito agradável de falar e uma calma que me deixaram instantaneamente tranquila. A medicação que eu estava tomando fizera tão pouca diferença que eu começava a duvidar do diagnóstico de diverticulite. "Esse cara descobrirá o que realmente está errado comigo", pensei aliviada. Após me examinar, ele pediu que eu fizesse uma tomografia de última geração, já na manhã seguinte. Eu queria saber o que estava errado comigo, mas isso parecia ser rápido demais. Não leva pelo menos um dia para passar pela burocracia médica? Eu deveria ficar preocupada? Perguntei ao Dr. Jedson onde eu poderia marcar o exame e ele disse que já fizera isso por mim. Agora, eu estava realmente apavorada. Parecia que eu estava recebendo tratamento especial e aquele não era um contexto no qual eu desejava ser especial.

Telefonei para Bob, que imediatamente pediu uma folga para o dia seguinte no trabalho. Eu também contei a Michael, que de pronto se voluntariou para se juntar a nós. Ele realmente ficou preocupado. Depois de tudo pelo que havíamos passado, Michael e eu ainda tínhamos um vínculo — e eu tinha de admitir que o queria lá. Precisava de todo o apoio possível e, embora não tivesse sido um marido confiável, ele se tornara um amigo com o qual eu podia contar.

Na manhã seguinte, nós três fomos ao laboratório no centro de Berkeley. Deixei Michael e Bob conversando amigavelmente na sala de espera e acompanhei uma enfermeira pelo corredor que conduzia a uma sala grande onde estava a máquina de tomografia em forma de rosca.

Deitei no que parecia ser uma calha que sobressaia da máquina. O técnico me disse para prender a respiração quando visse a luz verde na borda do scanner. Ouvi o que parecia um aspirador de pó sendo usado em uma sala distante enquanto passava pelo túnel da máquina. A luz verde acendeu e prendi o fôlego. Depois, ouvi diversos cliques misteriosos, e a luz verde apagou. Um minuto depois, acendeu novamente, e os cliques recomeçaram. Fizemos isso cinco ou seis vezes.

Voltei para a sala de espera e me sentei entre Michael e Bob. Se eu não estivesse tão ansiosa em relação ao que o exame pudesse revelar, provavelmente teria pensado em uma forma de explicar ao médico quem eram os dois homens que me acompanhavam. Eu achava graça da ideia de apresentar Bob como meu futuro marido, pois a cerimônia em

Reno não contava legalmente, e Michael como meu futuro ex-marido. Em poucos minutos, saberia o que estava causando a dor torturante que me molestara nos últimos dois meses. Tinha medo do que o exame pudesse revelar, mas ansiava passar pelo tratamento que aliviaria a agonia e que permitiria continuar com minha vida.

"Parece que tem uma tempestade acontecendo no meu estômago", pensei, enquanto nós três olhávamos a imagem da tomografia que estava presa em uma caixa de luz na parede da sala de exame.

— Vocês estão vendo essa área cinzenta? — perguntou o médico. — Esse é o seu sistema linfático. Você tem linfoma. Todos eles são tumores.

Eu o ouvi, mas não assimilei de fato o que dissera. Linfoma era câncer, e eu não podia ter câncer. Olhei para Bob e, depois, para Michael. Os dois pareciam sérios como nunca os vira. O médico pegou um bloco de receitas e escreveu o nome e o telefone de um oncologista. Entregou-me o papel, mas eu simplesmente continuei parada. Finalmente, Bob pegou o papel da mão do médico. Andamos silenciosamente até o carro. Bob abriu a porta para mim e sentei no banco do carona. Ele não costumava fazer isso. Fiquei impressionada com a real gravidade da situação.

O Dr. Resner, o oncologista, era magro e tinha um jeito carinhoso. Seu cabelo preto era grisalho nas têmporas e ele falava de modo quase ritmado. Ele me explicou que eu tinha tumores desde a área logo abaixo do coração até a virilha. Eles se amontoavam ao redor do estômago e de alguns órgãos. Era por isso que eu não conseguia comer e sentia tanta dor. Ele precisava fazer vários exames de sangue e mais alguns outros antes que pudesse me dizer qual seria o procedimento correto a seguir. Primeiro, eu teria de fazer uma biópsia cirúrgica para remover alguns nódulos linfáticos inchados. Isso lhes diria quais das muitas variedades de linfoma eu tinha. Um exame de medula óssea seria o passo seguinte, e, quando ele tivesse todos os resultados, nos reuniríamos novamente.

Em uma manhã do final de julho, Bob, Michael, Jessica, Eric e eu entramos no carro de Michael e atravessamos a cidade para irmos ao hospital. Eu tinha de estar lá às 6 horas para me internar e fazer a cirurgia, e o grupo todo estava meio sonolento. A cirurgia seria realizada com anestesia geral e, se tudo corresse bem, não demoraria mais do que duas horas. O cirurgião faria uma incisão acima da minha clavícula e extrairia os nódulos linfáticos.

Ao chegarmos, Jessica e Eric se dirigiram à cafeteria para um lanche, enquanto eu preenchia uma pilha de formulários. Em seguida, recebi uma pulseira de identificação para colocar no pulso e vesti um roupão hospitalar azul. Uma enfermeira simpática fez o restante dos preparativos. O cirurgião chegou e perguntou se eu tinha alguma dúvida. Cada um dos integrantes da minha linda família me beijou e me assegurou de que eles estariam lá quando eu acordasse. A última coisa de que me lembro é de contar em voz alta até dez após o anestesista cobrir meu nariz e minha boca com uma máscara.

O peso quase imperceptível do tubo de respiração embaixo do meu nariz foi a primeira coisa que senti quando voltei da anestesia. Uma cânula intravenosa saía do meu braço e eu ouvia uma conversa indistinta vindo do posto de enfermagem do lado de fora do quarto. Do meu lado direito, Jessica estava dobrada para a frente em uma cadeira, com os braços em cima da cama e a cabeça sobre eles. Engraçada, sagaz e artística, Jessica nasceu rebelde, e eu tinha muito orgulho de ser sua mãe.

— Jess, o que foi, querida?

— Como assim? O que foi o quê? Você está no hospital. Você tem câncer. Você está batendo a testa na soleira da porta do Monsieur Morte — disse ela com o sotaque francês mais exagerado que eu já ouvira.

Um espasmo de dor percorreu o corte cirúrgico e senti os pontos repuxarem.

— Não me faça rir — falei e fechei os lábios para impedir qualquer risadinha a mais.

Com o apoio da minha adorável e peculiar família, e também dos amigos, eu tinha a esperança de que o Monsieur Morte pudesse começar a fazer as malas.

A ameaça da implacável morte tornou-se mais clara após a cirurgia e outros exames. Eu tinha linfoma folicular com um grau baixo de células mistas. Estava no estágio três, não era o melhor momento para tê-lo descoberto, mas não era tão assustador quanto os estágios quatro ou cinco. O câncer não entrara em minha medula óssea, e, se eu seguisse o protocolo de tratamento, havia uma probabilidade de 95% de diminuição dos tumores. As taxas de sobrevivência para esse tipo de câncer eram altas.

Eu precisava ouvir isso. Apesar de receber doses constantes de analgésicos, eu ainda sentia um tremendo desconforto e estava fraca e exausta. Continuava sem conseguir comer e perdera 14 quilos. Às vezes, eu pensava que era melhor morrer do que continuar nessa infelicidade. Minha determinação estava diminuindo. Esses foram os dias em que mal consegui manter minha cabeça erguida. Pela primeira vez percebi o peso da minha cabeça. Parecia que eu equilibrava uma bola de boliche sobre a cabeça. No entanto, meu prognóstico era positivo.

O Dr. Resner explicou que eu seria tratada com algo chamado CHOP, um tratamento de quimioterapia que incluía ciclofosfamida, hidroxidoxorubicina, vincristina (oncovin) e prednisona. Três semanas antes, eu nunca ouvira falar dessas substâncias. Seus nomes obscuros me assustavam. Queria voltar para o tempo em que eu não sabia que a palavra *chop* podia ser um acrônimo. Ainda assim, meu prognóstico era positivo.

Quando a quimioterapia começou, perdi meu cabelo, que chegava ao meio das costas. Decidi que rasparia a cabeça ao primeiro sinal de queda. Era uma forma de recuperar algum grau de poder sobre um corpo que saíra do meu controle. Jurei também dedicar toda a energia que tinha à minha recuperação. Esbanjá-la na raiva ou no desespero era um luxo que eu não mais poderia me dar. Precisava me concentrar em ficar bem o mais rapidamente possível. Eu já tivera de tirar uma licença e negar atendimento a alguns clientes potenciais por estar muito doente para trabalhar. Sabia que não conseguiria trabalhar enquanto estivesse em tratamento e que teria de recorrer às minhas escassas economias para cobrir as despesas.

Jurei que cuidaria de mim da melhor forma possível. Michael e eu estudáramos hipnose alguns anos antes e ele concordou em me hipnotizar todos os dias. Marquei uma consulta com um nutricionista e dobrei o número das consultas que eu tinha com o psicoterapeuta. Um antigo cliente soube que eu estava doente e providenciou um massagista para me atender após cada tratamento de quimioterapia. Bob recebeu cinco meses de férias que acumulara como funcionário dos correios ao longo de dez anos e quase não saía do meu lado. Tanto Jessica quanto Eric ficaram a postos para ajudar sempre que eu precisasse. Minha rede de apoio era forte e confiável, não apenas por causa dos que a constituíam, mas também por causa dos que não a integravam.

Decidi que eu não ligaria para meus pais enquanto estivesse fazendo o tratamento. Contra meus desejos, Michael entrou em contato com eles e contou sobre meu diagnóstico logo após eu tê-lo recebido. Eu não queria que soubessem que eu estava infeliz. Quase três décadas após ter partido para a Califórnia e começado uma vida com Michael, eles ainda esperavam que um desastre acontecesse. Eu não queria confirmar que eles estavam certos. Michael me disse que eles receberam a notícia com a estoicidade típica deles e pediram que ele telefonasse se eu piorasse. Nenhuma grande efusão de solidariedade fluiu deles. Planos de viagem apressados para me visitarem na Califórnia não foram feitos. Então, paciência. Meu plano era evitar contato com qualquer um que não me apoiasse, confortasse ou me relaxasse, e, se isso significasse temporariamente excluir meus pais do meu convívio, então era o que eu faria.

Com a chegada iminente da quimioterapia, pensava cuidadosamente sobre tudo pelo qual eu precisava pedir perdão aos outros e a mim mesma, para que pudesse canalizar todas as energias para minha cura. Como eu bem sabia, raiva e ressentimento eram parasitas que poderiam rapidamente drenar minha preciosa força interior. Fiz um esforço para perdoar Michael e para me perdoar por tolerá-lo. Quando uma memória despertava raiva, eu me lembrava de que minha energia agora deveria ser canalizada apenas para minha recuperação. Em alguns dias, precisava me dizer isso somente uma vez; em outros, precisava dizer isso várias. Antes do meu diagnóstico, a ideia de fazer as pazes com Meg teria parecido tão insana quanto andar sobre a água. Agora, parecia quase necessário; assim, alguns dias antes de começar a quimioterapia, liguei para ela.

— Cheryl, é você? — perguntou Meg.

— Sou eu, Meg.

Houve um longo silêncio.

— Bem, acredito que Michael já tenha contado que estou... doente. Bem, quer dizer, tenho linfoma e começarei a quimioterapia em breve — falei.

— Ele me contou, Cheryl. Eu sinto muito — disse Meg com uma voz tímida.

Talvez ela tenha pensado que eu estava telefonando para liberar minha raiva, o que era verdade, mas não da forma que ela podia ter imaginado.

— Meg, está tudo bem — continuei.

— Obrigada. É difícil saber o que dizer.

— Estou telefonando hoje porque quero que você saiba que não estou zangada com você. Se eu morrer, e não estou planejando fazer isso, não quero que pense que morri odiando você. Eu entendo o que aconteceu. Você é um ser humano. Todos nós somos, e nos apaixonamos pela mesma pessoa.

— Cheryl, sinto muito por... por muita coisa, mas não consigo dizer que me arrependo por ter meus filhos.

— Não quero que você se desculpe por isso. Amo seus filhos e fico feliz por eles fazerem parte da minha vida.

O perdão não acontece durante uma única chamada telefônica, mas foi um começo. E eu acreditava em Meg. Ela não tivera a intenção de me magoar e, mesmo que tivesse tido, eu me esforçava ao máximo para me livrar da raiva, sem exceções.

"Sem exceções" incluía também os meus pais. Por muito tempo, sonhei com uma reconciliação com eles que consistiria de algo além de uma série de acordos tácitos para não falar sobre o que sabíamos que provocaria uma briga. Eu queria que eles me aceitassem e me amassem pelo que eu era. Queria que eles repensassem muitas de suas crenças e que compreendessem o quanto as atitudes deles em relação à sexualidade me magoaram. Ansiava que eles me reconhecessem como uma mãe amorosa, uma profissional competente e até mesmo como uma boa filha. Também percebia que não era o momento de estabelecer contingências e condições sobre o perdão. Precisava deixar que a raiva que sentia por eles se dissipasse, independentemente do que eles haviam feito ou não, e foi isso que finalmente me comprometi a fazer. Não era o desfecho que eu desejava, mas era o que eu teria de aceitar.

Bob e Michael combinaram de me acompanhar em minha primeira sessão de quimioterapia. Michael continuara a fazer um esforço sincero de manter a amizade, e eu a aceitava com prazer. A expressão "é complicado" é usada de maneira inconsequente hoje em dia, mas nosso relacionamento era, bem, complicado. Basicamente, Michael e eu tínhamos crescido juntos: criamos filhos juntos e tivemos experiências juntos. Nossa história compartilhada, por mais tumultuada que fosse, nos mantinha na vida um do outro. Michael me apoiaria enquanto eu enfrentava a pior crise de saúde da minha vida. Se fosse o contrário, eu o teria apoiado, com toda a minha raiva e minha ternura, todo o meu amor e meu ressentimento. Ele compareceu às três primeiras sessões de quimioterapia.

— Ela alguma vez... — ouvi Michael sussurrar para Bob logo que eu comecei a primeira sessão de quimioterapia.

Ele me dirigiu um olhar travesso. Apreciei a tentativa de fazer uma piada, mas não estava com vontade de rir.

— Ah, meu Deus, por favor, não faça isso — pedi.

Bob voltou para sua revista de fotografia e Michael ficou olhando fixamente pela janela. Eu não precisava que eles comparassem observações enquanto, gota a gota, eu recebia as toxinas que salvariam minha vida. Além dessa sessão, eu teria de passar por seis tratamentos, um a cada três semanas. Era agosto e, se tudo desse certo, eu acabaria a quimioterapia antes do Natal e começaria 1994 livre do câncer.

Reclinei-me para trás, fechei os olhos e pensei no Grand Canyon e na Europa, dois lugares que queria visitar mais desesperadamente do que nunca. Após recuperar minha saúde, eu faria dessas viagens uma prioridade. Pode parecer um clichê, mas o câncer me forçara a perceber que não tinha tanto tempo assim para fazer o que desejava. A procrastinação agora se tornara uma inimiga.

Enquanto o tratamento prosseguia, fiquei grata por muitas coisas. Minha família e meus amigos estavam no topo da minha lista de agradecimentos. O zofran, uma substância contra o enjoo que era relativamente nova na época, estava em segundo lugar. Após minha primeira sessão, meu estômago parecia estar no ciclo de secagem centrífuga. Enjoos matinais não eram nada comparados àquilo. Eu vomitava até não ter mais nada no estômago e estava tão fraca que tinha de ser praticamente carregada pelos seis metros que separavam o quarto do banheiro. Depois disso, passei a receber zofran intravenoso antes de cada tratamento e em forma de comprimido, se necessário, após a sessão.

Na maioria das vezes, eu ficava tão exausta que tinha que me lembrar de que melhorava gradualmente. Certamente, não parecia. Por conta própria, eu não teria saído muito de casa, mas minha família se revezava para sair comigo. Mais de uma vez, ouvi um dos meus filhos dizer:

— Vamos levar mamãe para passear.

Se eu tivesse forças, teria rido. O que eu era, um cachorro?

Bob também me levava para passear. Uma vez, fomos passear no Jardim Botânico da University of California, onde nos encontramos pela primeira vez. Andamos um pouco, com Bob me apoiando a cada passo. Logo precisei descansar e sentei no banco mais próximo. Coloquei a cabeça no ombro de Bob. Fechei os olhos por alguns minutos e quase adormeci. Então, ouvi o riso de uma criança. Levantei a cabeça e vi um bebê, vindo na nossa direção, que ainda aprendia a andar. Os pais, radiantes, corriam para acompanhá-lo. Ele tinha olhos na tonalidade azul-claro e cabelos castanhos cacheados. Tentava subir em um monte de terra e, quando pisou em falso, desceu escorregando e dando risadas. A mãe limpou a sujeira dos joelhos dele e beijou suas bochechas gorduchas.

"Ele está apenas começando a vida", pensei. Eu era assim algum tempo atrás. Os pais estão apenas começando a vida com ele. Eu também já fui assim. Eu talvez esteja no fim da vida. Senti uma tristeza imensa por mim mesma e uma alegria ilimitada por aqueles estranhos que vinham na minha direção. Como a vida pode terminar tão rápido! Pode acabar em um instante. Fechei meus olhos com força para que

Bob não pudesse me ver chorar. "Olha o quanto você teve", disse para mim mesma. Pessoas mais jovens do que você morrem o tempo todo no mundo inteiro. Crianças morrem. Bebês morrem. Eles vivem menos tempo que uma borboleta. Você teve uma vida boa, uma vida rica de experiências. Tudo ficará bem se você morrer. Quando abri os olhos, a família já tinha ido embora, desaparecido no curto intervalo de alguns breves pensamentos.

Não gosto da palavra "remissão", provavelmente por causa de sua palavra irmã "recorrência". Prefiro me imaginar curada, e foi isso o que eu disse ao Dr. Resner em nossa última consulta. A quimioterapia cumprira sua missão, e eu podia retomar a minha vida e o meu trabalho. A raiva e o ressentimento que acumulara ao longo dos anos também desapareceram. Eu tinha um companheiro que me amava, um corpo novamente saudável e um apreço profundo por tudo que importava na vida. Aos 50 anos, eu aprendera muito — o suficiente para fazer a próxima metade de século ser até melhor do que a primeira.

19.

Boas vibrações: Esther

....

Quando nos aproximávamos do novo milênio, a maior parte dos meus amigos e conhecidos poderia, decididamente, ser classificada como idosos ou aspirantes a idosos. A geração que venerava a juventude fazia o impossível — envelhecer —, e isso significava fazer as pazes com um corpo cada vez mais velho e com as mudanças na nossa sexualidade.

Após o desastre do Dalkon Shield quando estava na casa dos meus 20 anos, uma grossa camada de tecido cicatrizado surgiu em minhas trompas, e meus ovários ficaram cobertos de cistos. Entre os 40 e 46 anos, fiz três operações para removê-los. Resisti às cirurgias o máximo que pude e recusei a recomendação do meu médico para fazer uma histerectomia completa, pois sabia que isso afetaria minha libido. Quando um dos médicos me perguntou por que eu precisava do meu útero, já que não mais teria filhos, ficou evidente uma alarmante ignorância sobre a sexualidade feminina. Expliquei que não ter útero limitaria minha capacidade para chegar ao orgasmo. Meu útero ainda era perfeitamente saudável e removê-lo diminuiria o tamanho da minha vagina e teria um impacto desnecessário sobre minha vida sexual. Ele argumentou que a remoção me protegeria do câncer de útero, mas eu não estava disposta a retirá-lo por motivos preventivos. Imaginei como o médico se sentiria se tivesse de retirar os testículos pelo mesmo motivo. Ele se voluntaria a fazer isso para proteger-se do câncer de testículo?

De qualquer modo, fiz três cirurgias para retirar as trompas e os ovários, e me preocupava bastante com o efeito dessas operações sobre a minha libido. Depois, acabei descobrindo que, por causa das cirurgias, meu equilíbrio hormonal mudara e a libido que sentia passara a ser uma sombra do que era antes. Decidi fazer um tratamento de reposição hormonal e confiar nas décadas de educação sexual bem embasada que eu tinha. Sabia que a comunicação, a imaginação e a disposição para experimentar ajudam muito a aumentar a temperatura erótica. Se o termostato do meu corpo fora reinicializado, meu processo de pensamento teria de fazer uma contribuição adicional.

A energia sexual demorava a fluir e, embora eu ainda tivesse orgasmos, eles não provocavam mais a sensação de um tsunami percorrendo meu corpo inteiro. Eu tinha de lançar mão do meu último recurso: o cérebro. Mergulhei fundo em meu tesouro de memórias sexuais e passei a confiar mais na fantasia para dar o pontapé inicial na excitação. Lembrava-me de que a sexualidade muda ao longo da vida, e eu não era exceção. Chegara minha hora de aceitar o conselho que eu dera incontáveis vezes a amigos e clientes: continue brincando; continue experimentando.

Aos sessenta e poucos anos, tive uma experiência que me inspirou a avançar pelos anos seguintes com a mesma vontade de obter o prazer que sempre tive na relação sexual. Esther era uma antiga amiga que acabara de completar 84 anos. Ela era casada há mais de meio século com Henry, que agora lutava contra a demência, a artrite e várias outras doenças que deram fim à vida sexual dele. Esther o amava. Cuidava dele e estava determinada a renovar sua vida sexual.

Ela não me procurou como cliente, mas como uma amiga que desejava se beneficiar da minha experiência e do meu conhecimento.

Em um sábado, ela apareceu para um lanche. Sentamo-nos em meu quintal e desfrutamos das primeiras flores da primavera, bebericando drinques e comendo ovos e croissants. Esther explicou que não estava pronta para abrir mão do sexo revigorante que desfrutara pela maior parte da sua vida ao lado do marido. Ela se referia aos orgasmos com Henry como "terremotos, mas bons". Ela desejava voltar a senti-los ou, pelo menos, sentir prazer e excitação, mas precisava de um pouco de ajuda para aprender como chegar a esse ponto por conta própria.

— É aí que você entra, Cheryl — disse ela.

Ao soltar sua risada adorável, um grupo de rugas se juntou em torno da boca de Esther.

— Como posso ajudar? — perguntei.

— Quero saber mais sobre brinquedos sexuais. Experimentei um vibrador anos atrás, mas não gostei. Podemos fazer uma visita àquela loja?

— A Good Vibrations?

— Essa mesmo.

Eu gostaria que toda cidade tivesse uma loja como a Good Vibrations. Lá são vendidos brinquedos sexuais, lubrificantes, camisinhas, livros, filmes, jogos e muito mais. Essa loja foi criada com base nos princípios positivos do sexo e conta com uma equipe prestativa e treinada, capaz de fazer com que todos se sintam bem. Lembro-me de como foi excitante sua inauguração em 1977; de repente, tínhamos uma sex shop de primeira classe na comunidade, que poderíamos frequentar sem hesitação ou vergonha.

Esther e eu esvaziamos nossos copos, terminamos nossa refeição e com tranquilidade decidimos visitar a Good Vibrations no dia seguinte.

Ao chegar à casa de Esther na manhã seguinte, reparei que ela prendera o cabelo grisalho escuro para trás em um coque e usava batom cor-de-rosa.

— O grande dia — comentou ela.

Fomos para a loja de Berkeley e, enquanto dirigíamos, dei-lhe uma prévia do que ela iria encontrar lá.

— Eles têm muitos vibradores e pênis artificiais, e quase todos os acessórios que você precisa para usar com eles. Como está sua lubrificação? Você acha que precisará de algo para ajudá-la nisso? — comecei.

— Isso é outro problema. Estou muito seca.

— Tudo bem. Isso acontece com muitas mulheres após a menopausa, e a maioria das mulheres na sua idade fica assim. Daremos uma olhada. Meu conselho é experimentar alguns tipos diferentes de produtos e ver qual funciona melhor em você.

Estacionei na esquina, ajudei Esther a sair do carro e caminhamos para a loja.

— Uau! — disse Esther assim que passamos pela porta de entrada, com os olhos castanhos bem abertos.

Ela vislumbrou o salão e só realmente entrou na loja quando percebeu que estava atrapalhando a entrada de algumas pessoas.

Passeei com Esther pela loja. Pênis artificiais, vibradores e outros brinquedos estavam em um lado do salão; lubrificantes, óleos de massagem e itens adicionais estavam do outro. Nesse exato momento, uma funcionária da loja me reconheceu e me cumprimentou. Apresentei-a a Esther e disse que era a primeira vez que ela visitava a loja.

— Seja bem-vinda, Esther. Avise-me se eu puder ajudar em algo — cumprimentou a vendedora.

— Obrigada, querida — respondeu Esther, ainda um pouco deslumbrada.

Mostrei a ela meu lubrificante favorito e fiz comentários sobre os outros. Duvido que ela tenha ouvido muito do que eu disse, pois seus olhos fitavam o outro lado do salão, onde uma variedade imensa de pênis e vibradores ficava pendurada na parede mais afastada.

— Viu algo interessante? — perguntei.

— Acho que sim. Vou dar uma olhada lá — retrucou Esther que, com a bengala na mão, se dirigiu para os brinquedos sexuais.

Passei algum tempo examinando os lubrificantes, camisinhas e outros suprimentos. Precisava renovar meu estoque para uso profissional e doméstico. Após colocar algumas caixas de camisinhas em minha cesta de compras, olhei na outra direção e vi Esther sorrindo para mim do outro lado da loja. Ela estava segurando um pênis de silicone azul com quase 30 centímetros de comprimento.

Fui até ela.

— Esse parece bom? — perguntei.

— Gostaria de testá-lo. Diga-me, Cheryl, você tem alguma preferência?

Durante anos usei um vibrador que tinha provavelmente três quartos do comprimento daquele que ela pegara. Com o passar dos anos, no entanto, descobri que amava o vibrador do tipo Pocket Rocket, consideravelmente menor, que apesar de ter cerca de 10 centímetros de comprimento e apenas uma velocidade, era poderoso.

— Vou mostrar do que gosto hoje em dia — sugeri.

Fomos para a prateleira de brinquedos e apontei para o Pocket Rocket.

— É bom para viagens também — comentei.

— Mas é tão pequeno.

— Bem, você não precisa ir muito fundo para ficar excitada.

— Humm... Sempre gostei de homens grandes e Harry ficava imenso quando excitado — ponderou Esther.

Ela olhou para o gigante na mão dela e, em seguida, para o Pocket Rocket na prateleira.

— Acho que vou experimentar os dois.

— Boa ideia. Experimente e veja de qual você gosta mais.

Ela escolheu alguns tipos diferentes de lubrificantes e fomos até o caixa.

Esther e eu fizemos uma refeição rápida e, depois, levei-a para casa.

Ela telefonou no fim de semana seguinte e não precisei puxar o assunto para receber um relatório.

— Como você está? — perguntei.

— Ah, Cheryl, aquele Pocket Rocket. Talvez eu tenha superestimado a questão do tamanho ou talvez tenha mudado de gosto, mas, nossa, ele é meu novo melhor amigo.

Os comentários dela me fizeram lembrar de um incidente que aconteceu quando eu tinha vinte e poucos anos. Eu visitava uma amiga que vivia com a mãe e a avó. Por acaso, a tia-avó dela também estava fazendo uma visita naquele dia, e eu estava lá. As duas irmãs idosas se sentaram na cozinha, a uma distância em que minha amiga e eu ainda conseguíamos ouvi-las da sala de estar.

— Estou tão feliz por tudo aquilo ter terminado — ouvi uma delas dizer.

— Eu também. É um grande alívio ele não sentir mais desejo — respondeu a outra.

Percebi que elas estavam falando sobre sexo. Minha amiga e eu olhamos uma para a outra.

— Espero que eu nunca me sinta assim — comentei.

Agora, ouvindo Esther louvar seu novo Pocket Rocket, eu tinha certeza de que não me sentiria daquela maneira. Eu também tinha certeza de que a minha geração, a que virara o mundo de cabeça para baixo nas décadas de 1960 e 1970, não estava abandonando o sexo por causa da idade. Nossos corpos mudam à medida que envelhecemos, mas isso significa apenas que precisamos encontrar novas formas de expressar a sexualidade. Junto com minhas amigas e colegas grisalhas, eu escrevia um novo capítulo da minha vida sexual — e não seu epílogo.

20.

Ainda quente

●●

— **C**heryl, você tem que vir aqui imediatamente.

Sara parecia não ter fôlego suficiente para falar. Meu coração batia tão rapidamente que eu o sentia reverberar em meus ouvidos e braços. Não podia ser uma notícia boa.

— Eric morreu? — perguntei, pois era o pior que eu podia imaginar que minha nora dissesse.

— Não, não, mas você precisa vir aqui agora.

Estávamos em 2001, e meu filho, sua esposa e meu jovem neto moravam na cabana do meu quintal. Michael saíra de lá alguns anos antes e foi morar com Jan, sua namorada mais recente.

Calcei os chinelos e corri pelos degraus dos fundos e pelo caminho que separava nossas casas, minhas pernas energizadas pela adrenalina que fluía por todo o meu corpo. Quando subi correndo as escadas da frente, perdi um dos meus chinelos.

— O que houve, o que houve? — perguntei a Sarah.

— Cheryl, tenho más notícias. Michael faleceu.

— Qual Michael? — perguntei, incapaz de compreender que poderia ser o meu Michael.

— Michael Cohen — ela respondeu.

Senti como se tivesse sido atropelada por um caminhão.

— O quê? Ai, meu Deus! — suspirei.

O aniversário de Michael seria dali a três dias. No dia 3 de fevereiro, ele completaria 61 anos.

— Eric está vindo para casa. Liguei para ele no trabalho — disse ela.

— O que aconteceu?

— Ele teve um infarto fulminante na escola. Jan telefonou. Ela está no hospital.

Michael estava trabalhando como professor de crianças com necessidades especiais. Era a primeira vez em anos que ele tinha um emprego estável. Ele era popular entre os alunos e fazia muito sucesso com até mesmo alguns dos mais problemáticos. O diretor da escola estava impressionado com a transformação que notara em algumas das crianças.

Como ele poderia estar morto? A ideia de Michael não andar mais pelo planeta parecia impossível. Todo o conhecimento, as ideias, os sentimentos, as paixões e as loucuras não existiam mais. Eu nunca mais o veria. Michael, o homem que mudou minha vida, não existia mais. O homem por quem eu me apaixonara e desapaixonara, o homem que me deixara furiosa, o que me dera dois filhos lindos, o que me fizera rir, o que me traíra, estava morto. Eu nunca mais falaria com ele. Como assim?

Sentei no sofá e coloquei as mãos na cabeça. Tentava me acalmar enquanto olhava para o meu pé descalço.

— Não consigo acreditar nisso. Não consigo acreditar — falei para Sarah e para mim mesma.

Pensei em ligar para Jessica, mas, em vez disso, liguei para a melhor amiga dela.

Ellen e Jessica eram como irmãs, e eu queria que ela estivesse lá comigo quando eu revelasse a má notícia. Eu não tinha condições de dirigir; por isso, Ellen me pegou e fomos para a joalheria onde minha filha trabalhava.

O rosto de Jessica se iluminou quando nos viu entrar na loja, mas rapidamente mostrou consternação quando percebeu minha expressão.

— O que houve? — perguntou ela.

— Jessica, querida. Algo muito triste aconteceu. Seu pai faleceu.

— Ai, mãe. Você está bem? — foi a primeira coisa que minha doce filha disse após eu ter dado a notícia.

Ela saiu de trás do balcão para me abraçar. Senti seu rosto e suas lágrimas queimarem minha pele, atravessando a blusa.

— Se ao menos eu soubesse que seria a última vez que eu o veria — disse ela.

Saímos abraçadas para o estacionamento. Em seguida, Ellen nos levou para casa.

Telefonei para Bob, que agora era oficialmente meu marido. Em 1995, trocáramos votos matrimoniais, novamente, diante de quase 50 familiares e amigos. Ele pegou o carro no instante em que desligamos e logo todos nós estávamos reunidos na sala de estar da casa de Eric.

Jan identificara o corpo, mas decidimos que todos iríamos ao necrotério do hospital. Era como se necessitássemos de provas de que Michael estava morto.

Ao chegarmos, Bob ficou na recepção do hospital com minha neta de 11 meses enquanto o restante de nós entrava no elevador e descia até o necrotério.

A luz fluorescente cintilava nas filas de gavetas de aço inoxidável. Era tudo muito frio e impessoal, uniforme. Uma porta giratória de luto varria para dentro e para fora as pessoas deixadas para trás. Agora era nossa vez. Seria a de outra pessoa amanhã.

O médico-legista abriu uma das gavetas e lá estava Michael. Achei que ia desmaiar. O sangue fluíra para suas costas e reparei que havia uma mancha roxa embaixo da orelha dele. A pele estava da cor de cera e os olhos fechados, permanentemente.

— Ah, papai — lamentou Jessica.

Comecei a chorar por mim, por Jessica, por todos nós. Cada um de nós lhe disse adeus. Quando chegou a minha vez, ajoelhei-me no chão e beijei os lábios frios de Michael. Toquei seu rosto e peito. "Como isso foi acontecer?", pensei. Senti-me culpada, como se não devesse ficar tão consternada quanto estava. Michael não era mais meu marido e eu tinha um companheiro maravilhoso. Eu estava sendo desleal com Bob?

— Sinto muito, Michael — sussurrei.

Em seguida, partimos; cada um de nós tentando agarrar a mão mais próxima.

Muitas vezes, eu me pegava imaginando como Michael e eu teríamos nos relacionado com o passar do tempo e com a experiência acumulada. Após o nosso divórcio, ele passou a conversar mais abertamente sobre suas emoções e seus medos como jamais fizera durante o casamento. Certa vez, ele me disse que se maravilhava pela maneira com que todas as vezes que a vida me dava uma rasteira, eu me levantava novamente.

— Eu seria incapaz de fazer isso. Simplesmente me esconderia e tentaria me proteger — disse ele.

Michael também admitiu que nunca teria sido capaz de me dar o tipo de intimidade que eu desejava.

— Você me amava tanto que eu fiquei assustado. Tinha medo de perder seu amor, de decepcioná-la — revelou.

Ele queria resolver seus problemas, enfrentar seus medos e derrubar as barreiras que o impediam de amar completamente qualquer mulher.

"Que pena, Michael", pensei. Ele tinha tantos dons e teve tantas admiradoras em sua vida, mas perdera muito por sua incapacidade de amar. Entendi então que, de certa maneira, ele sempre estivera sozinho.

No ano seguinte ao falecimento de Michael, tive outra perda cujo impacto em mim foi profundo. Em 2002, aos 77 anos de idade, minha mãe não resistiu a um câncer nos ossos.

Após me recuperar do linfoma, cheguei a uma encruzilhada com mamãe. Minha intenção de ficar o mais positiva e livre de estresse possível era testada todas as vezes que conversávamos. Eu sempre terminava nossas conversas chorando e com raiva. Estava convencida de que, se quisesse manter minha saúde, precisava evitar as emoções tóxicas que o contato com minha mãe invariavelmente geravam. Então, decidi que ela e eu mudaríamos nossa forma de interação ou não nos falaríamos mais.

Em um sábado de 1995, dei um telefonema que mudou nosso relacionamento.

— Mamãe, não posso continuar mais — comecei.

Praticara o que diria para ela por vários dias e estava confiante.

— Precisamos mudar isso — continuei.

Houve um silêncio total do outro lado da linha. Por um minuto pensei que ela desligara, mas, então, ouvi sua respiração. "Continue", disse para mim mesma.

— Não podemos continuar nos provocando. Isso nos deixa perturbadas e não é saudável para nenhuma de nós. Vamos deixar o passado para trás. Você sempre será minha mãe, mas agora quero ver se podemos ser amigas. Quando conversarmos, quero que nos concentremos no presente. Quem sabe quanto mais tempo de vida teremos? Não vamos passá-lo zangadas uma com a outra. Não podemos mudar o passado, mas podemos construir um futuro diferente. Eu perdoo você e gostaria que você me perdoasse.

— Me perdoar do quê? — perguntou ela.

Senti uma pontada de raiva e me lembrei de que acabara de sugerir que deixássemos o passado para trás.

— Mamãe, não vou entrar nesse assunto. Vamos ficar no presente. Não vamos mais remoer o passado. Se não puder fazer isso, não vou mais falar com você.

Ela ficou calada.

— Eu gostaria que você pensasse muito bem sobre isso — pedi.

Após desligarmos, eu não sabia se falara com minha mãe pela última vez. Eu trabalhara muito para perdoá-la e liberar a raiva e o ressentimento que sentia desde a infância. Não estava disposta a reanimá-los a cada ligação.

Depois de quase uma semana, recebi notícias dela novamente. Pela primeira vez em vários anos, ela me enviou uma carta em vez de telefonar.

Quando mamãe saiu para a missa na manhã de domingo após nossa conversa, ela estava amargurada. Ela se esforçara ao máximo para ser uma boa mãe e trabalhara muito para isso. Por que eu estava tão zangada com ela? Não seria ela quem deveria sentir rancor? Minha infância fora tão terrível assim? Afinal, eu tivera tudo de que precisava. Ela ainda espumava de raiva na hora em que o padre começou o sermão, cujo tema era o perdão. Ele falou sobre como Jesus Cristo deu o exemplo do perdão e sobre como a cura começa com esse ato. Era nossa obrigação, e até mesmo nossa salvação, perdoar.

Em algum momento no curso da homilia, a ideia de um armistício comigo começou a parecer, a princípio, possível; em seguida, desejável. Ao sair da igreja, ela começou a refletir mais profundamente sobre o que eu dissera. Talvez, após todos aqueles anos, tivesse chegado a hora de seguir adiante. Ela esperou alguns dias antes de começar a escrever a carta para mim. "Quero tentar fazer o que você sugeriu", escreveu.

Minha mãe e eu juramos colocar de lado o rancor e o ressentimento e construir um novo relacionamento. Em nossas conversas, nos concentraríamos no presente e não reviveríamos mágoas, insultos e traumas do passado. Evitaríamos tópicos que sabíamos que provocariam discussões. Eu tinha questões com relação à postura dela como mãe, e ela tivera problemas em expressar suas reclamações de mim como filha, mas éramos ambas adultas agora. Era hora de ver se poderíamos transcender a amargura e nos tornarmos amigas.

Para minha grande surpresa e alegria, minha mãe e eu conseguimos recomeçar. Descobrimos que, na verdade, gostávamos da companhia uma da outra, e nosso laço cresceu e se aprofundou nos últimos sete anos da vida dela. Ela até se abriu comigo sobre sua vida sexual. Descobri que meu pai era um amante maravilhoso, que sempre se certificava de que ela estava "satisfeita". Certamente, isso era mais informação do que eu desejava obter, mas também era um parâmetro que media o quanto nosso relacionamento mudara.

Por incrível que pareça, só houve um momento em que mamãe trouxe o assunto do passado à tona, ao mencionar a raiva que sentia de Michael. Quando pedi que ela esquecesse aquilo e se concentrasse no presente, ela o fez sem discutir. Eu estava agradecida à minha mãe por seu empenho e disposição para mudar. A raiva tornara-se um hábito para nós duas e era difícil nos desligarmos dos velhos padrões e da dinâmica familiar, mas ela o fez. Quando a perdi, em 2002, perdi uma amiga.

Em 2006, Bob e eu já compartilháramos nossas vidas há 27 anos. Houve muitos momentos bons e ruins: nos alegramos com os primeiros e superamos os outros juntos. No inverno daquele ano, a vida ainda nos daria mais um golpe. Já haviam se passado quase 13 anos desde minha luta contra o câncer e, para minha total surpresa, ele retornara. Dessa vez, no seio.

Eu tinha uma mancha na aréola direita que a minha radiologista inicialmente especulou ser um canal de leite entupido. Uma mamografia revelou vários pontos minúsculos e de aparência suspeita, mas ninguém usou a palavra "câncer" naquele momento. Foi sugerido que eu fizesse outra mamografia em seis meses.

— Vamos ficar de olho nisso — disse a radiologista.

Confiei na decisão dela e deixei o hospital aliviada. Seis meses depois, quando retornei obedientemente para o exame de acompanhamento, fui avisada de que nada mudara e que o melhor a fazer seria permanecer alerta e continuar com as mamografias semestrais. Novamente, segui adiante com minha vida, confiante de que não corria risco algum. Coincidentemente, alguns dias após o segundo exame, minha antiga amiga Barbara, uma terapeuta do sexo, telefonou para me dizer que nossa amiga em comum, outra Barbara, se submetera a uma mastectomia após ter recebido o diagnóstico de câncer de mama. Assim que desligamos, telefonei para a outra Barbara para saber como andava sua recuperação. Conversamos por algum tempo e lhe perguntei quais eram os sintomas.

— Bem, a princípio, eles me disseram que eu tinha um canal de leite entupido — disse ela.

O telefonema seguinte foi para Evelyn, outra terapeuta do sexo, que fizera uma mastectomia anos antes. Expliquei minha situação e ela me deu o que, em retrospecto, foi o melhor conselho que eu poderia ter recebido:

— Diga-lhes que você quer fazer uma biópsia estereoscópica.

Em algumas semanas, eu marcara a consulta para fazer o exame.

Ao entrar na sala, o olhar no rosto estreito da Dra. Whitney era sério.

— Tenho câncer de mama, não é? — perguntei.

— Sim.

Eu tinha carcinoma ductal infiltrante. Ela se sentou e espalhou os resultados da biópsia estereoscópica no colo dela.

Senti como se estivesse suspensa no ar enquanto observava a cena se desenrolar.

— Vou fazer a biópsia do caroço e solicitar que o laboratório faça a análise. Teremos os resultados em cerca de vinte minutos. Deite-se e relaxe, eu volto logo.

— Estou bem — tranquilizei-a, descrente.

— Cheryl, você está em estado de choque. Deite-se e, quando eu tiver os resultados, teremos todo o tempo necessário para analisá-los e decidir o que fazer — explicou-me a Dra. Whitney.

Deitei, mas, assim que a porta se fechou, pulei da cama e peguei o telefone celular na bolsa.

Liguei para minha amiga Joanne.

— Estou com câncer. Estou com câncer de novo — contei, tremendo.

— Venha para cá o mais rápido possível — disse ela.

Em seguida, telefonei para a nutricionista com quem trabalhara na época em que tive o linfoma.

— Peça a eles para me enviarem todos os resultados dos seus exames laboratoriais. Eu montarei um plano para você. Trabalharemos juntas como fizemos antes — assegurou-me ela, preocupada, porém segura.

Eu estava instintiva e imediatamente estendendo a mão para o meu sistema de apoio. Mais uma vez, resolvi fazer tudo que podia para sobreviver. Guardei meu telefone e voltei para a mesa de exame, amassando o papel que a cobria. Respirei profunda e vagarosamente até a Dra. Whitney retornar.

Ela fez a biópsia por agulha do caroço e, em seguida, discutimos como trataríamos o câncer então confirmado. O câncer do caroço era igual ao da aréola, o que nem sempre é o caso. Aprendi que existem mais de quarenta tipos de câncer de mama e que as mulheres podem ter mais de um tipo simultaneamente. O carcinoma ductal infiltrante é um dos mais tratáveis, sobretudo quando diagnosticado no estágio um, como era o meu caso.

— Recomendo uma mastectomia, em função do grande número de pequenos tumores — concluiu a Dra. Whitney.

Os pontos misteriosos que as mamografias haviam identificado eram, na verdade, tumores minúsculos de 1 milímetro reunidos em um quadrante do meu seio. Eles eram tão pequenos que, a princípio, a Dra. Whitney quase não conseguiu percebê-los.

— Tudo bem. Devo deixar você retirar o outro seio também? — falei. Eu queria me livrar do câncer e de qualquer chance de o outro seio também ser afetado por ele. Não gostava da ideia de perder ambos os seios, mas gostava muito menos da possibilidade de precisar passar pelo tratamento outra vez e, naquele momento, qualquer sugestão a esse respeito parecia lógica.

A Dra. Whitney me assegurou de que eu tinha uma chance relativamente pequena de desenvolver câncer na mama esquerda e que somente a direita precisava ser retirada. Ao fazer a mastectomia, eles retirariam alguns dos nódulos linfáticos para se certificar de que o câncer não se espalhara por eles.

Perguntei a ela se esse câncer estava relacionado ao linfoma que tivera anos antes, e ela respondeu enfaticamente que não.

Uma das primeiras coisas que fiz quando cheguei em casa foi procurar um grupo de apoio a pessoas com câncer de mama. Eu me associara a outro grupo após meu diagnóstico de linfoma e descobrira que esse era um auxílio poderoso ao tratamento.

Fiz a mastectomia em fevereiro de 2006. Felizmente, o câncer não se espalhara para meus nódulos linfáticos e não precisei fazer quimioterapia ou radioterapia. Fui para casa com dois drenos no lado direito, bem abaixo da minha axila. Precisava medir a quantidade de líquido dentro deles todos os dias para verificar se estava diminuindo. Também tinha um dilatador plástico flexível cheio de líquido sobre o peito para preparar minha pele para a cirurgia reconstrutora, a qual eu seria submetida em abril. Uma vez por semana, eu tinha uma consulta com o cirurgião plástico reconstrutor para aumentar o líquido do dilatador, para que minha pele não se contraísse. A maioria das vezes, eu sentia algum desconforto, mas raramente dor. Com exceção do primeiro ou segundo dia após a cirurgia, nem tomei o remédio que me fora receitado.

A mastectomia afetou profundamente minha imagem corporal. Eu acabara aceitando e amando meus seios, embora eles não fossem os montinhos empinados que sempre desejei ter. Adorava quando meus mamilos eram chupados e acariciados durante a relação sexual. A reconstrução equilibraria minha aparência, mas eu sabia que a sensibilidade do lado direito seria muito menor do que a que eu estava acostumada a sentir.

Entretanto, eu tinha que me lembrar de que era muito mais do que meus seios. Quando finalmente disse isso em voz alta para uma amiga, pareceu tão óbvio que eu quase não precisei repeti-lo para mim mesma ou para qualquer outra pessoa. De certa forma, eu precisava reaprender o que descobrira nos meus dias de trabalho como modelo: um corpo imperfeito ainda poderia ser um corpo sexual. É claro que eu teria de aceitar uma perda de sensibilidade, mas ainda dispunha de muitas maneiras de receber prazer.

Felizmente, Bob, mais uma vez, se mostrou um companheiro solidário e dedicado. Quando soube que o câncer não se espalhara pelos meus nódulos linfáticos, seu alívio foi igual ao meu. Ele cuidou de mim durante toda a recuperação e nossa vida íntima permaneceu bastante ativa. Ele costumava me dizer que seu maior desejo era que eu recuperasse a saúde e que o pior que ele poderia imaginar era que eu me sentisse, de alguma forma, menos atraente para ele.

Ao mesmo tempo em que ansiava pela reconstrução, comecei a pensar mais sobre como a mudança em meu corpo afetaria meu trabalho. Minha maior preocupação era que o foco da interação que eu tinha com o cliente se voltasse para mim, quando deveria ser dirigido a ele. Acreditava que os clientes precisavam saber sobre a mastectomia porque meu seio direito tinha aparência e sensibilidade diferentes do esquerdo e eu não queria que eles ficassem distraídos com isso. Certo dia, levantei o assunto em meu grupo de apoio. O Dr. Renaldi, um dos psicoterapeutas que dirigiam o grupo, perguntou-me como eu achava que deveria abordar a questão com os clientes. Ter a oportunidade de falar abertamente sobre os elementos constituintes de um plano era exatamente o que eu precisava naquele momento. Decidi que não mencionaria a questão no começo do trabalho, quando estivesse entrevistando o cliente com relação à sua história, aos seus problemas e aos objetivos. Eu a revelaria somente quando fôssemos para o quarto, e discutiria minha situação objetivamente. Sem grandes declarações, apenas como se fosse outro item na lista de informações que precisavam ser dadas. Se eu não quisesse que um cliente tivesse um foco exagerado em minha mastectomia, eu mesma não deveria fazê-lo.

Entretanto, eu tinha outra pergunta que não seria respondida tão facilmente. Não sabia como tratar a questão dos meus seios ao fazer o exercício do espelho. O câncer se tornara parte da história do meu corpo. O linfoma pode ter sido um diagnóstico mais amedrontador e uma recuperação mais difícil, mas meu corpo permanecera externamente intacto após a doença. Agora, quando estivesse em pé diante de um espelho grande na presença de um cliente, eu teria de discutir as diferenças entre os meus seios. Eu ainda não sabia quais palavras usaria para fazer isso, mas tinha a sensação de que elas surgiriam com o passar do tempo, à medida que eu me curasse.

A cirurgia reconstrutora não me manteve no hospital nem mesmo por uma noite. Para que meus seios ficassem com uma aparência mais simétrica, o cirurgião levantou o esquerdo e transplantou o mamilo ligeiramente para cima. Um implante de silicone foi colocado no lado direito.

Não foi preciso muito tempo para perceber que a cirurgia foi um sucesso. Cobertos por um sutiã e uma blusa, nenhuma diferença podia ser notada. Quando me despia, a diferença era evidente, mas não apavorante. Meu novo seio direito tinha pouca sensibilidade, mas era só isso. Assim que ele estivesse curado, eu precisaria decidir se desejava, por razões estéticas, reconstruir um mamilo nele. Gostei da aparência de meu novo seio sem mamilo, então decidi continuar assim.

Uma das muitas lições que aprendi ao trabalhar com pessoas portadoras de necessidades especiais é a importância de focar no que você pode sentir e experimentar, em vez de enfatizar as limitações. Descartar noções preconcebidas sobre como e onde você deveria sentir prazer e concentrar a atenção nos locais mais sensíveis são atitudes que podem, às vezes, fazer você esquecer que há áreas pouco reativas em seu corpo. Eu vira portadores de necessidades especiais despertarem para sensações sexuais e muitas vezes ficarem surpresos e maravilhados com elas. Era o momento de eu colocar em prática essa pequena dose de sabedoria. Eu não tinha mais dois seios sensíveis, mas ainda tinha um, e um companheiro que nunca se esquivara de reinventar nossa vida na cama. E isso era suficiente.

Scott foi o primeiro cliente que atendi quando voltei a trabalhar, cinco meses após meu diagnóstico. Ele lutava contra um medo terrível — achava que seu pênis era pequeno demais. Por isso, ele se submetera a medidas drásticas para aumentá-lo. Um médico lhe aplicara injeções que, em vez de fazerem o pênis crescer, o desfiguraram um pouco. A última coisa de que eu ou ele precisávamos era que questões relativas à minha imagem corporal afetassem o nosso trabalho juntos.

Mantive meu plano de não mencionar minha mastectomia imediatamente. Desde o início, era preciso deixar claro que Scott vinha em primeiro lugar. Quando nos despimos, contei-lhe sobre minha cirurgia e o convidei para sentir meus seios. Scott apalpou meu seio direito e o apertou levemente. Ele fez o mesmo com o esquerdo.

— O direito parece mais duro — comentou ele.

— É assim mesmo, eles ainda não aperfeiçoaram as técnicas de reconstrução.

Então, começamos a tratar das questões dele e o assunto da minha mastectomia não foi mais mencionado.

Observei mais uma vez o valor da comunicação simples e direta e pude apreciar toda a variada gama da sexualidade. Quando um cliente consulta um terapeuta do sexo, ele está pronto para trabalhar suas questões, e um busto ligeiramente assimétrico ainda não se tornou um problema no meu trabalho.

Na terceira sessão com Scott, quando chegou o momento de fazer o exercício do espelho, a nova narrativa dos meus seios, a qual eu apenas começara a formular, desvendou-se para mim. Enquanto olhava meu reflexo, eu disse, simplesmente:

— Tive câncer de mama, mas tive a sorte de ele ter sido diagnóstico no início. Precisei retirar o seio direito e reconstruí-lo. Agora, tenho muito menos sensibilidade nele do que no esquerdo. Mesmo assim, gosto que ambos recebam a mesma atenção.

✍

Meu consultório continuou a prosperar, embora o envelhecimento natural gerasse alguns desafios físicos. Eu não era mais tão flexível ou ágil quanto no início da minha carreira como terapeuta do sexo. Por outro lado, tinha quase quatro décadas de experiência e um nível de conhecimento, sensibilidade e solidariedade que não poderia ter tido quando mais jovem. Minha reputação estava consolidada, e um bom grupo de terapeutas na área da Baía de São Francisco — e até em outras partes do país — recomendava clientes para mim. Com minha posição reconhecida pela comunidade e a quantidade insipiente de terapeutas do sexo, não me faltava trabalho. Na época do boom da Aids, muitos terapeutas do sexo decidiram largar a profissão. Às vezes, eu fico imaginando como a profissão de terapeuta do sexo seria hoje se a doença não tivesse mudado sua evolução.

Reavaliando minha carreira, posso dizer que ela era rica e recompensadora — e ainda havia uma demanda por ela. Durante todos os anos de trabalho, minha idade foi um problema apenas para um cliente, que se referiu a mim dizendo que eu já não era nenhuma garotinha. Ele e eu, na prática, acabamos trabalhando bem juntos após eu explicar que, se ele esperava ter sucesso com qualquer mulher, deveria evitar esse tipo de comentário, sobretudo porque ele também não era mais tão jovem assim.

Às vezes, os clientes entram em contato comigo após o fim do nosso trabalho, seja para aumentar sua confiança ou para falar sobre novos problemas que eles enfrentam. Também é comum enviarem cartões ou e-mails me agradecendo ou comentando sobre nosso tempo juntos. Em 1990, Mark O'Brien publicou o artigo "On Seeing a Sex Surrogate", na revista *The Sun*. Ele detalhou o desenvolvimento do trabalho que fizemos juntos de uma maneira que somente alguém com seu talento de jornalista e poeta poderia fazer. Isso me emocionou. E também sensibilizou Ben Lewin, um roteirista e cineasta de Los Angeles.

Em 2007, Ben me procurou ao lado de um velho amigo dele, que também era seu principal patrocinador. Assim como Mark, Ben tivera poliomielite na infância e andava com um par de muletas e usava um aparelho ortopédico na perna. Tenho certeza de que foi por isso que a história de Mark o comoveu tanto. Entre outros projetos, Ben começou a trabalhar em um roteiro baseado no artigo que Mark escrevera e em nossa entrevista. Ele me enviava rascunhos para eu revisar e entrava em contato de vez em quando, mas houve longos períodos em que não nos comunicávamos.

A combinação da agenda ocupada de Ben com as peculiaridades do mundo cinematográfico por vezes fazia parecer que o projeto seria engavetado. Então, em 2010, quando cheguei em casa após uma viagem a Boston para visitar minha família, encontrei um envelope gigante na pilha de correspondência que me esperava sobre a mesa da sala de jantar. O roteiro estava pronto e fora provisoriamente intitulado *The Surrogate*.

A partir de então, uma série incrível de acontecimentos positivos teve início. O filme recebeu mais financiamento e Ben convenceu três atores talentosos a trabalharem nele. John Hawkes interpretaria Mark. Fiquei emocionada. Eu o admirara em *Deadwood, Inverno da alma, Mar em fúria* e em outros filmes, e mal podia esperar para ver aquele ator camaleônico transformar-se em meu ex-cliente. O fantástico William H. Macy foi escolhido para representar o padre e confidente de Mark. Diversas atrizes foram avaliadas para o papel da terapeuta do sexo.

Quando soube quem seria a versão de mim na telona, eu estava em meu carro.

— Helen Hunt vai interpretar você.

Meu coração disparou; devo ter tirado o pé do acelerador porque logo percebi que meu carro estava quase parado. Fiquei tão surpresa que quase esqueci que estava dirigindo. Desviei para o acostamento e encostei antes de provocar um acidente.

— Helen Hunt — gaguejei no telefone celular.

— Isso mesmo — confirmou Ben.

A ganhadora do Oscar, Helen Hunt, uma verdadeira estrela, uma atriz linda e respeitada, iria me representar no filme. Isso estava mesmo acontecendo?

Ben também me pediu para trabalhar como consultora durante as filmagens, que começariam em maio de 2011. Isso pressupunha dar apoio aos dois principais atores e estar presente no estúdio durante algum tempo. Comecei a planejar minha ida a Los Angeles assim que cheguei em casa.

✒

Sempre gostei de filmes. Por ter crescido na década de 1950, ia ao cinema em nossa cidade natal quase todos os sábados. Isso foi antes de ser possível acessar a internet ou comprar um livro sobre como era a produção de um filme. Por isso, naquela época, os produtos da fábrica de sonhos de Hollywood eram opacos e misteriosos para o público em geral. Mesmo já adulta, eu me perdia na magia das imagens na tela, tendo pouca noção de tudo que era necessário para criá-la. Estar no local das filmagens com o elenco e a equipe de filmagem mudou minha perspectiva. A quantidade de tempo, trabalho e energia despendida na produção de um filme é incrível. Algo que aprendi imediatamente foi sobre a curiosidade e a percepção que embasam a excelência do desempenho de um ator. Tanto Helen quanto John me faziam muitas perguntas interessantes, seja sobre mim mesma, meu trabalho ou Mark. Eles prestavam atenção aos mínimos detalhes e mergulharam na história.

Helen Hunt me convidou para almoçar com ela logo após minha chegada a Los Angeles. Marcamos um encontro em Santa Monica e, enquanto estava sentada à mesa esperando por ela, vi Helen passar diante da janela do restaurante, e, novamente, achei que estava sonhando. Ela demonstrou tanto interesse por mim e por meu trabalho que rapidamente meu nervosismo por estar sentada à mesa com uma atriz talentosa e famosa desapareceu. Ela gravou grande parte da nossa conversa e prestou muita atenção à cadência e ao ritmo da minha fala. No dia seguinte, fui à casa dela e demonstrei o Toque Sensual em seu companheiro, que permaneceu completamente vestido o tempo inteiro.

Quando John Hawkes e eu nos encontramos, ele já assistira quase 20 vezes a *Breathing Lessons,* documentário de curta-metragem sobre Mark O'Brien, premiado com um Oscar. Uma das primeiras coisas que

John me disse foi o quão impressionado e inspirado ele ficara pela coragem que Mark demonstrou durante a vida. Ele desejava que seu desempenho no filme fosse digno do meu ex-cliente. John estava no estágio de leitura de cada item da obra de Mark que conseguia acessar e até aprendera a digitar com uma vareta bocal, da mesma forma que Mark fazia. Nunca me esquecerei da primeira vez em que vi John no papel de Mark durante as filmagens. Foi impressionante. Era como se ele tivesse reencarnado Mark. Ao ouvi-lo dizer as falas de Mark, usando a mesma voz ofegante, fiquei toda arrepiada.

Apenas uma tristeza perturbava esse momento extraordinário. Mark não estaria lá para assistir o filme. Em 1999, ele sucumbira à síndrome pós-poliomielite. Sei que ele teria se divertido com todo o processo e eu costumava ficar imaginando como ele teria dado seus palpites aos produtores do filme. Uma das muitas coisas que amo sobre o filme é como Ben e John capturaram a sagacidade de Mark. Se for verdade que nossos espíritos sobrevivem à morte, tenho certeza de que Mark está rindo muito de todo o humor presente no filme.

Durante algum tempo, parecia que algo positivo acontecia todos os dias. Em novembro de 2011, recebi um presente de Natal antecipado quando soube que o filme fora aceito para concorrer no Sundance Film Festival. Sua estreia seria em 23 de janeiro de 2012. Além disso, fui convidada para ir ao lançamento. Eu estava indo a um dos festivais de cinema mais prestigiosos no mundo.

Liguei para minha prima e querida amiga Susan e ela gritou tão alto que tive de afastar o fone da orelha. Coloquei-o sobre uma mesa mais afastada e apertei o botão do viva-voz antes de lhe perguntar se ela desejava se encontrar comigo e Bob em Utah.

No dia seguinte, vasculhei os brechós mais chiques em busca de algo especial para vestir na viagem. Finalmente, encontrei uma blusa deslumbrante, do tipo quimono, de seda enfeitada com contas e calças que combinavam. "Em que outros lugares essas roupas já haviam sido usadas?", eu me perguntava. Não sabia, mas me parecia muito pouco provável que elas tivessem estado em Sundance.

No sábado antes de o filme ser lançado, cheguei a Utah em meio a uma nevasca. Na manhã seguinte, andamos pelas fantásticas ruas de

Park City, todas enfeitadas com cartazes do festival. As ruas estavam agitadas e a mídia estava lá em peso. Os dizeres "The Sundance Film Festival" enfeitavam as marquises dos cinemas que se espalhavam pelo centro da cidade. A CNN solicitara uma entrevista comigo no dia seguinte à *première*.

Passei mais tempo me aprontando para a estreia do filme do que para qualquer evento que eu possa me lembrar de ter ido. Estava nervosa e excitada. Vira alguns pequenos trechos da obra, mas esta era a primeira vez que veria o produto final. Ele estava sendo exibido no espaçoso Eccles Theater e, quando chegamos, fomos encaminhados para uma área reservada às pessoas envolvidas na produção. Ben Lewin, Helen Hunt, John Hawkes, William H. Macy e outros membros do elenco e da equipe se sentaram no meio do cinema lotado. Quando o filme começou, apertei a mão de Bob. Ainda não conseguia acreditar que aquilo estava realmente acontecendo.

The Surrogate foi tudo que eu poderia ter esperado. Era comovente, inteligente, maravilhosamente interpretado e engraçado. Um dos aspectos que mais adorei nele foi a representação criteriosa da minha profissão. Acho que eu não conseguiria fazer melhor para revelar as complexidades, os desafios e as recompensas do trabalho de um terapeuta do sexo e do relacionamento singular que se desenvolve entre este e o cliente. Também foi uma das primeiras vezes que vi a sexualidade de um personagem portador de necessidades especiais ser tratada com tanta honestidade e dignidade. Talvez seja pedir demais da capacidade de um filme, mas espero que as pessoas portadoras de necessidades especiais saiam do cinema sentindo que sua sexualidade foi reafirmada e reconhecida e que elas se lembrem de que têm tanto direito quanto qualquer um a explorar e desfrutar do sexo.

Em nossa sequência de sorte que parecia infindável, o filme foi vendido para a Fox Searchlight. Ele também ganhou o prêmio especial do júri pela atuação do elenco como um todo e o prêmio da audiência no gênero drama. Fiquei emocionada com o número de pessoas que quiseram me conhecer após o filme e com o carinho com que me trataram. Quando voltei para o hotel, telefonei para Jessica, que estava apenas um pouco menos empolgada com relação a tudo aquilo do que eu. Horas depois, eu ainda estava agitada, mas finalmente caí no sono e saí do sonho que vivera.

De volta a Berkeley, sacudi a poeira e voltei ao meu trabalho e à minha vida. Muitas coisas haviam acontecido ultimamente. Coisas que eu nunca poderia ter imaginado que aconteceriam quando comecei a trabalhar como terapeuta do sexo. Quando era uma criança confusa e amedrontada, eu me preocupava com um futuro solitário, carregado de segredos e vergonha. Previa uma longa sequência de esforços, todos fadados ao fracasso, para me moldar a padrões inumanos, aos quais tinha a certeza de ser a única a não se ajustar. Ao olhar para trás, vejo minha vida como uma estrada com curvas fechadas, impossíveis de contornar. Muitas vezes imagino o que teria acontecido se eu tivesse nascido em uma época diferente, se nunca tivesse conhecido Michael, se nunca tivesse conhecido o trabalho dos terapeutas do sexo. Tenho absoluta certeza de uma coisa: a pessoa que sou hoje não existiria.

À medida que me aproximo dos 70 anos, aprecio cada vez mais o quanto tenho para agradecer e quanta sorte tive. Tive sorte de descobrir uma carreira maravilhosa e estar cercada por muitas pessoas inteligentes, destemidas e carinhosas. Minha revolução sexual pessoal acompanhou auspiciosamente a da nossa cultura e, de muitas formas, se tornou possível graças a essas mudanças externas. Sou eternamente grata aos pioneiros, rebeldes e sonhadores que tornaram nossa sociedade um pouco mais segura para as mulheres que prezam sua sexualidade. Atendi centenas de clientes e ainda não consigo pensar em algo que eu preferisse fazer que não fosse ajudar pessoas a expressar e desfrutar mais completamente da própria sexualidade. O tabu sobre o sexo ainda prevalece em nossa cultura. Meios de comunicação poderosos difundem concepções erradas, distorções e mentiras sobre ele, enquanto forças políticas retrógradas continuam a ameaçar a educação e a liberdade sexual. Sei que os homens e as mulheres com quem trabalhei são apenas uma pequena fração das pessoas que têm problemas com sua sexualidade. No entanto, sinto-me recompensada quando recordo minha carreira e lembro-me de como ajudei meus clientes a construírem vidas sexuais mais saudáveis e felizes.

O fato de estar cercada de familiares amorosos e companheiros significa que sou duplamente abençoada com felicidade no meu trabalho e na minha vida pessoal. Bob e eu passamos quase metade das nossas vidas juntos. Foi com ele que aprendi que o amor não era algo ao qual eu precisava fazer jus reiteradamente, todos os dias. Ele poderia ser recebido e dado incondicionalmente. Uma parceria amorosa transforma os indivíduos que a constituem em pessoas melhores do que seriam isoladamente. Ela tanto enaltece quanto fundamenta uma vida. É somente por causa de Bob que sei disso, e meu amor por ele é incomensurável. Hoje, meus filhos são adultos bem-sucedidos, confiantes e carinhosos. Michael e eu lhes demos uma infância cheia de amor e apoio, estímulo e orientação. Juntos, preparamos o terreno para que eles se tornassem as pessoas que são. Essa é a única realização da qual me orgulho mais do que da minha carreira como terapeuta do sexo.

Os meios de comunicação ainda me procuram bastante, e ainda me pedem para explicar a diferença entre meu trabalho e o de uma prostituta. Enquanto assistia ao filme *As sessões*, como foi nomeado o *The Surrogate* posteriormente, me perguntava se ele tornaria a diferença mais clara para o público em geral. Se não o fizesse, eu não me preocuparia. Posso pensar em coisas piores com as quais ser identificada, e a diferença entre os terapeutas do sexo e as prostitutas é importante. Quando as pessoas têm dificuldades em entendê-la, recorro à analogia culinária do meu amado e falecido amigo Steven Brown que já usei tantas vezes para responder a essa pergunta: ter um encontro com uma prostituta é como ir a um restaurante. Consultar um terapeuta do sexo é como ir a uma escola de culinária. Enquanto escrevo isso, estou com 68 anos de idade e não tenho a menor intenção de me aposentar.

Algumas recomendações

··

Livros

Better Than I Ever Expected: Straight Talk about Sex after Sixty, Joan Price, Oakland, Califórnia, Seal Press, 2005.

Changing Bodies, Changing Lives: A Book for Teens on Sex and Relationships, Ruth Bell Alexander, Nova York, Three Rivers Press, 1998.

Cockfidence: The Extraordinary Lover's Guide to Being the Man You Want to Be and Driving Women Wild, Celeste Hirschman, MA, e Danielle Harel, Ph.D., Somatica Press, 2011.

The Dance of Anger: A Woman's Guide to Changing the Patterns of Intimate Relationships, Harriet Lerner, Ph.D., Nova York, Perennial Currents, 2005.

Erotic Massage, Kenneth Ray Stubbs, Ph.D., Nova York, Tarcher, 1999.

Femalia, Joani Blank, São Francisco, Califórnia, Last Gasp Press, 2011.

For Each Other: Sharing Sexual Intimacy, Lonnie Barbach, Ph.D., Nova York, Anchor, 1983.

For Yourself: The Fulfillment of Female Sexuality, Lonnie Barbach, Ph.D., Nova York, Signet, 2000.

A Guide to Getting It On, Paul Joannides e Daerick Gross, Waldport, Oregon, Goofy Foot Press, 2000.

Keeping the Love You Find: A Personal Guide, Harville Hendrix, Ph.D., Nova York, Atria Books, 1993.

A mente erótica, Jack Morin, Ph.D., Rio de Janeiro, Rocco, 1997.

Naked at Our Age: Talking Out Loud about Senior Sex, Joan Price, Oakland, Califórnia, Seal Press, 2011.

The New Male Sexuality: The Truth about Men, Sex, and Pleasure, Bernie Zilbergeld, Ph.D., Nova York, Bantam, 1999.

A New View of a Woman's Body: A Fully Illustrated Guide, Federation of Feminist Women's Health Centers, ilustrações por Suzann Gage, L. Ac. RNC, NP; San Diego, Califórnia, Feminist Health Press, 1991.

O que está acontecendo com meu corpo? Especial para garotos, Lynda Madaras e Area Madaras, São Paulo, Marco Zero, 2007.

O que está acontecendo com meu corpo? Especial para garotas, Lynda Madaras e Area Madaras, São Paulo, Marco Zero, 2007.

Petals, Nick Karras, San Diego, Califórnia, Crystal River Publishing, 2003.

Resurrecting Sex: Solving Sexual Problems and Revolutionizing Your Relationship, David Schnarch, Ph.D., Nova York, Harper Perennial, 2003

Romantic Interludes: A Sensuous Lovers Guide, Kenneth Ray Stubbs, Ph.D., com Louise-André Saulnier, Tucson, Arizona, Secret Garden Press, 1996

Sex for One: The Joy of Selfloving, Betty Dodson, Ph.D., Nova York, Three Rivers Press, 1996.

Sexo no cativeiro, Esther Perel, Rio de Janeiro, Ponto de Leitura, 2007.

Todo o amor do mundo: Um guia para casais, Harville Hendrix, Ph.D., São Paulo, Cultrix, 2007.

Women's Sexualities: Generations of Women Share Intimate Secrets of Sexual Self-Acceptance, Carol Rinkleib Ellison, Ph.D., Oakland, Califórnia, New Harbinger Publications, 2006.

274

Sobre sexo e portadores de necessidades especiais

Enabling Romance: A Guide to Love, Sex, and Relationships for People with Disabilities (and the People Who Care About Them), Ken Kroll e Erica Levy Klein, Horsham, Pensilvânia, No Limits Communications, 2001.

Not Made of Stone: the Sexual Problems of Handicapped People, K. Heslinga, Thomas 1974.

The Sensuous Wheeler: Sexual Adjustment for the Spinal Cord Injured, Barry J. Rabin, Ph.D., Multi Media Resource Center, 1980.

Sex and Back Pain: Advice on Restoring Comfortable Sex Lost to Back Pain, Lauren Andrew Hebert, PT, Greenville, Maine, Impacc USA, 1997.

Sex When You're Sick: Reclaiming Sexual Health after Illness or Injury, Anne Katz, Santa Barbara, Califórnia, Praeger, 2009.

Sex-Role Issues in Mental Health, Kay F. Schaffer, Addison-Wesley Publishers, 1980.

Sexual Options for Paraplegics and Quadriplegics, Thomas O. Mooney, Theodore M. Cole, M.D., e Richard Chilgren, M.D., Nova York, Little Brown & Co., 1975.

Sexuality after Spinal Cord Injury: Answers to Your Questions, Stanley H. DuCharme e Kathleen M. Gill, Baltimore, Maryland, Brookes Publishing Company, 1996.

The Ultimate Guide to Sex and Disability: For All of Us Who Live with Disabilities, Chronic Pain, and Illness, Miriam Kaufman, Fran Odette, e Cory Silverberg, Berkeley, Califórnia, Cleis Press, 2007.

Vídeos, brinquedos etc.

Betty Dodson, Ph.D.
dodsonandross.com (em inglês)

Good Vibrations
goodvibes.com (em inglês)

Kenneth Ray Stubbs
secretgardenpublishing.com (em inglês)

Informações sobre sexo

San Francisco Sex Information
sfsi.org (em inglês)

Sexuality Information and Education Council of the United States
siecus.org (em inglês)

Agradecimentos

....

Escrever um livro é sempre um empreendimento conjunto. Tivemos a sorte de fazer parte de uma equipe de profissionais de primeira linha, sem os quais *As sessões* teria sido apenas um sonho. Cheryl e Lorna desejam agradecer a Charlie Winton, Liz Parker, Maren Fox, Kelly Winton, Jodi Hammerwold e os outros membros da equipe da Counterpoint por todo o trabalho árduo e a dedicação a este projeto. Brooke Warner, nosso editor, merece muito dos créditos por tornar este livro uma leitura agradável, espirituosa e profissional. Também registramos nossa gratidão a Brad Bunnin, nosso consultor editorial, que nos deu orientações inestimáveis. Finalmente, nosso muito obrigado a David Cole, por nos juntar.

De Cheryl: Desejo agradecer a Vovó Fournier por seu amor incondicional. À minha mãe, por compreender que mães e filhas também podem ser amigas. Ao meu pai, pelo senso de humor maravilhoso, necessário para uma vida bem vivida. Aos meus filhos, os amores absolutos da minha vida. A todos os meus compreensivos amigos que me apoiaram ao longo dos anos. Ao meu marido, Bob, que me ensinou a aceitar o amor incondicional. A Michael Paul Cohen, sem quem eu nunca teria mudado para a Califórnia e descoberto o trabalho que transformou minha vida tão profundamente. E a Lorna Garano, que compreendeu minhas histórias e habilmente ajudou a transcrevê-las. Minha graditão e meu reconhecimento são eternos.

De Lorna: Gostaria de agradecer à minha família por seu apoio constante e amor incondicional. Meu muito obrigada também vai para a minha coautora, Cheryl Cohen Greene. Foi uma honra ajudá-la a escrever sua história e a transpor sua inteligência, compaixão e generosidade nestas páginas. Por último, mas não menos importante, minha sincera homenagem ao meu companheiro, Peter Handel, o amor de minha vida.

Este livro foi composto na tipologia Adobe Garamond Pro,
em corpo 12/15,5, impresso em papel offwhite,
no Sistema Cameron da Divisão Gráfica
da Distribuidora Record.